黑格尔人学思想研究

张君平/著

知识产权出版社
全国百佳图书出版单位

图书在版编目（CIP）数据

黑格尔人学思想研究/张君平著. —北京：知识产权出版社，2015.11
ISBN 978-7-5130-3852-2

Ⅰ.①黑… Ⅱ.①张… Ⅲ.①黑格尔，G.W.F（1770~1831）—人学—思想评论 Ⅳ.①B516.35②C912.1

中国版本图书馆 CIP 数据核字（2015）第 246147 号

责任编辑：雷春丽　　　　　　　　　责任出版：刘译文
装帧设计：SUN 工作室　韩建文

黑格尔人学思想研究

张君平　著

出版发行：	知识产权出版社有限责任公司	网　　址：	http://www.ipph.cn
社　　址：	北京市海淀区马甸南村1号（邮编：100088）	天猫旗舰店：	http://zscqcbs.tmall.com
责编电话：	010-82000860 转 8004	责编邮箱：	leichunli@cnipr.com
发行电话：	010-82000860 转 8101/8102	发行传真：	010-82000893/82005070/82000270
印　　刷：	北京科信印刷有限公司	经　　销：	各大网上书店、新华书店及相关专业书店
开　　本：	787mm×1092mm 1/16	印　　张：	17.25
版　　次：	2015 年 11 月第 1 版	印　　次：	2015 年 11 月第 1 次印刷
字　　数：	293 千字	定　　价：	45.00 元

ISBN 978-7-5130-3852-2

出版权专有　侵权必究
如有印装质量问题，本社负责调换。

目　录

第一章　黑格尔人学理论研究概述 ·· 1
　第一节　研究的动因与方法 ·· 1
　　一、研究动因与目的 ··· 1
　　二、研究视角与方法：探源与传承 ··· 4
　第二节　黑格尔人学思想研究的内容概要 ····································· 5
　　一、黑格尔人学思想探源 ·· 5
　　二、黑格尔人学要义概述 ··· 11
　　三、黑格尔人学思想的现当代传承 ·· 16

第二章　黑格尔对古希腊人学的批判与继承 ································ 22
　第一节　黑格尔对于智者学派的人学思想的反思 ···························· 22
　　一、智与德之人：国家根基 ·· 22
　　二、人：万物的主宰者 ·· 23
　第二节　黑格尔对于苏格拉底的人学批判 ···································· 24
　　一、我：良心的主宰者 ·· 24
　　二、伦理难题：主观自由与普遍法则的二律相背问题 ···················· 25
　　三、美德与守法 ··· 26
　　四、苏格拉底悲剧之因：良知与法的冲突 ································ 27
　　五、苏格拉底的伟大之处：良心的坚守 ·································· 28
　　六、后世伦理学的种子 ·· 30
　第三节　黑格尔对于柏拉图人学思想的批判 ································· 32
　　一、哲学：普遍性之思想把握 ··· 32
　　二、正义是国家的最高原则 ··· 34
　　三、柏拉图的理论缺陷：拒斥主观自由 ·································· 35
　　四、黑格尔对柏拉图理念论的继承与整合 ································ 36
　　五、黑格尔与柏拉图人学的再比较 ······································ 38
　第四节　黑格尔对于亚里士多德人学思想的批判 ··························· 39

一、幸福之善：热情服从理性＝美德 ………………………………… 39
　　二、人：国家善与个人善的结合体 …………………………………… 40
　　三、黑格尔与亚里士多德的人学比较 ………………………………… 40
第五节　黑格尔对于斯多葛派人学思想的批判 …………………………… 41
　　一、依照理性生活，做有修养的人 …………………………………… 41
　　二、外在善、内在善与整体善 ………………………………………… 42
　　三、斯多葛学派的理论困境：理性对快乐的拒斥 …………………… 43
本章小结 …………………………………………………………………… 43

第三章　黑格尔对于近代启蒙人学的批判 ……………………………… 45
第一节　黑格尔人学与笛卡儿人学的比较 ………………………………… 45
　　一、思维自由：人的存在与思想解放 ………………………………… 45
　　二、我与上帝：有限与无限存在 ……………………………………… 46
第二节　黑格尔人学与斯宾诺莎人学：比较与批判 ……………………… 47
　　一、人在神中的存在 …………………………………………………… 47
　　二、自由人：依照理性共存者 ………………………………………… 48
　　三、法的使命：自我保存与国家稳定 ………………………………… 49
　　四、斯宾诺莎人学缺陷：普遍性对个体自由的淹没 ………………… 51
第三节　黑格尔与康德人学思想：批判与比较 …………………………… 52
　　一、理论理性：感性、知性和理性 …………………………………… 53
　　二、人不能认识物自体 ………………………………………………… 53
　　三、人：理性且自由的道德存在者 …………………………………… 54
　　四、康德人学的缺陷：自由律之空洞性 ……………………………… 56
　　五、黑格尔人学与康德人学的比较 …………………………………… 57
第四节　黑格尔人学与费希特人学思想：批判与继承 …………………… 59
　　一、自我自由与一般自由 ……………………………………………… 59
　　二、自由人体系：相互限制与承认 …………………………………… 61
　　三、黑格尔人学对费希特人学的批判与继承 ………………………… 62
本章小结 …………………………………………………………………… 63

第四章　黑格尔关于人与哲学 …………………………………………… 64
第一节　哲学的目的和任务 ………………………………………………… 64
　　一、哲学：人探究真理与自由的精神属性 …………………………… 64

二、哲学的最终使命：理性与现实的最大和解 ………………… 66
　　三、思维的规律：表象到思想、信念 …………………………… 66
　　四、思维的基地：道德、法律和宗教 …………………………… 67
　　五、自由精神的辩证法依据 ……………………………………… 68
　第二节　人的存在与本质 …………………………………………… 70
　　一、存在：我是外界接纳器 ……………………………………… 70
　　二、人的解放：人格自觉与法权实现 …………………………… 72
　本章小结 ……………………………………………………………… 73

第五章　主观精神的人 ………………………………………………… 75
　第一节　精神概念与人的自由 ……………………………………… 76
　　一、精神的概念 …………………………………………………… 76
　　二、精神自由：超越异在 ………………………………………… 77
　　三、精神的显示：主观—客观—绝对精神 ……………………… 78
　第二节　人类学中的人 ……………………………………………… 79
　　一、人的自然属性与迷信 ………………………………………… 79
　　二、民族差异与民族精神 ………………………………………… 80
　　三、教育的使命 …………………………………………………… 81
　　四、儿童人格教育：学会服从与思维 …………………………… 82
　　五、青年到老人：理想与现实之冲突到和解 …………………… 82
　　六、感受之双重性：有害—有益 ………………………………… 83
　　七、感觉：主体性，守护神，千里视 …………………………… 85
　　八、疯狂：背离普遍性的极端任性 ……………………………… 86
　　九、习惯：自然—自由—自然 …………………………………… 88
　　十、面相与教养 …………………………………………………… 90
　第三节　精神现象学中的人 ………………………………………… 90
　　一、意识：作为精神的显现 ……………………………………… 90
　　二、虚假意识：感性对普遍性的否定 …………………………… 91
　　三、自我意识：欲望、承认与普遍性 …………………………… 92
　　四、人格生成：学会服从 ………………………………………… 94
　　五、主奴关系体验：服从与承认 ………………………………… 95
　　六、承认与服从：一般伦理法则 ………………………………… 98
　第四节　心理学上的人 ……………………………………………… 101

  一、直观、注意与兴趣：理性之始 …………………………… 101
  二、教养即超越情感 …………………………………………… 102
  三、意象与普遍表象的分与合 ………………………………… 103
  四、符号与语言：直观与意义 ………………………………… 103
  五、意志、思维与自由 ………………………………………… 104
  六、实践精神三阶段：感觉、冲动、幸福 …………………… 105
  七、自由：人之为人的精神之"谜" ………………………… 106
 本章小结 ………………………………………………………… 108

第六章　客观精神的人 ……………………………………………… 109
 第一节　黑格尔法哲学概述 …………………………………… 109
  一、人、自由、法三位一体 …………………………………… 109
  二、伦理实体"三一"式：家庭、市民社会和国家 ………… 112
 第二节　法哲学的使命 ………………………………………… 113
  一、法哲学使命与诡辩哲学危害 ……………………………… 113
  二、法与自由 …………………………………………………… 116
  三、任性、理性与自由 ………………………………………… 120
 第三节　人、人格与法权 ……………………………………… 126
  一、人格：有限与无限的思维统一 …………………………… 126
  二、所有权：法权人格的初步承认 …………………………… 127
  三、契约：法权人格的相互承认 ……………………………… 130
  四、不法与惩罚：人格尊严与整体正义 ……………………… 132
 第四节　道德与道德法 ………………………………………… 135
  一、道德主体：特殊个体 ……………………………………… 135
  二、道德能力：善恶区分 ……………………………………… 136
  三、伦理人格：公正与仁爱 …………………………………… 136
  四、两种人格：道德人格与法权人格 ………………………… 137
  五、故意与意图：承担责任的伦理依据 ……………………… 138
  六、良心：内心的善恶法则 …………………………………… 140
 第五节　伦理与伦理实体 ……………………………………… 144
  一、伦理与伦理实体 …………………………………………… 144
  二、家的法则：无私的爱 ……………………………………… 148
  三、市民社会的伦理法则：法权人格的相互承认 …………… 149

四、国家的哲学理据：特殊性与普遍性的统一……………… 152
　　五、国家的伦理法则：法律与爱的合一………………………… 154
　　六、宪法原则：自由且平等的正义………………………………… 155
　　七、宪法之根：民族精神…………………………………………… 157
　本章小结……………………………………………………………… 158

第七章　黑格尔历史哲学中的人 …………………………………… 159
　第一节　概述…………………………………………………………… 159
　　一、人的历史：理性与思想的"交往"史…………………………… 159
　　二、历史哲学：自由生长史的思想把握…………………………… 159
　第二节　自由的基本法则…………………………………………… 161
　　一、自由精神：理念与热情………………………………………… 161
　　二、自由总则：公私合一…………………………………………… 161
　　三、自由现实化：法律与国家……………………………………… 163
　　四、自由能力与道德责任…………………………………………… 163
　　五、自由运动：自然遮蔽与精神解蔽……………………………… 164
　第三节　自由思想与宪政制度……………………………………… 165
　　一、人格意识与国家信念…………………………………………… 165
　　二、民族精神：信仰、宪政、风俗………………………………… 167
　本章小结……………………………………………………………… 170

第八章　黑格尔宗教哲学中的人学思想 …………………………… 171
　第一节　宗教、哲学与人…………………………………………… 171
　　一、宗教的人目的论………………………………………………… 171
　　二、宗教的哲学依托………………………………………………… 172
　　三、崇拜与信仰……………………………………………………… 177
　第二节　人、神与法………………………………………………… 178
　　一、宗教：精神律法………………………………………………… 178
　　二、自由法则：民族精神、宗教与法……………………………… 179
　　三、教育：培育自由人格…………………………………………… 180
　第三节　宗教的自身运动…………………………………………… 180
　　一、自然宗教………………………………………………………… 181
　　二、崇高宗教：合目的化…………………………………………… 183

5

三、绝对的宗教：真理和自由合一 187
本章小结 191

第九章 黑格尔与现当代经典的人学比较 192
第一节 黑格尔与马克思恩格斯人学思想的比较 192
一、人本思想 192
二、人格平等原则 193
三、人的解放 196
第二节 别尔嘉耶夫人学思想：与黑格尔比较 197
一、别尔嘉耶夫与黑格尔宗教学之人学比较 197
二、善恶问题与人的使命 199
三、法律的两面性与人的改造问题 202
四、救赎与人的命运 204
五、创造与人的完善 206
六、人的自由及其实现 208
第三节 霍耐特对黑格尔法哲学的传承 213
一、人格承认与斗争 214
二、我与他的相互承认 215
三、家与爱的原则 215
四、法律：市民社会的基本法则 216
五、团结：国家的伦理法则 217
第四节 黑格尔与赫费之人学比较 217
一、国家正义理论的失落与重建 217
二、权利保障是治国之要 219
三、自由与限制的辩证统一 219
四、正义人格与法治制度 221
第五节 黑格尔与海德格尔的人学比较 222
一、自我存在的整体论理解 222
二、存在者与存在 223
三、自由公式：让存在者存在 224
四、自由：无蔽与超越 225
五、自由与解蔽 226
六、"洞穴比喻"：自由、真理与拯救 228

第六节　黑格尔与罗尔斯的法权哲学比较 ... 229
　　一、人：自由存在者 ... 230
　　二、自由意识：正义共识与民族精神 ... 231
　　三、宪政制度：正义谋划 ... 233
　本章小结 ... 235

第十章　黑格尔当代新解研究 ... 236
第一节　黑格尔学者研究的新动向 ... 236
　　一、当代黑格尔研究的两大主题：承认与共识 ... 236
　　二、当代黑格尔研究的目的：黑格尔理论的时代转换问题 ... 236
第二节　法权共识 ... 237
　　一、正义：黑格尔法学与自然法学之异同 ... 237
　　二、自由之"相互承认"理论 ... 239
　　三、承认共识与共同体稳定 ... 242
　　四、市场经济与虚假意识 ... 243
第三节　自由理念、正义共识和善法良治三元互动关系 ... 244
　　一、法权是现代宪政之灵魂 ... 244
　　二、"共识"是连接"公理"与"公器"之桥 ... 245
　　三、宪政制度是法权共识的现实化 ... 246
第四节　"预设"与"相互承认"之逻辑推演 ... 247
　　一、权利预设着相互承认 ... 247
　　二、伦理预设着良心，良心预设着承认 ... 248
　本章小结 ... 249

结语　黑格尔人学思想的精髓与启示 ... 250
　　一、人的本质：自由 ... 250
　　二、自由的外现：法权 ... 251
　　三、国家：自由的保护神 ... 251
　　四、自由，自我认识与自我解放的历程 ... 252
　　五、黑格尔人学的"三一"式整合与启示 ... 253

主要参考文献 ... 259

后记 ... 264

第一章　黑格尔人学理论研究概述

第一节　研究的动因与方法

一、研究动因与目的

人，是黑格尔整个哲学理论体系的始点、基点与终点。黑格尔终其一生所探讨的主题就是：人的本质及其现实化问题，即人学。黑格尔不是独立抽象地谈论人，而是从哲学、历史学、宗教学和法学等各角度，从家、社会与国家等诸实体层面，来对人进行全面"解蔽"。如果把"人"从黑格尔哲学理论体系中抽出来，那么黑格尔宏大的哲学大厦就只剩下一个空洞的支架，就会变得毫无生机，因此黑格尔全部哲学的宗旨是探究人的本质属性、存在形态与生成过程，是研究人的自然属性和精神属性及其相互关系的，探讨人的自由本质及其现实生成规律的。基于此，本书把黑格尔的哲学整个体系进行适当的人学转化。本书主要探讨：一是，黑格尔对以前主要经典理论的批判与继承；二是，黑格尔人学的主要内容；三是，黑格尔人学的现当代主要传承与影响。不理解黑格尔人学理论全貌，就很难真正理解马克思人学思想，也很难理解西方诸多法哲学经典的理论真谛，也不能深刻理解法、法治、家、市民社会、国家之本质、使命及其实现问题。因而，黑格尔人学研究，将有助于理解自由、平等、公平正义与法治的真实要义，有助于深入理解以人为本、德法并治与依法治国的深刻内涵，有助于全面法治中国宏伟蓝图的现实构建。

本书的研究目的，就是从来源与传承的角度，来探究黑格尔哲学体系中的人学思想。对于黑格尔的研究，在中国还远远未达到一定广度，而作为马克思主义哲学、人学、法学等思想的重要来源，黑格尔的思想研究与传承、发掘理应得以广泛展开，但现实的黑格尔研究只是局限于极为少数的专家学者研究视野里。出现这种现实需要与研究现状错位的原因是多方面的，主要原因可能是黑格尔专著的难读性。如果不读懂黑格尔主要原著，就很难理解和真正把握马克思主义原著之精髓，也很难领悟西方当代哲学与法哲学之真谛及其不足之处，也很难正确理解与把握当代中国的自由、平等与公平正义之社会主义式的核心价值理念与体系。我国近年来研究马克思人学的著述相当多，也有研究马克思是如何批判黑格尔人学的，但真正系统研究黑格尔人学的专门著述却少之又少。黑格尔人学作为马克思主义人学的重要来源，不仅体现在马克思对黑格尔人学的批判上，而且也体现在马克思对黑格尔人学的整体继承上。因此，不系统探究黑格尔人学的形成与真谛，就不可能真正理解与把握马克思主义人学的精髓。而要全面理解黑格尔人学，就必须在比较与传承视野中进行全方位系统研究黑格尔人学的源与流，研究黑格尔人学的形成与传承，探讨黑格尔人学与古希腊古罗马的人学，与费希特、康德和马克思的人学，与当代正义论中的人学，并探讨当代黑格尔研究中的人学理论热点，进而探讨黑格尔人学的当代中国意蕴。

从人学角度，来系统解析与归纳黑格尔整体思想，也可以说是一个极富挑战的难题。黑格尔诸多哲学理论著述，包括其自然哲学、精神哲学、历史哲学、宗教哲学等，构成了其宏大的哲学理论体系，而这个理论体系的最终落脚点是"人"。人学是黑格尔哲学的最高境界，黑格尔哲学的最终使命就是要揭示人的本质及其形成与发展规律的，因而我们应该系统梳理黑格尔逻辑学、人类学、心理学、精神现象学、法哲学、历史哲学、宗教哲学等理论中的人学思想，并加以整合，概括出较为系统的黑格尔"人学"理论。

人学，是关于人的属性及其生成规律的学问。关于人是什么的问题，是哲学研究的核心问题，甚至有人认为哲学就是有关人的学问。其实，人学与哲学也不完全等同，哲学不仅包括人学而且还包括人学之外的自然哲学等。人是什么？这是人类一直以来探讨而又一直没有破解的人自身之谜，诸如：苏格拉底的认识你自己、关注自己的灵魂，普罗泰戈拉的人是万物的尺度，康德的人是理性存在物和自由存在物，卢梭的人天生是自由的、但却无处不在枷锁中，到当今罗尔斯之人是自由且平等的理性存在者、人是拥有善观念和正义感的道德人格、人是拥有良心的道德主体；也有人认为人是神造之物；还有学者主张人是自然物，梅特里的人是机器，边沁的人是苦乐体验器。自古以来就有两类人学思想路线，形成所谓的人学二元论对峙困境，这一困境一直延续到当今，只不过二元论的具体阐释不同罢了。人是自然的还是精神的，人是幸福感觉者还是道义理性者，人是主观良心自主者还是客观法则服从者，这种二元是否存在统一的问题，是黑格尔之前的最大人学问题，这种人学问题主要通过哲学、宗教学或法学来反映出来。黑格尔认为，康德发现了哲学上的二律背反难题，提出了四大悖论问题，在人学上也提出了人的自由属性与人的理性能力的二元对立问题，认为人本身并不能解决这种二元问题，人在主观自由上是无限的，但人在理性能力上又是有限存在者，最终他提出了自由、不朽与上帝共存的人之完满性结论，人自身在现世中是不能凭借自己来实现真正的自由与理性统一的。黑格尔认为，康德的人学是从人自身内存的良知自律论，属于主观自由人学，而与此相应的是费希特，他主张人的自由就是服从外在的法权规律，个人只有在承认他人法权时他才是自由的，因而费希特认为每个人都用他人的同等自由来限制自己，人才会是自由的；黑格尔把这种自由视为客观自由或客观法。黑格尔认为，主观自由与客观自由都有其独到的理论特点，但二者也都是片面的，只有把二者结合起来才会是一种真正的自由概念，只有良心与服从统一起来才是人的完整存在，人才是现实的自由存在者。这种二元合一的人学，并非是一种完全理论的抽象论述，而是从人的现实伦理演变中来逐步自成的。黑格尔的伟大之处，就是把人的理念与现实伦理进行了辩证的结合，从理念与现实两个维度去考证人的自由本性，因而黑格尔视野中的人是现实中的人，是家族、市民社会和国家中的人，是主观法、客观法和伦理法中的人，是哲学、艺术和宗教中的人。

自由是人的本质，法是自由的现实化，市民社会是独立自由的法权人格生成的社会根基，国家是现实化了的自由体系。个人的权利与国家普遍性利益的统一，是现代成熟国家的根基原则，宪政体系是自我意识着自我本质的民族精神的体现。黑格尔法哲学的基础，是整体与部分关系总体，其理论核心是个人与国家之间的相互承认理论，这被当代西方黑格尔研究者视为黑格尔法哲学的理论精髓。自由人格的生成与生长，是由家庭、市民社会到国家的法治生成过程。家庭是以爱为核心价值、以为社会培养独立人格为宗旨的人的自在状态，家庭具有爱的关注，但却缺乏人格独立与自由，不具有客观法的普遍性；市民社会是所有权和人格尊严在抽象法上的得以承认和尊重的法权人格体，但市民社会缺乏爱的主观性，人与人之间冷冰冰的法权关系，甚至是"私人的战场"；法的目的是使人成为自由的法权人格，国家的使命是对于每个人的人格尊严与法权自由都得以根本保障，国家是对家庭与市民社会的超越，是爱与法的合一。

黑格尔法哲学的探讨，将有助于对于马克思法哲学的深度把握、对于当代西方前沿法哲学的全面理解、对于我国当今法治理论的深化探讨。首先，黑格尔的人的自由本质理论、市民社会理论等，都是马克思法哲学思想的重要来源，因而不全面理解黑格尔法哲学理论，就难以从本源上来把握马克思法哲学的理论实质。其次，黑格尔法哲学思想，也有助于理解罗尔斯的自由且平等的宪政正义论、德沃金的个人享有政府平等关爱的正义理论、霍耐特的为承认而斗争的相互承认理论等当代宪政理论，有助于理解卢曼的法社会学系统论、哈特的法的概念和狄冀的法律与国家论等当代社会法学。最后，黑格尔法哲学体系与方法，也对于当今中国全面法治化建设具有理论启示意义，尤其是对于社会主义核心价值体系中的自由、平等、正义与法治理念的理解与把握，对于以人为本的依法治国理论的理解与把握，对于以德治国与依法治国相结合理论的理解与把握，都无疑具有现实的指导意义。因此，黑格尔的法哲学，就是探讨法的概念及其现实化问题的，其理论精髓就是人的自由在法和国家意义的普遍承认与保障，是使人成为现实着的自由平等的法权人格；其理论思维路径是人、法、权合一以及家、社会、国家合一的"三一式"法哲学体系。这种全方位的黑格尔人学理论探讨，也有助于理解和发展我们当代的"以人为本""人权""依法治国""以德治国""执政为民"等法哲学理论。

二、研究视角与方法：探源与传承

黑格尔人学思想研究，是建立在黑格尔论著体系基础上的人学解读，基于原著的反思与比较，既要忠实于黑格尔思想体系，从中提炼出黑格尔人学思想的精髓，又要从中得到一些新的启示，使黑格尔人学思想当代化。要完整地揭示黑格尔人学的全貌，不仅要从黑格尔经典著述中，而且还必须从黑格尔人学思想的来源及其传承中去探寻。黑格尔人学，主要是在批判继承柏拉图的理想国理论和亚里士多德的法治理论，批判了自然平等论和契约式国家理论，并合理继承和发展了洛克和卢梭的所有权理论，批判了康德的道德自律理论和费希特的客观法权规律理论，因此，黑格尔是近代法治启蒙理论的集大成者的，并在前人基础上提出了完整的法哲学体系。

黑格尔的人学理论可以说是自成体系且体系完整，但这种人学体系并非纯粹是其本人的自话自说，而是建立在黑格尔系统批判其前人经典理论基础上的，因而黑格尔对前人思想的理论的批判与继承也是应该引起注意的。批判是一种反思，继承是一种发展，二者是辩证统一的，没有批判就没有继承，没有继承批判也就失去了应有的意义，而按照黑格尔的话说，这就是扬弃，否定中有肯定，肯定中有否定。这种黑格尔的扬弃式批判主要表现在，批判柏拉图压制个性的理想国观念，同时继承了柏拉图正义理念论和国家普遍性理论，并把国家理念发展为特殊性与普遍性相统一的理想现实化的国家理论。黑格尔对亚里士多德的整体与个体关系理论的扬弃，把这种整体论发展为普遍性与特殊性的合一理论。批判了传统自然法的自然平等理论，批判了自然法的契约国家论思想，同时也继承个人财产权理论的合理成分，并把它发展为财产权是个人自由的初次定在理论。批判了洛克等人的感觉经验论思想，同时也继承了其中的感性是理性的基础与体现的思想。批判并继承了笛卡儿的思想与存在的理论，黑格尔把思维视为人的一种基本属性，并把它与自由意志联系起来，认为只有思想与本质的统一才是人的自由的真正实现。批判了康德的道德绝对律令的空洞性，又批判费希特的自由法则的外在性，认为二者的自由概念都停留在应当之上，没有真正达到个人的特殊性与国家普遍性统一的理论境界，同时又吸取了二者的可取之处，吸取了康德人的目的性理论、人的理性存在者与自由存在者理论，吸取了费希特的自我与非我相互限制与相互承认理论，把康德的自律理论与费希特的他律理论统一进来，调和自律与他律之间二律相悖的张力。

黑格尔对于现当代哲学、法哲学或人学理论的影响，也是显而易见的。一般认为，马克思、耶林、霍耐特、赫费等对于黑格尔的法哲学的传承与发展，海德格尔、哈贝马斯等对于黑格尔哲学方法的传承与发展，而罗尔斯的正义论思想、别尔加耶夫的神人伦理学思想也与黑格尔的人学思想具有体系上的相通之处，另外，当代对于黑格尔法哲学思想研究也具有新的动向。对于这些现当代的黑格尔人学传承的研究，必然会促进全面揭示黑格尔人学思想的丰富内容。

第二节　黑格尔人学思想研究的内容概要

黑格尔人学的研究主要包括从以下三个部分：其一，黑格尔人学的思想来源；其二，黑格尔人学的基本内容；其三，黑格尔人学的当代传承与比较。[①]

一、黑格尔人学思想探源

黑格尔的人学，主要来源于古希腊哲学、近代启蒙哲学中的人学思想。黑格尔对于古希腊哲学进行了系统的解读与批判，并从中汲取了丰富的思想营

[①] 张君平："批判与传承视野下的黑格尔人学思想研究"，载《理论研究》2015 年第 5 期。

养。这些思想具有伟大的人学理论养分，但却都是不完整的，因而黑格尔运用了辩证的思维路线来批判地加以继承。

（一）古希腊人学思想的批判

第一，古希腊智者学派，开始把人作为一种理性存在者进行人的自我反思，把人自己作为思想的对象和主体，思维是人对于人自己的一种思想的思想。尽管智者学派的思维往往带有形式化的辩论色彩，但人作为主体、作为智慧的主体已经成为智者们的论证话题，也开始把人作为宇宙主体来对待，并把修养作为人的一种特质来思考，开始反思人的幸福与德性的关系问题。比较具有典型意义的人是目的之理论，代表着智者学派人学理论的新境界，普罗泰戈拉提出了人是万物的尺度之命题。黑格尔对于人之目的论进行了两个方面的评论，首先人是目的，是一个伟大的思想；其次，人是目的命题本身就是有两层含义的论题。人是目的，而非手段，这似乎是康德的人目的论，尽管这两种目的论的含义具有根本不同，但不能不说，康德的人目的论的确与普罗泰戈拉的人目的论之间具有内在的相通之处，这个共同点就是，二者都将人的地位提高到了一种宇宙中的核心境界。人不再是一种宇宙中的一个客体，而是自然的主人，人有主体地位，人是一切的目的，人有支配自然万物的能力，一切自然万物都是为人服务的。另外，人是目的，还意味着，人是一切自然万物的立法者和决断者，人决定自然的命运，而不是自然决定人的命运。黑格尔对人是目的命题给予了极高的肯定，但同时也提出了批判，认为这个命题本身也存在着一些歧义，易于被人理解为每个人都是目的，人人都是真理的决定者，因为这一含义会最终导致真理的多样化后果，产生一种诡辩式的相对论。

第二，黑格尔对苏格拉底人学思想进行了多层面解析。首先，黑格尔肯定了苏格拉底的道德自由思想。关注你自己，关注人的灵魂与精神生活，这是苏格拉底提出的一个重大的人学命题。人的本质是精神，道德自由是个人作为人的基本美德。人要坚守自己的道德准则，要保持自己内心的美德与良心，不能受到外界的支配与控制。关注自己，就是对道德法则的尊重，是把自己作为道德人格来对待，同时也是对真理的坚持。在外界对于苏格拉底的精神自由理论不理解，甚至被所谓的民主法治所冤狱的时候，并在能够减免自己的惩罚情况下，自己却不屈从于外在压迫，而选择以死来护卫自己的道德自由，维护圣洁的精神自律。这是黑格尔认为苏格拉底的伟大之处，即道德自由的精神。但是，黑格尔认为苏格拉底的冤案是其道德理论内在困境所致，苏格拉底的道德自由是绝对抽象的主观自由，他这种自由观点与当时的普遍理念是根本对立的，而且他不肯屈服。由此看，苏格拉底把道德自由极端化，把个人道德意识视为普遍性法则，并与当时的道德共识现实彻底对立起来，这是其冤案悲剧的根本原因，因为在黑格尔看来，苏格拉底并不是对法律或判决的反抗，而是对整个人民意志的抗争。苏格拉底为后世提出了一个哲学难题，即个人道德自由与整体普遍性意识的对立统一问题，主观意识与真理关系问题。

第三，黑格尔对柏拉图人学思想的批判与继承。黑格尔对于柏拉图人学思想进行扬弃式反思与继承。首先，肯定了柏拉图有关真理理念和关于国家正义理念的人学思想。正义是国家的精神法则，美德生活是国家的伦理法则与使命。而国家是一种普遍性的东西，是一种理念，是绝对精神，是以整体性为人存在的基本原则。个人只有在国家整体中才有存在意义，个人如果离开国家整体普遍性，那么任何个人都会失去人的人格意义，每个人都依据其对于国家的意义而存在。根据个人的理性与美德而确定其社会地位，这就是理性正义原则，这种正义美德与理性包括智慧、勇敢、节制与正义四大方面。其次，黑格尔发现了柏拉图的普遍性一元论的思想困境。黑格尔认为，柏拉图的最大理论缺陷是对于个人特殊性的拒斥与压制。柏拉图认为，只有废除所有权私有制、婚姻制等，彻底铲除个人作恶的欲望与现实根基，人们才会自觉为公共美德与正义而做奉献，因为他把私有视为一切罪恶的根源。这在黑格尔看来，柏拉图人为地割裂了个人特殊性自由与国家普遍性利益的辩证关系。

第四，黑格尔对亚里士多德的人学批判与继承。通常认为，亚里士多德着重于理性实践，反对柏拉图的理念论，他与柏拉图被后人当作经验主义与理性主义两种哲学思维路线的创始人，但是，在黑格尔看来，事情却并非完全如此。黑格尔认为，亚里士多德确实强调实践理性意义，而其实践理性的前提是理念，他所反对的是柏拉图的抽象理念论，坚持理念与现实的调和，整体与个性的融合。黑格尔认为，亚里士多德的实践理性理论中仍然含有柏拉图的天生自由论观念，亚氏并未认识到人的自由本质，认为有的人天生就是奴隶。但是，我们也会看到黑格尔人学中的亚里士多德人学理论特质，如人的社会属性与政治属性，人的整体性存在范式，理念与现实的调和，统一与中庸思维，所有权正义、契约交换正义、违法惩罚矫正正义等人学思想。

第五，黑格尔对于斯多葛学派思想的批判与继承。黑格尔首先肯定了斯多葛学派理性思想的人学意义。斯多葛学派总体观念是，人应该过有修养的理性生活，应该超越一切欲望的东西，克服甚至断除任何私念，追求人的纯粹精神生活，向往至善的神圣精神境界，因而这里面已经包含着神的精神理念。这实际上揭示了人的精神属性，精神是人的基本属性，或者说人的本质是精神而非自然，是道德存在者、理性存在者或精神存在者。黑格尔其实也继承了其中的人的精神性思想精髓，只是黑格尔认为，斯多葛学派的至善理念是一种抽象的东西，它割裂了至善理念与现实实践的相互显现的关系，完全拒斥了人的外部善或快乐幸福，这最终会导致人丧失了其活生生的现实存在意义。

（二）黑格尔对于近代启蒙经典中的人学批判与继承

第一，对笛卡儿人学思想的批判。在黑格尔看来，笛卡儿的伟大之处是，他提出了思维自由对于威权的批判性。笛卡儿把思维作为人的基本存在式样，同时又把人视为神的样式，这是笛卡儿人学二元论理论特性。人的"在"，有两种绝对的真相，首先，我作为我是存在的，这是不容置疑的事实；其次，我的存在方式是"思"，我思是我存在的现实证明与显现。我思故我在，我与思在抽象意义上得到无条件的统一。黑格尔的自由理论也具有笛卡儿的人思之思想，黑格尔认为思维是意志的前提，而且思维本身就是意志，思维是理念与现实的中介，没有思维就不会有真正的意志自由。在黑格尔看来，思维是人与动物的根本区别之一，动物只是一种外在的感性思维，只是本能地信赖外在的思维，而人却具有抽象的精神思维。只有人能够认识到自己的本质，具有自我意识，而且只有人才具有伦理、法律和宗教的理性规定，因此思维属性是人的精神属性的重要内容。但是，笛卡儿人学思想中也存在着严重的理论困境。笛卡儿的人学在其神学面前失去了其原有的活力，他把存在分为有限存在与无限存在、有缺陷的存在与完满的存在，这实际上就是把存在分为人与神的二重存在。笛卡儿一方面认为，人的思维是一切真相的最终裁决者，但同时又强调人的认识有限性，人是有限存在者，人并不能自己认识自己，人并不能认识事物本质真相，最终其思维批判性也就失去了其应有的意义。

第二，黑格尔对斯宾诺莎人学的批判与继承。斯宾诺莎的人学是对笛卡儿人学的延续与发展，人的概念也是建立在人神二元论基础上的理性人范式。黑格尔认为，斯宾诺莎的人学是与其神学思想相对应着的，人被斯宾诺莎视为神的样式，只有神才是实体，而人并不具有实在性，因而人只是神的附属品。斯宾诺莎的哲学特征是统一性，世界万物都统一于神中，具体的世界万物都只是神的创造品，并不具有普遍性。因而在黑格尔看来，斯宾诺莎的哲学是只承认纯粹普遍性，而不承认特殊性东西的实体性，这是斯宾诺莎人学的最大缺陷。黑格尔认为，斯宾诺莎最伟大的地方是普遍性思想，但他的普遍性思想是建立在阉割了特殊性现实实体性的真理观，因而他的普遍性法则也就成了一个死板的、无生机的黑暗陷阱,一切具体的个性东西都淹没在其统一性法则的深渊中,因而这是一种死狗哲学。但是,斯宾诺莎的伦理学与法哲学中的人学,却有其更多可贵之处,也为黑格尔所继承。斯宾诺莎伦理学强调人的理性特质,认为人只有依据理性而生活才是自由存在物,而且认为人是共同理性存在共同体,每个人都为共同善而理性存在着并共同构建整体和谐。斯宾诺莎的法哲学,把人视为国家法律之下的理性人格,国家是保护个人自我生存的公器,法的使命就是保护人的生存安全与国家稳定。

第三,黑格尔对康德人学的批判与继承。黑格尔人学在德国的主要理论来源,是康德、费希特和谢林,而康德的人学思想相对更为丰富,对黑格尔有更为直接的影响。在黑格尔看来,康德的人学思想的伟大之处是其主观自由理论,是其理性自律特性的人的概念。康德把人视为自由存在者,而这种自由是主观自由,或者是道德自由,同时康德又把人视为理性存在者。康德明确地区分了感性、知性和理性之间的不同,认识人的本质是理性自由。康德的三个道德律令,是人作为自由且理性存在者的最高法则,是绝对的道德法则,人只有在这三大法则之下才是作为自由且理性的存在者而存在。康德通过三大律令,一方面提高了人的价值与地位,另一方面也把人的自由限定为应该的主观自由。人是目的,每个人都把自己与他人始终视为目的而非手段;每个人都具有普遍立法的理性能力,把自己的准则与普遍法则相符合;每个人都应该使自己的行为始终与普遍法则相一致,即人的守法义务。康德的自由,是对感性的超越的自由,是以先验道德律令为基础的,并认为经验的幸福并不能够作为道德律令的最高依据,因为感性东西是偶然的、多样的,会导致道德法则的主观化。但康德并不完全排斥幸福的意义,只是认为幸福不能作为至上的法则,同时康德也把幸福视为至善的基本内容。康德认为,至善是一种完满,这种完满性包括德性与幸福两个因子。康德认为只有符合了至善德性的幸福,才是真正的幸福,是人应当享有的幸福,是配得上德性的幸福,人应当追求这种配得上的幸福。黑格尔认为,康德自由理论只是停留在主观"应该"上,缺乏现实的内容,这种自由只是一种抽象的空洞形式。康德的自由,是对于感性东西拒斥前提下的主观纯粹理性自由,是一种应然的道德自律,因为康德把欲望等视为道德自律的障碍。因而只有克服了感性欲求偏好,人才能作为道德自由的理性主体存在,这样康德就割裂了人的特殊性需要热情与普遍性法则的相互关系,并把二者完全对立起来,最终导致其道德律令的空洞化。在认识论上,康德也是充满矛盾的,一方面认为人在实践理性上拥有自由,有自我立法的理性能力，同时又认为人的理性能力是有限的，人不可能认识自己的真相，也不能自觉遵从道德法则，最终他把人的自由实现依托于上帝、不朽、自由三位一体的假设上。因而康德人学思想整体上具有二元论特征，最终陷入了自由理想彼岸与自由现实二元相悖的二律背反理论泥坑，其人的自由只是一种主观道德自由，且是有限的理性自由。

第四，黑格尔对费希特人学思想的批判与继承。康德的人学要旨是道德自律，强调对道德法则的敬重，而道德法则的核心是人的尊严的敬重，突出了主观法意义。费希特要补正康德主观法的缺憾，提出了法权客观法和他律法则，其理论核心是相互承认原则。费希特认为，人的自由是相互的，自由的实质就是相互承认对方的法权，而这种法权承认，不能仅仅依靠相互信任的道德力量来自觉实现，只有依据现实法律约束双方遵循法权规律。费希特提出了三个命题，自我设定自我，自我设定非我，自我与非我的统一。自我是费希特自由理论的基础，自我是自由的，自我在我的意识中设定了我的自由意义，自我与自我是绝对统一的，自我自由在自我意识中是一个绝对命题，自我把自我设想为一个绝对自由的主体。费希特认为，有一个自我，就会有在我之外的诸多个"自我"，而我之外的自我，在我看来就是他者，这个他者的实质是与我的自由相冲突的。我必须面对一个他者，把对立化解为统一，这就是自我与他者的统一命题，即自我与非我的统一。这种我与他的统一有两种，一是主观统一，二是实践上的统一，而我与他统一的实质就是相互承认对方为同等的自由主体，拥有同等法权的人。人的自由是在主体间产生的，每个人的自由只有在所有人的法权共存之下实现，这样就存在着一个相互共存的法权规律。费希特提出了其核心法则，即法权规律，其内容是，每个人都要依据他人的自由来约束自己的自由，来限制自己的法权，使我的自由与他人的自由能够共存，我首先要把他人视为拥有与我同等的法权人格。黑格尔也是从自我自由作为其自由哲学体系的始基，也继承了费希特的相互承认思想，并对此进行了主奴关系的论证，认为自由不是孤立的个人概念，而是一个只有在市民社会和国家里才能真正产生的主体间性概念。但黑格尔也对费希特的自由片面性进行了批判，认为费希特的自由是一种他律的自由，把自由限定在外在的自由，这种自由好像是一种外加于个人的自由，因此他律的外在自由与康德的自律自由一样都是不全面的。

综上所述，黑格尔在批判与继承前人法哲学思想的基础上，构建起了一个以自由为核心的人学思想体系。批判了柏拉图、斯宾诺莎和康德等人对于个人特殊性拒斥的纯粹理性之片面性，同时合理地继承了他们的普遍性理论精华，并构建了个人特殊性与国家普遍性相统一的人学思想原理。批判了苏格拉底、斯多葛学派、康德、费希特等人的割裂主观自由与客观自由的片面性，提出了道德自律与法权他律相结合和德治法治相结合的自由理念，并提出了理论与现实相结合的思维路线，批判了那种仅仅理论停留在应该层面上的半自由理论。总之，黑格尔不仅在理论上充分地论证人的自由本质及其认识、实现等基本人学理论，而且提出了相互承认理论、自我意识理论、法权人格理论，论证了国家之爱、市民社会之法、国家之爱法合一的现实伦理精神，提出了自我与他者、我们的自由人格共存与团结合作的社会理想图式。这些人学思想对于我们今天人学理论的完善，对于社会道德风尚建设、依法治国全面展开、实现民族伟大全面复兴实践都具有一定的启示意义。

二、黑格尔人学要义概述

人是黑格尔哲学体系大厦的根基，人是自然万物之主，是人自身之主。人是宇宙万物之中唯一的自由存在者，自由是人根本属性，而自然万物的本质是重量。黑格尔的精神哲学、历史哲学、宗教哲学、逻辑学等哲学理论的最终主题，都是人；离开人，黑格尔的所有哲学都失去了根基与意义。因此，哲学是人的思想创造之物，哲学是人作为精神存在的证明，哲学证明人是超越自然万物又改造世界的思维运动者，因为只有人才会拥有哲学思维。

作为精神存在，人具有客观精神、主观精神和绝对精神三种形式，绝对精神主要有艺术、宗教与哲学。

（一）人的自由本质

自然与人的关系，可以从多个方位来阐释。第一，自然是人的外在存在，人在本质上是精神，精神是自由的。而人之外的自然万物则是一种完全的外在存在。人是唯一能够认识到自己本质的自然物，并能够超越自己自然局限性的理性存在物。但人并非一开始就完全知道自己的自由本质，而是经过了几千年才达到了这种自我意识到自由自我本性的自由存在者，而且至今人们对于自己的自由本性的认识仍然存在着诸多分歧。第二，自然万物只有在人的意义上才具有其价值，物只是人的自由外在延伸，只有被人占有时物才具有了其归属性。物只是人占有的对象，只有人才是物的主人，因为人是拥有自由意志的精神存在者。所有权是人的自由之首要显现，物权法是对于所有权的确认与保护，契约法是物权交换的法则，而侵权法、刑法等都是首先立于所有权之上的。因此，法、市民社会和国家都是根植于所有权这一法权之中的。第三，人的自然需要及其满足具有合理性。人的欲望、幸福也是具有其合理性的。第四，人的自然性，还表现在人的感性、感觉等主观性。人的自然性，也是必需的生存形式，而非是人完全要脱离的，因而它是应该肯定的。人的自由是以人的自然性为基础的，自由并不排斥人的自然性，而只是要限制和超越其自身的自然性，从自然性约束中摆脱出来。

　　自由是人的本质属性，自由律是人的存在法则，而物的本质是重量，自然律是物的存在规律，物只是受到外在的力的支配。人的自由本性，也要从多个维度来阐释。第一，自由是人作为人存在的本质。人失去了自由，或没有认识自由的本性，那么人就不是作为真正的人而存在，就只是一种物。第二，自由是一种精神，不是感性的东西。第三，自由是一种自我意识，自己对于自己作为人存在的思维把握。思维是人的特性，思想自由、精神自由或道德自由，是自由的重要因素。第四，自由是一种法则、体系与秩序。第五，自由是人格承认与法权服从的统一。第六，自由是由家、市民社会到国家的生成与发展过程。总之，自由是主观精神和客观精神的统一，是真理与精神的统一，是普遍性东西与个体特殊性的统一，是理念与现实的统一，是自我与他者的法权人格共存，是个体与共同体的相互承认。

　　自由是一种发展与创造的合一，自由是人从自然到自由的发展过程，也是人作为精神存在的自我创造、自我塑造和自我完善的过程。

（二）作为主观精神的人

　　主观精神就是人自己对于自己的主观把握与种种态度，主观精神就是如何理解自己本身，证明自己是其直接实在性的观念性。主观精神主要包括人类学、精神现象学和心理学。

　　人类学主要研究人的生成与生长的学问。人的自由属性，是由其自然属性发展而来的。人起初并没有认识到自己的自由品性，而是把自己视为自然之物，对于外物的盲目迷信与信赖，使人的存在仅仅只是自然物。人的区别还只是有权与无权的自然之异，人种的区分也是出于纯粹自然因素，人还没有达到一般人概念的理论认识，没有认识到自己的自由本质。个人的生长过程，也是由自然到自由的发展，由自在理性逐步发展到自为、再到自在与自为理性的统一。个人受教育的目的，就是要克服其任性的自然属性，使其知道并遵从普遍性法则，学会服从就成为一切智慧的开端。小孩时期，个人还只是自在的自由存在者。个人到青年时才开始意识到自我独立人格，青年人充满了理想，意图把世界纳入到自我之中,把践行世界视为自己的重任与抱负,但是青年人也常常抱怨现实与自己理想的冲突,把现实与自我对立起来。到老年时个人对于外界不再有过多的要求,自己与现实也不再有冲突,主观与客观实现了思想上的和解。作为一个民族的成长,也是经历一个自然到自由的逐步发展的过程,展现为民族自我意识与自我精神的生长与完善过程,而且个人和民族的命运,往往与个人修养与民族精神有关。

黑格尔的精神现象学,是研究人的意识现象的学问。人作为精神存在,则显现为意识。换言之,意识是人作为人存在的精神现象,而意识有真实与虚假之分。真理性的认识,是对于人自由本质的认识,而虚假意识则是把感性的、偶然的、片面的东西视为真理。自我意识,是对自我欲望、自我人格、普遍法则的理解与把握。人只有在服从普遍性法则时,才会被作为自由人格承认。人的承认,是通过斗争而达到的相互承认,即相互把对方承认为自由存在者,而这种普遍的承认是通过主奴关系的斗争而过渡到法权关系的伦理社会。

心理学是研究人由感性到理性人格的形成过程与规律的。人的心理机制是由感性情感与理性自由共同构成的,但人起初主要是由感性情感所支配的,理智、理性、自由是人的高级心理机理。理想的人格是由理智控制感性的理性人格,是感性与理性相互作用的人格健全的人,直观、注意、兴趣是理性之始。没有热情,就不可能做出伟大的事业,人也就精神涣散,对任何事情都不感兴趣,因而伟大的事业始于热情,理性是对于直观热情的一种引导与控制,修养就是理性对于自然情感的超越。感觉、冲动与幸福,是人成为人所必不可少的,同时情感又要遵从理性,这种遵从就显现为理智、思维和自由。因此,只有理智通过思维来对于冲动热情进行调整,使情感能够遵从普遍性法则时,人才是理性的、自由的,而这种普遍性法则,就是客观精神。

(三) 作为客观精神的人

客观精神,就是自由的现实化问题。黑格尔的客观精神,就是其法哲学,法哲学就是探讨人的人格、法权、自由的理念及其实现的一系列基本问题。黑格尔法哲学又分为客观法、主观法与伦理法三个环节。客观法就是人的自由外在化为权利和抽象法,主要显现为所有权、契约、不法与惩罚等环节。所有权是自由的一种客观化,是人格的基本法权。在黑格尔看来,所有权的意义不仅是它能够满足人的需要,更在于它是自由的定在。在所有权里,人是作为独立法权人格而显现出来的,因而人只有在所有权里才是理性的,因为对于所有权的承认，就是对于一个人的独立法权人格的承认，而对于所有权的侵犯也就是对个人的人格尊严的蔑视与侵犯，这势必导致所有权人的反抗。契约是所有权在两个主体之间的转让，在契约关系中双方当事人都是被对方承认为独立法权人格，契约是双方平等协商达成的合意。对于所有权等权利的侵犯，就是不法，不法主要包括无意的不法、欺诈和犯罪。不法就意味着惩罚，惩罚的动因是对不法的一种报复，但惩罚的真正动因是正义，是对不法的强制，是一种否定之否定。主观法是人对于善恶的主观认知与遵行的道德法则，主要内容是道德、故意与责任、良心等。道德是有关善恶的知与行，是有关如何做一个善良的道德人格，道德人格是拥有一般道德理念并愿意做一个正义之事的人。良心是善在心中，良心是一种个人主观自由，是内心的道德法庭。对于善的知与故意做不法行为，是一个人对于其不法负责的主观要素，如果他没有知道善恶的能力，那么他就不应该对其有害行为负责，因而之所以对故意不法行为进行惩罚，就是因为其主观上有罪过。黑格尔认为，良心也具有主观片面性的一面，良心具有个人偶然性和特殊性，因而具有个体差异性，只有良心把普遍性作为其是非判断依据时才是理性的。因此，主观法与客观法一样，也具有其片面性、局限性，只有主客观相统一的现实伦理法才是与普遍性法则相符合的理性法。家庭、市民社会和国家是三种伦理实体，是人的三种基本存在形式，家庭是以爱为伦理法则的共同体，市民社会是以独立人格之间的相互需要与满足之法权关系为特征的法权社会，而国家则是家庭之爱与市民社会之法的合一，是对于主观之爱与客观之法的统合与超越。只有在国家里，人才作为真正的自由存在者得以全面承认与尊重。

（四）作为绝对精神的人

绝对精神，是主观精神与客观精神的统一，是真正的精神自由，是人的最高存在境界，这主要体现为三种不同层次的精神形态，即艺术、宗教、哲学。艺术，是一种客观外在东西在人的主观思维中的创造性展示，古希腊罗马的艺术就是人的绝对精神的一种典型体现。艺术，主要是把客观东西加以精神化，给物以美感的加工，也可以赋予艺术物品以思想、理念、信仰，并可给予其新的面貌、价值和生命，因而艺术是人作为自由存在者的一种典型显示。宗教则是人所独有的思想精神特质，动物没有宗教，因为宗教是一种绝对精神。宗教经历了自然宗教、主观化宗教与绝对宗教三种形态。自然宗教是人把自然的某种物视为神，对自然神物的崇拜具有外在性、盲目性和无我性，人在自然神面前是绝对有限之物，人失去了其自我性，而且自然宗教会导致多神或泛神论。

主观精神的宗教，是人把伟人等当作神来崇拜，主观宗教具有合目的性、崇高性等特征，把人的目的视为神的宗旨。绝对宗教是自然与主观的统一，是神与人的合一，神通过人来体现其存在，神离不开人，人通过其思维、思想来使神具体化、现实化，而人也离不开神。黑格尔把宗教视为精神现象的最高级。人的本质是精神，精神是相对于自然之物而言的，宗教只是人作为精神存在的一种高级形式。黑格尔把宗教与哲学视为里表关系，宗教需要哲学来证明，神作为精神也需要作为精神的人来作证，精神为精神作证。哲学的使命就在于揭示与把握普遍性和真形相，把表象的东西转化为概念，从特殊性中抽象出普遍性东西，对隐藏在现象背后的真相进行解蔽。黑格尔的哲学体系分为三部分：(1) 逻辑学，研究理念自在自为的科学。(2) 自然科学，研究理念的异在或外在化的科学。(3) 精神哲学，研究由它的异在而返还到自身的科学。精神哲学是黑格尔哲学的最后落脚点，是人作为精神存在的最高理性产物，逻辑学与自然科学都只有在精神哲学之下才具有真正的意义，或者说前两者是后者的手段。逻辑学是研究事物的存在与发展的一般规律与理念的科学，对于人来说逻辑学就是研究人的存在与思维规律的。只有认识必然性与普遍性，并自觉遵从这些规律，人才会认识到自己的本质与存在法则，才能为实现人的自由创造条件。欲望、幸福等是人存在的量，人的质是自由，法权宪政是人存在的度，度是量与质的现实统一。一切生命的运动都是遵从辩证法的，都是由肯定、否定到肯定等辩证否定的发展进程，人也是由自我到非我，再到自我与非我的统一。哲学的最终目的就是索求人的理念与现实之间的调和，探讨人的本质及其现实化的问题，人只有达到一种完善的哲学思维高度，人才是真正是作为精神存在者而存在，人才是真正的达到了自由的绝对境界。

（五）人的自由生成历史

黑格尔的历史哲学，主要探讨人的自由生成与生长的历程与规律。人自在地是自由的，但人并非一开始就是自为的自由的，而是由不自由为始端的。东方古代是一个人拥有自由，这个人就是皇帝，然而实际上皇帝也是不自由的，因为他只有当帝王自觉地遵从普遍性东西才是自由的，是个开明君王，但大多数帝王都是为所欲为、专横暴虐的。古希腊人则只是少数人拥有自由，大多数人是奴隶根本不被当作人来看待，而是被视为一种供奴隶主支配的会说话的物。黑格尔认为，人自在的是自由的，但现实的存在却并非自由，这是因为人还没有达到对于自我自由本质的把握，还只是把自由理解为个别人的特权。这种虚假意识不仅体现在奴隶身上，奴隶从来没有想到自己也是自由的人，就连柏拉图和亚里士多德等人也没有认识到人的自由本质，没有达到对于自由概念的普遍性把握，而是认为人天生就分为自由人与非自由人。只有日耳曼人才达到了普遍自由概念的基本把握，不过这也只是形式上的普遍自由，每个人在形式上都被视为是自由的独立人格，都拥有同等的人格尊严与平等的法权地位。人对于自己自由本质的意识，是经历了几千年才逐步达到的，而且至今对于自由的理解也存在着诸多争议，不同的哲学家、不同的民族至今对于自由的理解都还没有达到一致的看法，甚至是根本冲突的，即便是暴虐者也往往打着自由的美名来欺骗世人。但是，黑格尔认为，人本质上是自由的，都拥有同样的人格尊严、人格权利，而不论具体是哪个民族、国家的人，是以色列人还是罗马人，也不论是哪个种族的人，是黑人还是白人。

三、黑格尔人学思想的现当代传承

黑格尔人学理论是古典启蒙人学的集大成者，又是现代人学理论的奠基者。现当代的诸多哲学或法哲学经典理论都从不同角度传承了黑格尔人学要旨，诸如：马克思的人的解放思想，别尔加耶夫的自由哲学，海德格尔的存在理论，霍耐特的承认理论，赫费的限制理论，罗尔斯的善理念、道德人格与正义宪政理论。对这些经典理论中的黑格尔人学要素进行系统梳理，势必会有助于我们对于自由、平等、正义等法治理念的深度把握，有助于促进以德治国与依法治国相结合执政理念的深度探索与践行。

（一）马克思对黑格尔人学的继承与发展

我国近年来对于马克思对黑格尔人学批判的研究渐次增多，但关于马克思对黑格尔人学继承的研究就相对就少得多，而马克思对于黑格尔人学的继承是全方位的，这集中体现在如下两个方面。

马克思继承了黑格尔的人本自由及其伦理现实化理论。黑格尔把自由视为人的本质，并把这种自由放置于伦理法权实体现实中去考证，这一思想被马克思所继承，人是家庭、市民社会和国家等一切组织的本质和基础，国家只能从人的本质中引出，而黑格尔把国家视为人的自由的实现，马克思把黑格尔的人的自由本质整体论发展为：人的本质就是一切社会关系的总和，人的自由就是在社会关系整体中的自由。

人的解放，是黑格尔与马克思探讨的共同主题。黑格尔认为，世间最可贵的就是人，法的使命就是让人成为人，并尊重他人为人，人之所以为人，正因为他是人的缘故。马克思也认为，人就是人本身，而人在现实中常被异化为物。黑格尔把人的解放，视为哲学的神圣使命，而人的解放不仅要从法权宪政制度上来实现，而且更要从思想上解放人，只有人们认识到自己的自由本质时，人才是自由的，而那些没有达到自己自由本质认识的个人或民族，也还仍然自在奴役之中，就还没有达到人格的认识，因此黑格尔强调主观解放与客观解放相统一。马克思也同样主张，人的解放是人本身的自由的实现，"德国人的解放就是人的解放"。"德国唯一实际可能的解放是从宣布人本身是人的最高本质这个理论出发的解放。"马克思继承了黑格尔的理论与现实解放的理论，并进一步发展为，人的解放要从思想和制度双重意义上来进行，强调社会制度对于人的解放的最终意义。

（二）别尔嘉耶夫与黑格尔人学比较

有人说，别尔嘉耶夫是"20世纪的黑格尔"，或"俄罗斯的黑格尔"。别尔嘉耶夫曾说在黑格尔的视野中理解了黑格尔的全部思想，而人的自由及其实现，人的困境与解放，是二人探讨的共同主题。

首先，在善恶问题上，两人都认为善恶具有同源性。黑格尔认为，善恶不可分割且都是意志的功能，"善恶是不可分割的""恶也同善一样，都是导源于意志的，而意志在它的概念中既是善的又是恶的。"不能简单地去看待善恶问题，不能仅仅从形式上而应从实质上去区分和评价善恶问题。实际上，善与恶的区分不是绝对的，而往往是善中有恶，恶中也有善的因素，而且善人常常就是恶人，恶人又常常是善人。这里的恶人之善就是一种伪善，这与黑格尔有相近之处，别尔嘉耶夫也提出了现实中的伪善现象，恶人也常常以善的名义行其恶事，由此看，二人都发现了善恶道德观念的内在片面性、主观性与不确定性，因而需要客观化的法律伦理来补正。

其次，二人都发现了法律伦理的必要性与局限性。法律具有其保护人格法权的伟大一面，也存在着不能改变人内心道德观念的缺陷，法律保护个性不遭受其他个性的侵害和暴力。法律的使命与其局限性都是极为突出的，法律的伟大之处和法律的困境是同时存在着的，这就是法律的伦理悖论。黑格尔也认为，客观法与主观法一样也存在着不足之处，客观法只关注人的外在行为，人们在客观法中呈现出冷冰冰的权利义务关系，缺乏主观的爱。

最后，人与人的解放是二人共同的哲学主题。二人都把人视为世界最为可贵的，伦理、法与宗教的最终使命都是为了解放人，使人成为人，成为自由的人。黑格尔认为，法的使命就是使人成为人，成为拥有独立的法权人格的人。别尔嘉耶夫认为，人在伦理价值上高于善，人的解放，不论是内在解放还是外在解放，就是实现人的尊严得以充分尊重，因为对于人的尊严的贬损就是恶，而把恶改造为善就是解放，"如果人可以随心所欲，人的自由就会成为对自己的奴役。自我奴役就是人自我毁灭"。黑格尔也反复强调，那种认为为所欲为就是自由的观点是肤浅的、无教养的，真正的自由是用普遍性来约束自然任性的自由。别尔嘉耶夫始终把人的自由及其实现视为其哲学理论第一位的东西。"对我来说，自由是第一位的存在。"与黑格尔相比，别尔嘉耶夫更突出神对于人的自由意义，强调在人神合一中来实现人的自由，而黑格尔则更为突出法权国家对于人的自由的实现意义。

（三）海德格尔对黑格尔存在论的传承与比较

我是什么，我如何成为我自己？这是黑格尔与海德格尔哲学共同的主题。二人都把自我视为其人学理论的始点与归宿，都把自我概念放置于整体系统来进行解蔽。黑格尔把人界定为自在且自为的自由存在者，海德格尔发展了黑格尔的存在论思想，突出了存在对于人的理解意义，其存在理论具有更强的形而上学意蕴。

首先，海德格尔继承了黑格尔的人的自由存在整体论思想。我的生存与他者、我们存在之间是一个整体关系，我自身的存在，是一个整体性存在，是在多层面上的显现着的存在，自身在其自身世界、共同世界、周围世界的诸种关联中成其所是。个人作为自我，都是处于一种巨型的诸种关联着的关系网络之中的一个独立单元，又都是在与他者关联中的"曾经是"或"将来是"的一种体验，是自我关心的体验。黑格尔也是把自我放置于我他关系中进行人格解蔽，并进而推论出相互承认的人格共存法则。

其次，海德格尔继承了黑格尔的自由与真理、解放的关系。海德格尔把自由阐释为一种自我解蔽和自我绽放的真相敞开的过程，这种解蔽与绽放都是通过我的自我意识而显现的，"自由乃是参与到存在者本身的解蔽过程中去"。"绽出之生存植根于作为自由的，乃是那种进入存在者本身的被解蔽状态之中的展开。"让人作为自由者而存在就是自由的最高法则。黑格尔也把精神自由视为一种自我显现与自我揭示的过程，从自我特殊性到普遍自由，从客观精神到主观精神、再到绝对精神的精神展示过程。作为让存在者存在的自由，是存在者之解蔽意义上的真理之本质的实现，解蔽就是揭开真相，去除附着于主体上的虚假现象，显露出自我的自由真相，人的真相就是自由，因此解蔽就是探求真理、自我本质的活动，让自我本质处于敞开状态。存在者有两个存在场域，一个是黑暗的不自由状态，另一个是敞开的自由状态，从黑暗走向光明就是自我解放的活动，就是自我拯救。获得自由的解放过程，就是走出自我本质遮蔽的洞穴状态、走向自由场域。黑格尔也强调自由与真理的统一关系，认为真理使精神自由，自由使精神真实，真正的哲学就是探求真理与自由的统一。海德格尔继承并发展了黑格尔的存在理论，使其更加形而上学化、公理化、格式化。

（四）霍耐特对黑格尔人学的传承与发展

霍耐特是对黑格尔相互承认理论继承最为全面、最为彻底的，他把黑格尔承认理论进一步发展为貌视—斗争—承认动态理论模式，并提出了三种承认与三种貌视理论。

首先，霍耐特总结了黑格尔三种承认的伦理式样，承认的三种基本样式——爱的承认、法律的承认和国家的承认。第一，承认在家庭伦理中体现为爱，一种自然的情感承认，只是相对狭隘的承认；第二，在市民社会承认体现为法律上的承认；第三，国家的承认，即国家意义上的普遍承认，是爱的承认与法律的承认的合一。这三种承认是并存的，共同形成一种相互承认的风尚和民族精神，形成团结和谐的伦理共同体。

其次，霍耐特继承了黑格尔的法权人格理论。黑格尔的财产权和契约，是相互承认的典型现象，也是法律关系产生和抽象法生成的原初动因。相互承认是市民社会的主体间性的存在特征，市民社会也因而必然是一种有法律关系的社会，是由抽象法来构成的社会。随着社会的进展，偶然的特殊承认逐渐普遍化，独立人格和社会共同体信念就会初步形成，"承认的圆满发展往往伴随社会化的进程，因为每一个个体都能认识到自己既是独立法人又是建立于法律之上的社会共同体成员"。

最后，霍耐特继承了黑格尔的国家伦理思想。黑格尔把国家视为自由的最终实现，国家是主观自由与客观自由的合一，是爱与法律的合一，是对家庭与市民社会的扬弃与超越，是自由的王国。霍耐特把黑格尔的国家伦理发展为，国家是所有成员的法权人格的普遍承认，法权人格的承认的普遍化结果就是普遍的法律承认，形成社会的普遍意志，凝聚为一个自由联合体的国家。霍耐特认为，黑格尔的相互承认的社会普遍化必然呈现为法权自由的法治国家，国家是法权人格的自由王国，团结是国家的最高精神原则。

（五）赫费对黑格尔人学的继承与比较

赫费继承了黑格尔的自由理论，但他更突出相互限制的自由理念。赫费的自由理论是针对法律实证主义而提出的，赫费认为，当代法哲学面临着重新恢复和改进传统法哲学正义论之神圣使命,要重新把国家和法建立在正义这一道德基石之上。这也是对于纯粹实证法哲学的反思,对于所谓"恶法亦不法"的一种否定;同时更是一种理论上的重建。

赫费认为,自由意味着限制,每个人要自觉地限制自己,而这种限制是为了自由。强制是限制的一种,也必须出于自由的理由,是对于为所欲为的任性的一种必要限制,因而强制是自由实现的必要措施。强制只能出于正当的理由,必须遵循自由的制度。自由就是正义,正义就是自由的限度,因此,赫费的自由与黑格尔具有相通之处,都是对任性的限制下的自由,是所有人的自由共存式的自由概念,但赫费的自由证明理据却更多地采用了传统自然法的方法,并吸收了密尔的边界自由理论证明方法。

(六) 罗尔斯与黑格尔人学思想的比较

人们对于罗尔斯的正义论解读,大多是基于康德式的视角,却很少有人注意到罗尔斯正义论与黑格尔法权哲学之间存在着整体性相通之处。其一,二人都把自由视为人的本质,把自由的实现视为社会的理想、法的使命和国家的目的。其二,理论构建上都具有三段论的三一式特征:自由的人、自由的共识和自由的宪政。

首先,法与道德的共同品质:人的自由。二人的法哲学都具有"三一式"结构特征:理念的自由人、观念的自由人和宪政的自由人,这三个方面统一于人的尊严与权利。自由的核心是人格尊严,而作为自由和平等的人是对人的概念的一般概括,"我们所使用的作为自由和平等的人的公民观念,是从社会领域的各种特征抽取出来的,并以某种方式将其理想化了"。"作为自由平等的人"的公民理念,是社会和谐与宪政正义的道德根基。

其次,道德共识:联结自由理念与法权宪政之桥梁。第一,人是拥有道德能力的理性存在者,是拥有一般善恶观念和良心的道德人格。黑格尔把道德视为主观法,良心就是善与正义在我心中,而道德的本质是自由的自我意识,是一种主观自由。人高于动物之处在于人拥有思的能力,这种思就是人对自身自由本质的理性理解与把握,而动物并不具有这种自我意识能力。黑格尔认为,那些没有认识到自己的自由本质的个人或民族,就仍然是处于奴役状态的,而罗尔斯也特别强调正义观念对于社会结构的根基性作用。第二,二人也都把宪政制度视为一种道德共识的理性表达,都把道德视为一种联结客观自由法与现实伦理自由法的唯一桥梁,正如黑格尔所说,思维一头连着理念,一头连着现实。

最后，宪政法制：自由理念与道德共识的调和与现实化。黑格尔认为，只有在成熟的国家里，法、伦理才会真正地成为现实的自由法则，自由和平等应该成为宪政制度的基本原则，"在国家里面，'自由'获得了客观性，而且生活在这种客观性的享受之中。因为'法律'是'精神'的客观性，乃是精神真正的意志。只有服从法律，意志才是自由的"。罗尔斯整个正义理论的目的，就是把自由且平等的人的理念转化为道德共识，并转换为现实的宪政制度，以确保个人终身合作与社会合作的世代持续，"这种组织化的理念便是作为一种自由而平等的个人——他们被看作是终身都能合作的社会成员——之间的公平社会合作系统的理念"。二人都注重实质自由，黑格尔反对天生自然平等理论，认为人天生自然禀性是不平等的，罗尔斯也认为，要正视现实的不平等现象，国家要给予那些处于最为劣势的人以最大限度的关爱。当然，二人在方法上也都倾向于理论的调和性和完整性，黑格尔更突出对于主观自由与客观自由的调和，而罗尔斯则注重对于形式自由主义与理性自由主义的调和，方法上仍带有一些契约论色彩。

第二章　黑格尔对古希腊人学的批判与继承

古希腊哲学是黑格尔哲学理论的重要思想来源,黑格尔在其法哲学、历史哲学、宗教哲学中对古希腊哲学都有诸多评析,而黑格尔较为集中地批判古希腊哲学经典理论,我们从这些批判中可以窥探出黑格尔哲学的人学倾向。

第一节　黑格尔对于智者学派的人学思想的反思

人的主体性问题,是古希腊哲学探究的核心主题。思维,是人作为独立自由的主体,是人对于人自己和对于世界万物进行主观的规定,把自己和世界的存在纳入到人的主观思维之下。主体思维是从外在对象中回复到自身,自己规定自我,自己把自己作为思维对象,把"我的"纳入我中,自己决定自我。思维这种主观性,同时也包含着客观性,这种主观与客观相关联的思维正是人的修养。古希腊的哲学,起初主要是对人之外的宇宙自然的探索,如宇宙万物的本源是水、火、原子等诸多学说,而后出现了智者学派,认识人自己开始成为哲学的主题,人的修养与国家的美德等成为古希腊哲学的热点话题。

一、智与德之人:国家根基

人应该服从什么,才能得到满足,是服从自己的欲望,服从神,还是服从法律呢?智者学派开始打破权威,探索普遍的自我法则。人要回复到自身,来探求一种普遍精神,这就是智者的哲学。这种回复到自身,使自己成为第一东西,"由于正是这个概念现在出现了,所以它成为一种比较普遍的哲学;并且不仅成为哲学,而且成为一切有思想的民族中任何一个人所参与和必须参与的一般教养"。[①] 智者们,以教育为职业,是自由职业者,周游于城市之间,其主要使命就是教育人们如何思想,如何成为一个有教养的人。智者的教育具有一定的思想启蒙作用,意图唤醒人们去独立思考和自由地思想,"国家的目的

---

① [德]黑格尔:《哲学史讲演录》(第2卷),贺麟、王太庆译,商务印书馆1997年版,第8页。

是有普遍性的，普遍之中也就包含着特殊。智者们传播了这种教养"。① 精神教养，是智者教育的宗旨，它首先要求人们拥有一种普遍的政治品德和政治智慧。这种政治智慧，在智者们看来，是每个公民必须拥有的一种品德，"因此必须承认，政治智慧是人人分享而且必须分享的东西，这样国家才能存在"。②如果人们普遍缺乏这种政治智慧，那么人们则会毫无社会约束地生活着，陷于不断的冲突和不幸。这种政治智慧，就是一种约束和限制，一种知晓廉耻和尊崇正义的品德。这种品德，是每个公民应当拥有的基本品德，要求人们终身去做一个正直、节制和圣洁的人，这就是精神教养。这种政治品德，要求人们克服任性，并养成遵守法律的习惯。智慧与品德的合一，就是修养，就是一种黑格尔所谓自由的习性，自由变成了习惯，自由就是对于任性的一种克服，做一个正义的人，而良好国家的基础就是这种个人修养。

二、人：万物的主宰者

人是世界的主人，是万物的尺度。普罗泰戈拉，是一个公众式的职业教育者，也是一个与苏格拉底同时代的思想家。他提出了著名的人学论断，人是万物的尺度。黑格尔认为，"这是伟大的命题"，它把思维当作一种对于万物的规定，也是一种被规定者，"这个普遍的规定就是一种尺度，就是衡量一切事物的价值的准绳"。这个思维规定者，就是人，而人是万物的尺度，就是人把万物纳入到人的思维中，在万物与人之间建立一种必然的联系，在这种联系中，人是主人和主体，万物是对象和客体，人是万物的主宰。这是我们现在的一种理解，但黑格尔认为这个命题是有歧义的。人是万物的尺度，这个"人"可以指具体的个人，也可以指类的人。如果每个人都可以作为万物的尺度，因为每个人对于万物的思维和利益是不同的和特殊的，那么这个尺度就会是多种多样的，从而就会得出利己的、偶然的和主观的"人"的概念。"这正是坏的意义，正是人们借以对智者们作主要谴责的歪曲，说他们根据人的偶然性目的，把人设定为目的。"③ 人是尺度的真正含义在于，它表明人拥有把握普遍理性的思维能力，说明人的思维理性是对万物的一种反映，万物只有在人的理性中才能得到显现为现象，因此只有人把握了理性时，人才可以变成为万物的尺度。

---

① ［德］黑格尔：《哲学史讲演录》（第2卷），贺麟、王太庆译，商务印书馆1997年版，第9页。
② 同上书，第15页。
③ 同上书，第27页。

第二节　黑格尔对于苏格拉底的人学批判

一、我：良心的主宰者

我是我的良心的主人，我是良心的主宰者，良心是万物的尺度。苏格拉底把人设定为一种普遍的概念，"苏格拉底宣称本质是普遍的'我'，是善"。[①] 他把思想当作本质，把思想当作人的主观自由，是人的一种特性。真实的思维应该是对于客观的反映，思维的内容是客观的而不是主观的，而意识的自由，就在于意识在其自身中去把握客观性。"苏格拉底的原则就是：人必须从他自己去找他的天职、他的目的、世界的最终目的、真理、自在自为的东西，必须通过他自己而达到真理。这就是意识复归于自己，这种复归，在另一方面就是摆脱它的特殊主观性；这正意味着意识的偶然性、偶然事件、任意、特殊性被克服了，——亦即在内部去获得这种解脱，获得自在自为者。"[②] 自我才是一切真理的根源，自我是真理的最终法官，自我具有自我决定是非正误的最终权利，这就是自我良心法庭。我的自由，就是我的主观良心的自由，我的良心绝对不屈从或依赖任何外在的权威，我只听从我内心良知的呼唤。客观性得到一种主观的认可与思想表达，这种客观性并非指外在客观性，而是指一种普遍的意义，一种真理。正义、善、神、信仰等，都是由人的思维建立的，是一种通过思维把情感、表象、精神结合起来的产物，是人的特征，动物没有这种精神性，"动物没有宗教，但是有感觉；精神的东西只属于思维，只属于人"。[③] 这就必然会出现一个主观与客观是否一致的问题，主观的善与客观善之间的冲突与统一问题，就是伦理学的问题。人是精神存在者，其精神性的重要显现就是思维，就是对于善的思维，就是人拥有内在的良知，宗教是人作为精神存在的一种典型标志。动物只有感觉而没有精神上的思维，人高于动物之处就是其精神性。苏格拉底把人置于善与良心之上，就是为了阐明人的精神属性，人应该追求精神上的自由，真正的人就是善与良心的合一，人是拥有善的良知主体。

[①] ［德］黑格尔：《哲学史讲演录》（第2卷），贺麟、王太庆译，商务印书馆1997年版，第39页。
[②] 同上书，第41页。
[③] 同上。

二、伦理难题：主观自由与普遍法则的二律相背问题

伦理与道德有着根本区别，道德是主观的知道的善的东西，而伦理并不是自知着的善。"道德的主要环节是我的识见，我的意图；在这里，主观的方面，我对善的意见，是压倒一切的。道德学的意义，就是主体由自己自由地建立起来善、伦理、公正等规定，而当主体由自己建立这些规定时，也就把'由自己建立'这一规定扬弃了，这样一来，善、伦理等规定便是永恒的、自在自为的存在了。伦理之为伦理，更在于这个自在自为的善为人所知，为人所实行。"① 自在的善就是真理，是一种不依靠人的主观意志的东西，然而真理只有人才能把握，真理只有通过人的主观才能得到现实化和主体化，真理才能被人纳入到其主观之良知中。道德是纯粹主观的东西，道德自己建立起一种善，然后又把这种道德之善客观化，因而每个道德学说都自认为其道德理论就是真理，就是善自身。这样一来，主观道德建立起来的善就成为一种客观之善，主观属性被人为地隐去了。其实，道德是对于客观善的一种反思，是伦理与反思的结合。伦理是朴素的，只是一种事实状态，一种客观性东西，是善的自在形式，是尚未被反思的善。而道德是人对善的反思，对于伦理的反思，把伦理纳入到我的主观思维中来。黑格尔在这里把伦理与道德进行了严格的区别，又阐释了伦理与道德之间的内在联系，"道德将反思与伦理结合，它要去认识这是善的，那是善的。伦理是朴素的，与反思相结合的伦理才是道德；这个差别通过康德才明确起来，康德哲学是道德哲学"。② 苏格拉底创造了道德哲学，而其道德哲学的道德从其自身悲剧中得到了一种悖论式诠释。悲剧之所以是可悲的，就在于这种灾难不是自己的意志和自由所致，也不是自然对人的一种判决，而是一种被冤屈的。悲剧往往并不是自己的过错造成的，而是两个都合法的主体冲突所致，是两种善的冲突。黑格尔从苏格拉底事件中得出了一个关于悲剧的命题，即悲剧是两个法律之冲突所造成的，第一种法律是神圣的法律，是客观自由，诸如美德、伦理、宗教，是与人的自在自为的人的本质相一致的习俗；第二种法律是知识的法律，是主观自由的法律，"这是那令人识别善恶的知识之树上的果实，是来自自身的知识，也就是理性，——这是以后

---

① ［德］黑格尔：《哲学史讲演录》（第2卷），贺麟、王太庆译，商务印书馆1997年版，第42~43页。

② 同上书，第43页。

一切时代的哲学的普遍原则"。① 这两种法律代表着两种原则,现实伦理制度的善恶原则与个人主观所坚持的道德观念之间的冲突集中在苏格拉底身上,公认的或制定的所谓普遍的法律与个人主观良心发生了根本冲突,个人要坚持自己的良心法则,而拒绝对于公认的法律的认可,"我们将看到这两个原则在苏格拉底的生活和哲学中相互冲突"。② 这两种冲突没有得到现实的和解,最终是个人精神原则被普遍性伦理所扼杀。苏格拉底悲剧也是道德与法律冲突的一种典型范式,是精神专制社会下主观个人自由的悲剧,说明专制社会不允许个人思想自由的存在。虽然这是在所谓的民主制度下所发生的,但这充分说明这种民主是有极大局限性的民主,是多数人受到个别伪善者所蒙蔽和操纵的虚假民主,正如后人所谓的多数人的专制,因为这种民主是建立在缺乏个人自由理念者所把持的"多数"决定制度。苏格拉底悲剧的意义,在于它启示着人们对所谓民主的深思,这首先体现在柏拉图的思想里。柏拉图坚信理念而反感私人感性,认为是人的私欲使人弃善从恶,只有理性才是正义的保障,而且那种具有理性能力的人只是极少数人,这是理性主义产生的真正历史根源。个人主观善的自由与普遍性的自由观念之对立与统一问题,是道德哲学的基本问题。

三、美德与守法

苏格拉底的人学,也是把人当作目的,但与当时一般智者的人学不同。一般智者也把人当作目的,但这里的人是特殊的人,还不是一般意义上的人,而苏格拉底把人放在普遍的善概念之上,意图探求一种拥有真、善和美的完整人格图式。在自身中创造出美的东西,把真理、规律和善都纳入思维里,纳入意识自身,这就是善的原则,是主观自由,是人的自身精神的自由。"这个主观自由的原则是这样表现在苏格拉底本人的意识里的;他认为其他的各种科学对于人是毫无益处的,他只应当去关注对那对他的道德本性重要的东西,以便行最大的善,认识最真的东西"。③ 把善回复到意识里,意识回复到自身,使人成为拥有善的意识的人,成为拥有自我意识自由的人,这种自由是人的良心自由。苏格拉底把思维的人当作万物的尺度,这个思维的对象就是善,其目的就

---

① [德] 黑格尔:《哲学史讲演录》(第2卷),贺麟、王太庆译,商务印书馆1997年版,第44~45页。
② 同上书,第45页。
③ 同上书,第63页。

是唤醒人自己的良知。善是人的行为和思维的最高原则，善是人思维和行动着的活的东西，是现实的东西，是与人的主观性相结合着的，是道德的核心问题，"个人是善的，个人知道什么是善，——这种状态我们称之为道德"。①"人应当知道公正，并且以公正的意识来作公正的事；这就是道德，这就与伦理分开来了，伦理是无意识地作公正的事的。"② 道德就是知道什么是善，并愿意做善的事，是善知与善的合一。善的现实化就是公正，道德是对公正的知行合一，不仅主观上认识到公正，而且客观上作了公正之事。对于善的认识与人的善习性结合起来，构成一个人的美德。苏格拉底认为，公正的人必定是守法的人，"法律是神圣的法律，在最好的和最幸福的国家里，公民们是万众一心的，都遵守法律的"。③ 普遍的守法是一个好国家的前提，守法也是整体国家公民幸福的前提。守法也是一种美德，是一种民族精神，而这种法律是否是符合善和正义呢？苏格拉底并没有阐明违反善与正义理念的法律是否也必须遵从。

四、苏格拉底悲剧之因：良知与法的冲突

主观的自由，必须具有真实的内容才是真正的自由，而缺乏内容的自由只是一种纯粹的自由，还不具有精神性，自由的内容也可能是无教养的精神，苏格拉底反对的就是这种无教养的精神，这种无教养的自由根本不是真正的自由。填充这种空白的内容，不是任意的，而是思维的一种内容，就是在法律面前得到了辩解的法律。这种法律就是精神化的东西，是一种共相，一种精神，"真正的根据是精神，而且是一个民族的精神；——亦即浸透在一个民族的法制中的识见，和洞见到个人与现实的普遍精神相联系"。④ 这种民族精神，是一种共相，是一种原则和限制，而对这种共相原则的限制的认识，只有在现实体系的整体联系中才有可能，民族精神最终要体现于法律体系，展现为人们的生活现实。这样一来，就存在着两个对立的东西，一个是作为民族精神的国家法律，一个是作为个性自由的自我精神决定者。现实问题在于，如果法律与个人良知自由发生冲突时，一个人要做出决定，是应该依据法律呢，还是依据自我精神呢？如果法律代表国家，代表着一种共相，而这种法律又是错误的，或

---

① [德]黑格尔：《哲学史讲演录》（第2卷），贺麟、王太庆译，商务印书馆1997年版，第67页。
② 同上书，第68页。
③ 同上书，第72页。
④ 同上书，第82页。

者执行法律是错误的,那么是否可以说,共相也会出错?而卢梭曾断言"公意"是不会出错的,黑格尔也强调国家是地上的神、绝对精神,也意味着国家不可能会出错,那似乎只有个人会出错了。而苏格拉底的悲剧,却在显示着另外一种情况,似乎是法律环节出现了错误,作为共相的民族精神也有恶的一面。这也说明,民主在某种情况下也会导致恶的结果,人民主权也会被错误认识所蒙蔽,这也正是所谓的多数人之暴政。这就是为什么苏格拉底会被其人民判处有罪,并在绝法认罪和以金赎罪的情况下判处其死刑,这样就得出一个悖论,一个品德高尚的人却死于其所属的人民之手,死于一个民主之下的法律。

五、苏格拉底的伟大之处:良心的坚守

黑格尔在评价苏格拉底良知论中阐释了良心的真谛,"良知是普遍的个体性的观念,是自身确信的精神的观念,这种精神同时也就是普遍的真理"。[①] 良知就是善与真理在个体内心中的统一。黑格尔认为,善和良知会产生不同的义务冲突,对于这种冲突必须由法律这一共相来解决,而不该由个人自己来决定,"善就是被思维的目的,因为产生各种义务的冲突;对于各种义务的冲突,必须由国家法律礼俗、生活现实作出决定"。[②] 而苏格拉底则突破了这种法律的束缚,他把自己的良知当作善的标准,自己也就成了善或正义的最终决定者,使自己成为自我决定的独立主体,这就是主观自由。这种主观自由,不仅要摆脱法律共相的约束,而且更要冲破神谕决定论模式。希腊有请求神谕决定的习俗,占卜是一个典型的神谕方法,国家在遇到重大事务时常常进行占卜,并由此来作出决定。这种神谕决定法,缺乏人的自由内容,不是人在决定自己的事务,而是由自己之外的东西来决定自己的命运。古希腊的神谕法也说明人民自主的狭隘性和虚假性,"人民并不是决定者,主体决不能自己作出决定,而是由一个外在的东西给自己决定;只要在一个地方人还不知道自己的内心是如此独立、如此自由的,还不知道只消由自己作出决定,那个地方神谕就是必要的,——这是因为缺乏主观自由"。[③] 占卜,由神谕决定自己之命运,用占卜来代替人民的民主,这当然不是人的专断或专制,似乎是一种民主,但这不是真正的民主和自由。苏格拉底把人的原则从外在性接到了内在性,开创了由客观决定到主观决定的转换图式,这就是"回到自身"原则,不过这种

[①] [德]黑格尔:《哲学史讲演录》(第2卷),贺麟、王太庆译,商务印书馆1997年版,第85页。
[②] 同上书,第86页。
[③] 同上书,第87页。

转换也还只是一种抽象的,"苏格拉底的原则造成了整个世界史的改变,这个改变的转折点便是:个人的证明代替了神谕,主体自己来从事决定"。① 黑格尔把苏格拉底视为人类历史的改变者,这种改变就是人自己的改变,人由神来决定自己的命运改变为人自己来决定自己,人是自己命运的主宰者,人要做自己的主人。当然,苏格拉底的人的自主性还只是一种良心自主,良心自主就是是非对错与善恶是由自己的内心法则来决定的。良心自由的另一方面,是指人的命运是自主的,不是由外在因素来决定的,自己的命运自我支配,人自己的命运只能由人自己来选择决定,而不能由外在的一种占卜来决定,而且占卜更不应该作为一种真理似的神谕。占卜是一种自然宗教,是人把自然外物视为一种神秘的神灵,人自己的命运是由这种神灵来决定的,自己不可能由自己来支配自己的命运,自己的幸福不是由于自己善恶选择和善恶行为所造成的,而完全是外在的东西来决定的。苏格拉底打破了这种占卜式的自然神论,提出了自己关注自己的灵魂、认识你自己的人学思想,把人从自然、神那里拉回到人自己。

"国家便是建立在思想上面的,国家的存在便是依靠人们的见解;国家是一个精神的领域,不是一个物质的领域,——精神是本质的东西。因为是某些基本准则、原则构成了国家的支柱,所以,如果原则受到了打击,政府是必须干涉的。"② 根据作为一种国家精神的雅典法律,苏格拉底的个人言论是违法的,政府对他的审判和处罚也就是必然的了,因此,黑格尔认为苏格拉底的悲剧是必然的,而且也是整个雅典的悲剧。个人基于良心的权利,与作为普遍共相的国家权力发生冲突,就会受到法庭的良心审判,法庭良心的效力总是要强制个人的良心屈从于它。法庭也拥有良知,它依据其拥有的特权的良知来做出判决,当个人的良知与法庭的良知发生冲突时,只有法庭的良知才是有效的,"法院中普遍的合法的良知,它无须承认被告的特殊良知"。而"苏格拉底以他的良知与法庭的良知相对立,在他的良知的法庭上宣告自己无罪"。③ 黑格尔认为,苏格拉底是一个伟大的英雄,而其伟大之处在于,他坚持了个人良心,坚持了个人良心自由的权利,提出了关注人内在本质的命题。个人是自己事务的决定者,是善恶的判定者,是自我精神自由的主体,而不是屈从于某种权威的外在强制。这就是一种精神自由,是一种知道并坚守着善的、正义的和

---

① [德] 黑格尔:《哲学史讲演录》(第2卷),贺麟、王太庆译,商务印书馆1997年版,第89页。
② 同上书,第100页。
③ 同上书,第103页。

真理的东西。这种自我决定自己的原则，就是苏在格拉底原则。黑格尔把自我决定的原则称作"较高的原则"，当这种较高原则与普遍的法度冲突时就会产生悲剧，这种悲剧不是个别意义的，而是一个民族的没落的根源，因为"这个原则与人民的实质合而为一"。①

六、后世伦理学的种子

人是什么，人与善的关系问题，何者为善，如何成为善，这些问题也就成了伦理学的基本问题。苏格拉底为后世提出了伦理学的基本使命问题，后世伦理学理论无不围绕着人如何成善的问题展开论战，对这一伦理问题的不同回答也就形成了不同的伦理学派，苏格拉底之后的苏格拉底学有三个派别，麦加拉派、居勒尼派和犬儒派。"在这些苏格拉底学派那里，主体这一规定被提到重要地位，不过主体只是普遍概念中的一个规定。真和善是原则、绝对；而原则同时又表现为主体的目的，这个目的要求反思，精神的教养，一般思维的教养，并且要求人们能够说出什么是一般的善和真。"② 这三个学派都把主体本身当作目的，但对于善的标准上却迥然不同。

麦加拉派把共相当作善，只有本质才会存在，任何特殊东西都不是真实的存在。麦加拉学派，由于只追求空洞的形式，只探求公理性东西，而根本上否定具体现实的东西，因而最终只能陷入纯粹形式意义上的形式逻辑研究。

居勒尼派"称善为快乐、享乐"，把快乐和愉快的感觉视为人的本质的最高的东西，认为人的天职就是追求快乐，也承认共相，不过是把适于人的感觉当作共相的内容，快乐就是善、痛苦就是恶，而这种善恶主要是主观感受，这就是所谓的幸福论或快乐主义，也是后来功利主义的思想来源。居勒尼派的快乐论代表着当时的主流文化，黑格尔认为康德以前的哲学主流归属于快乐论，"在康德哲学以前，真正说来，一般的原则乃是快乐论；对于愉快和不愉快的感觉的观点，在当时的哲学家那里，乃是一个最后的本质的规定"。③ 居勒尼学派把愉快当作善的标准，凡是能够使人感到愉快的就是善的，使人不快的就

---

① [德]黑格尔：《哲学史讲演录》（第2卷），贺麟、王太庆译，商务印书馆1997年版，第108页。
② 同上书，第113页。
③ 同上书，第131页。

是恶的,"居勒尼派的基本原则就是感觉,感觉被当成真与善的标准",① 居勒尼派的这一原则后来被发展为伊壁鸠鲁主义。

犬儒学派把善当作原则,不过他们的善观念不是对于特殊事务的关注,而是对于共相关注,其关注的手段就是通过按照自然的生活,追求独立自由的精神生活,"犬儒派的原则也是通过认识共相来培养精神;不过个人的使命必须通过对共相的这种认识而达到,个人要使自己坚持抽象的普遍性,坚持自由和独立,而对一切以往有效的东西采取漠不关心的态度"。② 犬儒学派的原则被后来的斯多葛派所发展。人的独立与自由成了犬儒派的原则和出发点,而这种独立自由原则,是精神上的而非感觉上的,这与居勒尼派的感觉原则刚好是相反的。黑格尔眼中,犬儒学派的伦理思想也是不完善的,因为它只承认普遍性的善而漠视了现实的人的善,把一切现实中人的欲望都视为恶的,这是犬儒学派的最大理论缺陷。犬儒学派把摆脱欲望束缚视为基本的善,把对感觉的否定视为原则,把寻求超脱于感觉的独立自由视为一种人的天职和人的本质,这就彻底地否定了人的基本幸福与快乐的正当性。这样犬儒学派就从根本上形成了一种与居勒尼派相对立的伦理学派,也为后世的纯粹理性主义伦理思想奠定了理论基础,从此也就形成了人类两个基本的人学思想路线,幸福主义人学与理性主义人学思想二元框架,"犬儒派把不受制于自然的最高度的独立性定为善的内容,也就是说,把最低限度的欲望定为善的内容;这是逃避享乐,逃避感觉的愉快。否定在这里则是决定性的东西,犬儒派与居勒尼派之间的这种对立,以后出现在斯多葛派与伊壁鸠鲁派之间"。③

由此可见,苏格拉底思想是斯多葛派与伊壁鸠鲁派的共同思想源头,也是后世各种伦理学的种子。苏格拉底悲剧的伟大寓意在于,苏格拉底用其生命提出了理性与幸福、一与多、精神与自然、道德与法律等二元相悖难题,后人针对二元相悖难题在寻找着不同的解谜答案。苏格拉底悲剧对柏拉图的直接启示就是,多数人的民主统治并不优于少数精英统治,因为多数人统治的民主,并不能保证客观善的遵循,反而是对少数真理之人的一种暴虐。苏格拉底人学思想导致了柏拉图的法治理想国思想的产生。

---

① [德]黑格尔:《哲学史讲演录》(第2卷),贺麟、王太庆译,商务印书馆1997年版,第137页。
② 同上书,第114~115页。
③ 同上书,第143页。

第三节　黑格尔对于柏拉图人学思想的批判

一、哲学：普遍性之思想把握

柏拉图的人学思想总体面貌是，人的整体性原则和理性原则。在柏拉图看来，哲学是人应当追求的本质东西，哲学家是渴望追求真理的人，统治者应当由哲学家来担当，而哲学则是关于善理念及其存在理想状态的学问，"柏拉图这里所了解的哲学，是与对超感官世界的意识，亦即我们所谓宗教意识相混合在一起的；哲学是对自在自为的真理和正义的意识，是对国家的普遍目的的意识和对这种普遍目的的有效性的意识"。① 哲学家统治国家，就是运用普遍原则来治理国家事务，"以普遍目的、幸福、国家的最高利益作为他的行为和一切设施的原则"。② 而不是从个人意愿出发来任意治理国家。普遍的原则，就是普遍的自由和正义的原则，这是国家的基础。哲学的使命就是要探求最为根本的目的及其最为有效的实现手段，哲学家的使命就是探讨国家的普遍目的与法则是什么，探讨国家的最终普遍法则。普遍性，作为柏拉图的思想核心，是指超越于自然之上的永恒的理念，是一种逻辑，是事物的共相、真相或本质，是真理与正义。事物的普遍性是由其目的与使命决定的，使命决定着事物的本质，但这种普遍性并非是直接看得见的，而只有人的思想才能抽象把握。柏拉图认为，只有少数人才拥有认识和把握这种理念的智慧能力，这样就形成了柏拉图的理与思之二元论，这与康德的物自体不可知论有相近之处。只有少数统治者才可以较好地理解与把握真理与正义，才可能掌握用真理与正义来治理国家，才能洞悉国家的真正使命，能够无私地为国家普遍性目的而努力与奉献。这正是柏拉图所谓人治思想的哲学依据。

理念的把握，就是探求真善美的普遍性，这就是学习。学习就是认识本质并扬弃假象，"学习是这样一种运动，在学习过程中没有异己的东西增加进去，而只是它自己的本质得到实现，或者它自己的本质得到自觉"。③ 学习就是发现、实现本质，同时要摒弃谬误与假象。假象是一种异己的东西，假象使人把非本质的东西当成了自己的本质，反过来又把自己本质的东西当作自我否

---

① [德]黑格尔：《哲学史讲演录》（第2卷），贺麟、王太庆译，商务印书馆1997年版，第174页。
② 同上书，第175页。
③ 同上书，第183页。

定的东西，或者把自我本质当作与自己对立的他物，因此，假象使人的自我意识变为虚假意识，使本质异化为自己的对立面。学习就是区分开真理与假象，从而解开假象对于自我真实的遮蔽，揭示作为普遍的共相，把握自我本质，自觉遵从普遍规则，这就是柏拉图普遍性原则的内涵，"在自在自为的灵魂里，那作为自在自为的美、善、正义的理念，也具有自在自为的普遍性。这就是柏拉图思想的基本原则和普遍基础"。[1] 柏拉图的灵魂概念蕴涵着人的精神本质，作为自我本质的普遍共相，只有灵魂才能认识，肉体的人眼是认识不到的，而且灵魂与善、正义和真理是同等价值的概念，因此灵魂不死也就成为普遍原则。灵魂不死，就是作为人的本质的永恒性，就是善、正义、真理等的永恒性，就是共相。这种永恒的普遍性，柏拉图用一个经典的概念加以界定，这一概念就是"理念"，这就是所谓的柏拉图理念论。理念论也蕴涵着哲学的实质和使命，一般来说，哲学的使命就是揭示真理，哲学就是一种把握理念的思想。"柏拉图学说之伟大，就在于认为内容只能为思想所填满，因为思想是有普遍性的。普遍的东西（共相）只能为思想所产生，或为思想所把握，它只能通过思维的活动才能得到存在。柏拉图把这种普遍性的内容规定为理念。"[2] 哲学的任务也就是揭示和把握理念，哲学的功绩就在于用概念的形式来表达真理，哲学原则乃是思想，"认识理念就是哲学的目的和任务"。[3] 哲学不仅仅研究一般的理念，而且也探讨国家的理念问题，"柏拉图思考到，真正的国家制度和国家生活是更深刻地以理念、即永恒正义的那些自在自为地普遍而真实的原则为基础。知晓和认识这个理念当然是哲学的使命和工作"。[4] 柏拉图哲学的最终落脚点是国家哲学。黑格尔认为，"哲学是人的本质"，人的本质也只有在表象中才能得到体现，哲学也必须与政治学相结合才有实际意义，这种政治表象的载体就是国家。国家是哲学的现实化，哲学产生于个人的思想，但也要体现于作为国家结构的法制、政府体制之中。人的本质，只有在国家现实中才能得到现实化，因此哲学不仅是人学，也是政治学或国家说。在这种与人学和政治学联姻的哲学理念前提下，哲学家与统治者合为一体，"统治者应该是哲学家"，真正优秀的国家治理者，应该把正义当作国家的最高原则。

---

[1] ［德］黑格尔：《哲学史讲演录》（第2卷），贺麟、王太庆译，商务印书馆1997年版，第190页。
[2] 同上书，第195页。
[3] 同上书，第197页。
[4] ［德］黑格尔：《精神哲学》，杨祖陶译，人民出版社2006年版，第367页。

二、正义是国家的最高原则

黑格尔高度评价了柏拉图的国家正义理论。柏拉图把正义当作国家的精神实质，国家是正义精神的现实，而个人只是国家的一个分子，个人只有在国家里才有意义，离开国家，个人也就不成其为人了。法律是国家理念的具体化，是正义精神的体现。柏拉图总结了古希腊的四大美德，即智慧、勇敢、节制和正义，"第一种美德是'智慧'和知识"。智慧，就是一种理性，就是拥有共相的意识，是一种拥有哲学思维和普遍理念的精神，是通晓国家的对内对外的普遍原则和国家的整体治理的理性知识。只有少数人才真正能够拥有这种共相的智慧，这就是所谓哲学王统治者理论，统治者必须具备治国智慧之美德，国家必须由这种智慧者运用普遍理性来治理。当然，这种智慧也只有通过教育才能得以培养，这就是当时的教育与考试选任官职的古希腊制度。"第二种美德是'勇敢'"，勇敢是保卫国家的战士所应当具备的美德，是一种为国献身的无畏精神，是一种维护整体利益与安全的勇气，敢于主持与坚守正义，而不是一种个人自私的粗野、鲁莽或任性。"第三种美德是'节制'，节制是对于情感欲望的克制。"节制是对于自我欲望的一种克制，虽然是所有人都应当共有的美德，但实际上主要是针对生活所需的产品生产者所要求的一种美德，是下层人所应当具备的美德。"第四种美德是'正义'"，正义是一种总体性美德，一种普遍的共相的美德，不仅是一个人美德，也是国家、国家的法律和政府的共同美德，"正义就是在国家中作正义的事"，柏拉图把正义规定为个人对于国家的义务上，具有不同美德的人去做他应当做的事，每个人各司其职，各自完成其对于国家应尽的使命。根据这四种美德，人就被柏拉图划分为三种人，国家治理者、国家保卫者和产品生产者，国家的职能体系也分为三种，立法、保卫和生产。国家统治者主要职责，就是运用普遍的理性智慧来制定良好的法制，并组织和管理好战士来保卫国家；战士的职责就是保卫国家的安全和稳定，实现国家的保卫使命；劳动生产者是实现国家公共财富的职能。共同体的整体普遍性是正义的最高原则，个人只有在为整体普遍做出其贡献中才是正义的，个人背离国家整体普遍原则就失去了任何存在的意义和价值。

黑格尔继承了柏拉图的法哲学概念，法哲学就是关于法的概念及其现实化的学问。同时，黑格尔也继承和发展了柏拉图的国家理念说，把国家视为普遍性的东西，国家是绝对的最高理念，是现实的神，是个人特殊性与国家普遍性的一种完美结合，而个人的自由只有在国家里才能得以实现。另外，黑格尔的家庭（爱）、市民社会（法律）、国家（伦理）整体论，与上述柏拉图的国家三元结构在形式上也有着极为相似之处，都是三位一体的思维模式。

三、柏拉图的理论缺陷：拒斥主观自由

黑格尔批判了柏拉图关于废除个人私有财产的思想，"柏拉图在他的理想国里同样取消了一般的私有财产的原则"。① 而黑格尔与柏拉图的财产思想则根本不同，黑格尔把财产占有的权利当作人格独立的标志之一，人只有在其财产权里才是自由的，并认为只有人才有权占有物，物权的实质是人格权；而柏拉图却把私有财产视为是对于个人私欲和人的本性堕落的根源，是一切恶的根源，因而认为只有完全废除私有制，才能根除人的一切私欲，才能使国家和谐，"柏拉图认为，私有财产废除之后，一切争端、倾轧、仇恨、贪婪等都可以消除，这是大体上可以想象的"。② 财产私有是一切恶的根源，这一论断的确很深刻，但却被黑格尔批判为对个人自由的一种蔑视。"根据同样的理由，柏拉图又取消了婚姻。"小孩生下后立即被带走不能让母亲认得谁是其子，并接受共同教育，"同样地妻子也由公家分配"。"这就是柏拉图的理想国的基本特征，其主要之点在于压制个性"。③ 柏拉图在个人的婚姻与家庭的问题上则走得更远，反映出柏拉图的极端理念思想倾向，他试图通过消灭人的自然属性而实现其理想国理念，因而其理想国就是完全彻底的公有制国家，即便是妻子、小孩子也是国家公有的。

黑格尔认为，柏拉图还没有个人自由的完整理念。"排斥主观自由原则的观点，乃是柏拉图的理想国之主要特征。国家的基本精神在于从各方面使固定了的个性消溶于共性之中，把所有的人仅仅当作一般的人。"④ 柏拉图在个人与国家的关系上主张，个人必须以共相伦理作为他的目的，这就是最高的民族精神，也是作为法制的最高精神。个人就不能拥有异于这种共相原则的个人主观良心，个人不允许根据自己的道德考虑来决定自身。这种个人主观自由原则是近代开明时期的原则，而这个自由原则却被柏拉图认作一切伦理败坏的根源，是与希腊的精神、政治制度、法律相违背的，这正如黑格尔所谓的哲学家时代局限性论断，即任何哲学家都超不出其时代的局限，柏拉图也不可能超越

---

① ［德］黑格尔：《哲学史讲演录》（第2卷），贺麟、王太庆译，商务印书馆1997年版，第262页。
② 同上书，第263页。
③ 同上书，第264页。
④ 同上书，第261页。

其时代特征的精神限制。"在近代国家里人们有了良心的自由,每一个人有权利要求顺从他自己的兴趣;但这在柏拉图国家的理念里却被排斥了。"① "柏拉图(特别地)不容许个人选择他的等级,而我们则认为这乃是自由所必不可少的。"② 个人没有自己选择与决定自己命运的自由,也没有持有自己良知的自由,而只有无条件服从国家整体需要的责任。柏拉图把消灭个人私欲作为理想国的根本前提,认为只有完全彻底的公有制才能消除人的私欲,从而消除冲突的社会根源并最终实现国家的恒久稳定。

四、黑格尔对柏拉图理念论的继承与整合

黑格尔认为,国家的原则不仅应该体现整体意志,也要体现每个个体的意志,而且国家原则只能体现为普遍的法律,不能把统治者的意志当作国家原则,"我们必须有自在自为的共相和被思维的原则,却并不把它当作贤明的统治者、伦理,而是把它当作法律,并且同时又是我的本质和我的思想,换言之,我的主观性和个体性"。③ 这就是自我意识与共相的统一,我与我们的统一,这是黑格尔对柏拉图抽象理念论人学之理论缺陷开出的一个补救处方。黑格尔认为,柏拉图继承了苏格拉底的善共相理念,但却没有进行深化发展为外在的规定,"苏格拉底停留在善、共相、自身具体的思想上面;他没有发展这些概念,没有通过发展的过程把他们揭示出来"。而"在柏拉图那里缺点在于两者(按即规定性和普遍性)还是彼此外在的。他谈到正义、善、共相。但他却没有揭示出它们的起源;它们不是(发展的)结果,而只是直接接受过来"。④ 柏拉图注意到共相问题,但却没有揭示共相的具体内容,而共相的具体内容却是由个体构成的。而亚里士多德对于其老师的国家目的论进行了一种补正,"柏拉图所关心的是他的共和国,所关心的是一个理想国,至于那个个人只不过是手段而已"。"相反地,在亚里士多德就没有这个目的;他面前只有一个个人,他的目标就是把这个人的人格培养和发展起来。"⑤ 显然,个人与国家的关系问题,是法哲学的一大难题。如何调和与平衡二者的张力,并恰当地把二者统一起来是法哲学的历史性课题,而人们通常所谓的黑格尔法哲学

---

① [德] 黑格尔:《哲学史讲演录》(第2卷),贺麟、王太庆译,商务印书馆1997年版,第251页。
② 同上书,第261页。
③ 同上书,第266页。
④ 同上书,第206页。
⑤ 同上书,第273页。

调和性特征也就可以理解了。

为了克服柏拉图国家普遍性与个人特殊性之内在困境,黑格尔对国家的使命进行重新定位,认为国家是个人特殊性与社会普遍性的调和器。个人的目的是一种特殊性的东西,而相互交织的普遍性制度与国家就是普遍物,普遍性与特殊性之间既相互依赖又相互转化,"我在促进我的目的的同时,也促进了普遍物,而普遍物反过来又促进了我的目的"。① 我的目的与国家的目的是统一的、相互促进的。普遍性与特殊性二者都有其存在的合理性,国家普遍性必须尊重个体的特殊性需要和权利,个人特殊性是国家普遍性的基础,没有个人特殊性的尊重和承认,国家就会失去其应有的活力和根基。黑格尔反复批评柏拉图的理想国理论中的普遍性绝对化思想倾向,"柏拉图的理想国要把特殊性排除出去,但这是徒然的,因为这种办法与解放特殊性的这种观念的无限权利相矛盾"。② 国家的使命,是解放个体特殊性,但不能通过消灭特殊性的手段,而应该通过限制特殊性任性,调和特殊性与普遍性的矛盾,使特殊性符合普遍性。国家的功能,就是控制个体的任性,使其与普遍性相一致,因为特殊性本身是没有节制的,并把欲望引入无限,而匮乏与贫困也是欲望的根源,"这种混乱状态只有通过有权控制它的国家才能达到调和"。③ 这就是国家的意义所在。同时,个人原则要与普遍性接合,来实现自己的目的,就必须通过良好的教育,因为教育的使命就是把个人从自然特殊性中解放出来。黑格尔高度评价了柏拉图的国家正义论思想,也批判了柏拉图割裂国家与个人关系的极端理念论。柏拉图把个人特殊性与国家普遍性对立起来,认为个人私有财产权和家庭婚姻都是与国家理念相冲突的,因而他采取了从形式上割除个人私权的路径来保证国家正义原则,而黑格尔在对此批判的基础上,提出了客观法、主观法与伦理法"三一"式理论,这种三一式思维范式是复合的:家、市民社会和国家三一式、爱、法律和伦理三一式、物权、契约与不法三一式抽象法体系,目的、手段与和谐的三一式。国家是个人、家庭、市民社会的综合体,是个人特殊性与国家普遍性的一种调和,在国家里个人是作为独立的法权人格来对待的,法律和国家都是对个人自由的普遍承认而非否定。黑格尔也汲取了柏拉图的有关国家理念的思想,他也认为家庭和市民社会具有其局限性和片面性,只有国家才具有普遍性,不过他没有简单否定家庭和市民社会的意义,而是把国

---

① [德] 黑格尔:《法哲学原理》,范扬、张企泰译,商务印书馆1979年版,第199页。
② 同上书,第200~201页。
③ 同上书,第200页。

家理解为超越二者之上，又将二者归纳于国家之内，因而他提出了一种包容性国家观。家庭的理念是无私的爱，而市民社会的理念是自由的法律，而国家的原则是爱与法律的统一；这样，黑格尔把柏拉图的国家一元论发展为家、市民社会、国家相统一的国家三元合一论。

五、黑格尔与柏拉图人学的再比较

黑格尔是从人的自由来谈法和国家的，从人中推导出法和国家，而柏拉图是从国家的正义理念、普遍性、整体性来谈论人的，二人的思维路径不同，但二者也存在着深层的相通之处，二人都特别强调国家普遍性意义。

二人都强调国家整体性本质，柏拉图把正义视为国家美德，同时也是个人的美德，"正义有两种。有个人的正义，还有一个国家或社会整体的正义"。① 个人正义是国家正义的基础，国家正义是建立在个人正义理论与素质之上的，这两种正义是相辅相成的，不能把正义仅仅理解为个人的美德，同时也是应该把正义视为政府、法律和国家的美德。黑格尔把自由视为国家的使命，把国家视为地上行动的神，自由的现实体系，人只有在国家里才会作为真正自由的人存在。因此，二人都把国家视为人的理想存在形态。二人都把法视为普遍性的东西，是对于个人特殊性的一种限定，是对任性的限制，法的本质与人的本性是相符的，法应该成为人的朋友而非异己的东西，立法的全部目的，就是使人能够和平相处，使人人都成为相互的友人，"我们的立法的全部要害，是让公民们在尽可能相互友好的环境中过上幸福的生活。但是，如果他们之间发生大规模的伤害和诉讼，他们就不是朋友，除非这种情况很轻微又很少"。② 在柏拉图看来，国家的使命就是让人民过上优良的美德生活，法律的目的是人人都作为友好的朋友相待，这正如黑格尔的国家论，法和国家的使命就是使人成为自由的法权人格，国家是地上保护人的自由之神。柏拉图认为，法的使命是使人能够做一个理性者，知道自己如何成为一个拥有美德的人，并使国家成为一个友善团结的团体，"一个立法者在制定法典时要着眼于三件事：他为之立法城邦的自由、团结和智慧"。③ 立法的目的，就是构建一个和谐的国家，并且让每个国人都能很好地活着。"柏拉图偏重于国家的和谐稳定至上性，而黑格

---

① ［古希腊］柏拉图：《理想国：基本英语译本》，（英）理查兹英译，段至诚汉译，中国对外翻译出版社2006年版，第57页。
② ［古希腊］柏拉图：《法律篇》，张智广、何勤华译，上海人民出版社2001年版，第155页。
③ 同上书，第105页。

尔则更注重个人法权与国家普遍性的调和与统一；二者的法哲学思想具有理念上的相通性，两人都把人们过上优良生活作为国家的目的。"① 二人都特别强调人的道德及其教育对于社会和谐的根基意义，道德不仅对于人之为人的决定意义，而且对于法律的正义性生成与维持，对于国家理想的实现都具有根基性作用。如果说柏拉图突出了理性正义之善理念，那么亚里士多德则更为重视幸福之善及其实践问题。

第四节 黑格尔对于亚里士多德人学思想的批判

一、幸福之善：热情服从理性＝美德

"亚里士多德把幸福规定为最高的善。"② "按照亚里士多德，幸福乃是最终目的，乃是善。"③ 善不仅仅是一种共相，也是一种特殊的东西，而幸福就是美德，是善。个体按照自身的完善和美德为自身的目的，这就是幸福，而远见是实现善、美德和自身幸福的必要条件，没有远见就不会有真正的幸福。"理性、智慧这些东西还不构成美德，只有在理性的和非理性的双方的统一中，美德才存在。当热情（意向）和理性发生关系并服从理性命令而行动时，我们就称此行为为美德。"④ 理性并不等于美德，理性也只是美德的一个条件，但不是充分条件；只有理性与非理性要素相遇时，理性对于非理性的冲动进行调控时，理性才是作为美德出现的，因而美德是理性对于非理性要素进行规制和正确引导，是理性与非理性的一种平衡。善，作为美德其内在地就包含着两个必要因素，理性与非理性；仅仅理性一个因素，并不构成现实的善，只有理性与非理性两个因素才会构成一个现实的活着的善，"在善里面，应该在一种非理性的冲动，而理性则另外出来判断和规定这个冲动"⑤。亚里士多德在肯定理性作用的同时，又特别强调非理性冲动的意义，冲动、意向是一种非理性的东西，而非理性却是美德发展中的必要环节，它也具有其肯定的意义，因而他认为不可贬低这种非理性因素。冲动、意向，是主体特殊化、具体化的东

---

① 张君平："国家的伦理品性：基于黑格尔对柏拉图的批判"，载《连云港职业技术学院学报》2015年第1期。
② ［德］黑格尔：《哲学史讲演录》（第2卷），贺麟、王太庆译，商务印书馆1997年版，第358页。
③ 同上书，第362页。
④ 同上书，第359页。
⑤ 同上书，第360页。

西，但这种个性化也必须符合共相，而美德就是在自身中使个性与共相能够相统一，是非理性的冲动与理性的统一，"美德既然像这样被认为欲望、实现的意向和理性的见识两方面的统一，具有一个非理性的环节在自身之内，因此他就把美德的原理看成是一种中庸之道；这样一来，美德就成为两个极端之间中项"。① 中庸即为美德，不偏激就是美德。幸福与美德、远见都是相关的，欲望热情服从理性就是美德，符合美德的生活就是幸福，而幸福与美德只有在国家里才能得以实现与保障。黑格尔也强调欲望之冲动、热情对于伟大事业的意义，黑格尔认为，没有热情就不会做出伟大的事业，因此生存的冲动与热情是自由现实化的必要因素。当然，黑格尔也同时强调，热情需要理性思想来控制与引导，避免那种极端的狂热症，如宗教狂。

二、人：国家善与个人善的结合体

亚里士多德把普遍幸福视为国家的政治属性，"国家的目的是一般的普遍幸福。对于道德，他认为固然也是属于个人的；但是它的完成只能够在全体人民里面才能达到；——即在国家里面"。② 个人离不开全体，个人必然会与他人相结合，而这种结合的形式就是家庭和国家，因而亚里士多德把人的本质揭示为政治动物或社会动物。个人的幸福只有在家和国家意义上才具有可能性，个人的德性也只有在本人与家和国家的关系里面才能得以显现，个人离开家或国家也就无所谓幸福、善和美德可言了。因此，亚里士多德并不把个人的自由权利当作政治的唯一性东西，甚至认为个人如果不与他人或全体结合而完全孤立，他要么是野兽要么就是神，但却不是真正意义上的人。中庸就是亚里士多德的哲学原则，理性与幸福的平衡、国家善与个人善的平衡就是中庸，中庸就是普遍性与特殊性的和解。这种中庸理念，不仅是一种个人美德原则，也是国家的美德法则，国家应该依照中庸法则来进行治理，国家的最终目的就是实现人们的共同善，让人们过上优良的生活。

三、黑格尔与亚里士多德的人学比较

两人在人学理论方面有着诸多相近之处。第一，二人都把人放置于社会、法律与国家中去阐释人的本质，人只有在社会中、国家中、在法的意义上才会显现出人的本质存在，这就是一种整体式的人学。亚里士多德著名的人的概

---

① [德] 黑格尔：《哲学史讲演录》（第2卷），贺麟、王太庆译，商务印书馆1997年版，第360页。
② 同上书，第362页。

念，就是人是天生的社会人或政治人，黑格尔也把人的自由本质之生成放在市民社会和国家中。但二人的重大不同在于，亚里士多德并没有把奴隶视为自由的人，黑格尔对此进行过诸多批判，认为亚里士多德与柏拉图哲学理论的最大污点就是他们不承认奴隶具有独立人格，把奴隶从人的概念中除去了。第二，二人的理论使命有着共同之处，都在探讨如何调和普遍性与特殊性之间的对立，都采取了一种中庸的理论方法。亚里士多德认为，正义就是两个极端的中间，不偏不倚就是正义，就是适度正义就是不过分多得或少得，就是各得其所，而对于不法行为的惩罚也是出于正义。这与黑格尔的调和哲学具有相近之处，而黑格尔更注重个人与他人之间的自由平衡，法律就是对于极端任性的约束。在幸福与德性的关系方面，二人也具有同样的调和品性，都认为幸福与德性是可以相融合的。第三，二人都把"人成为人"视为法和国家的目的。法和国家的使命就是，让人成为正义有德的幸福之人，让国家成为和谐完美的国家。人是高尚伟大的存在者，但也会是一种奴性的自然之物，法律和道德首先就是对人的一种约束，使人免于沦为动物之兽性存在者，"人一旦趋于完善就是最优秀的动物，而一旦脱离了法律和公正就会堕落成世上最差等的动物"。"公正（就其功能来说）应该是属于共同体的，因为它是确定事物是非曲直的标准，是一个政治共同体维持其秩序的基础。"① 正义理念信仰和法律制度是人成为人的基本保障。与这种中庸的公正理念不同，斯多葛派则仅仅把理性之善视为最高原则。

第五节　黑格尔对于斯多葛派人学思想的批判

如何理解与对待理性与感觉的关系，是不同哲学流派的根本区别所在，"斯多葛派哲学把抽象思维当成原则，伊壁鸠鲁派把感觉当成原则；而怀疑主义是对于一切原则持否定态度，而且是行动性的否定"。② 人们行为的原则是什么，人们应该以感觉还是理性为原则呢，对此问题的回答就是形成了三个哲学流派，即斯多葛派哲学、伊壁鸠鲁派和怀疑主义。

一、依照理性生活，做有修养的人

善是斯多葛派所探讨的基本理论主题，斯多葛派把善与理性结合起来，把理性视为高质量生活的标准。首先，依照本性的理性生活，不仅是一种美德，

---

① ［古希腊］亚里士多德：《政治学》，高书文译，九州出版社2007年版，第15页。
② ［德］黑格尔：《哲学史讲演录》（第3卷），贺麟、王太庆译，商务印书馆1997年版，第7页。

而且也是生活的目的，"这就是最高的善、一切活动的目的；依照本性生活，即是过理性的生活"。① 依照本性之规律生活，就是理性，理性的东西就是普遍性，或者叫做普遍的规律或正确的理性，依照本性的生活就是理性。理性就是人作为人存在的正确理性和普遍规律。理性就是人的本性之所在，是人之道所在，是人之为人的存在法则。其次，道德就是遵循普遍的理性而存在，成为一个有思想、有教养的人。一个有修养的人，就是依照理性之普遍法则行事的人，因而道德就是人对于理性法则的敬重与服从，"道德在于遵循思想，亦即遵循普遍的法则、正确的理性"。② "人必须作为一个有思想的、有教养的人而行动。"③ 一个拥有优良道德的人，不是依照冲动、嗜欲而行动的人，而是按照理性与规律而生活的人，是具有正确思想的人，这就是理性人的概念。思想、道德、规律、教养、教育等，在人的理性中得统合为人的基本内容，是人之为人的基本属性及其生成运动。人是有思想的存在者，这个思想就是对于理性法则的一种认知与自觉遵守，因而理性法则是人作为人的根本法则，人如果失去了对于理性法则的遵从，那么也就不再是真正的人了。因此，在斯多葛派看来，理性成了人作为人存在的唯一属性，人只有在理性法则中才是作为一个真正的人的存在，才是一个真正有道德修养的人；而黑格尔也把普遍法则视为人的本质，认为自由的实质就是人认识到普遍性法则并把其纳入到自我个性之中，因而自由是遵从普遍性的自由，违反普遍性法则的为所欲为是一种主观任性，不是真正的自由而是一种典型的假自由。

二、外在善、内在善与整体善

斯多葛派的善概念，分为外在善与内在善两个层面，显现为三种善的样式：外在善、内在善和整体善，具体而言，外在善即幸福善，内在善即道德善，整体善即福德兼备之善。第一，善的外部存在，就是依照普遍性规律的实践，或者依照法律生活，即理性实践，"他们把善说成是意志对于规律的遵循；善被认作实践的对象，但同时他们又把善定义为有用的东西"。④ 拥有一个光荣的祖国，拥有品德高尚的朋友，这些都是一种外在的善。第二，内在的善就是按照理性生活，这种理性是人内心中的道德善或道德律令，就是内在道

---

① [德] 黑格尔：《哲学史讲演录》（第3卷），贺麟、王太庆译，商务印书馆1997年版，第30页。
② 同上书，第31页。
③ 同上。
④ 同上书，第32页。

德法则。内在的善就是抽象的公理性东西。第三，还有第三种善，它既是外在的，又是内在的善，既是道德的善又是幸福的善，这就是道德与幸福的统一。善既是有用的，又是合乎道德的，"这种道德与幸福的结合在近代也被看作一个大问题：道德本身是否能够给予自在自为的幸福，或者幸福的概念是否被包含在道德的概念之内"。[①] 外在善与内在善关系问题，即幸福与道德的关系问题，是伦理学的一个基本难题。完整的善，是外在善与内在善的合一，只有外在善或内在善都不是完整的善，幸福与道德二者统一起来才是一种整体善，才是一种完满。脱离道德的幸福不是真正的幸福，而没有幸福的道德也不是一种完善的道德，只有包含着幸福的道德才是真正的道德，而只有配得上道德的幸福才是真正的幸福。

三、斯多葛学派的理论困境：理性对快乐的拒斥

斯多葛派理论的根本缺陷是其片面性。它只承认共相，只停留在抽象的概念里而拥有意识自由，只追求内心纯粹之善而缺乏具体的内容，完全拒斥了主观热情与兴趣，没有具体的自决原则。完全按照理性生活，把自己完全孤立起来，把一切外在的东西都从自我内心中排斥出去，摒弃一切特殊的欲望和情感，"对于一切特殊的享乐、爱好、情欲、兴趣漠不关心"。[②] "斯多葛派的伦理实在只是哲人、理想，而不是实在。"[③] 在斯多葛派看来，哲人是一个道德理性人，只过纯粹的内在道德生活，只追求内心自由和内在善，只遵循理性生活，拒绝任何外在情感的欲求。黑格尔也认为，感觉的东西往往是极为有害的，但主观情感却也是人之为人所必不可少的，热情、欲望等感性东西也是理性的显现形式和必要手段。没有热情就不会造就出伟人，没有热情也成就不了伟大的事业，但真正的伟人不仅是拥有做伟大事业的热情的人，同时也是最能够超越和把握自己的情感的人，因此不能对感性持完全否定与拒斥的态度，要把情感与理性结合起来，情感要接受理性的指导和规制，使情感能够符合理性。

本章小结

黑格尔对于古希腊人学既有批判也有肯定与继承。某种理论的缺陷往往也

---

① ［德］黑格尔：《哲学史讲演录》（第3卷），贺麟、王太庆译，商务印书馆1997年版，第33页。
② 同上书，第35页。
③ 同上书，第39页。

是这一理念的可贵之处，某种理论的可贵之处也往往是这一理论的致命缺陷，以上古希腊经典人学就是这样，它们也是伟大与缺陷的同在。古希腊经典理论的共性，主要体现在两个方面，一是都注重普遍性东西，这是其伟大可贵的地方，二是都不同程度地对于主观个性的拒斥，这是古希腊人学的通病。因而，古希腊人学的特点就是理性人学，这种理性人学理论并没有一个真正的人的概念，没有真正的自由概念，而只有理性、正义、至善、美德等概念，而且他们又同时认为，这种理性与美德能力只有少数人才拥有，而那些绝大多数的奴隶并不具有理性能力，因而奴隶不是人，只是物。因而柏拉图和亚里士多德都断言声称，奴隶不是人而只是会说话的动物，因为他们在理论上把普遍性之理性视为人的唯一属性，排斥了人的自然属性，而且把理性极端化、理想化，尤其是柏拉图把至善的实现寄托于来世的天堂彼岸，至善理念在现实中难以实现。黑格尔认为，柏拉图与亚里士多德理论的最伟大之处，就是他们对于善理念普遍性的阐释，而他们理论的最大污点就是把奴隶从人中排斥了出去，不把奴隶当作人。这一理论污点的根本原因，在黑格尔看来，是因为他们没有达到对于人的本质的根本理解，没有认识到人的自由本性。不仅如此，就连奴隶本身也认为他们不是人，奴隶认为自己天生就是应该被其主人支配，其命运只有其主人才有最终决定权，自己只有依赖于其主人才能生存。黑格尔认为，古代的人们还没有达到人的自我意识，没有认识到人的自由本性，没有认识到自由是人与动物的根本区别，他们不应该把人主观地区分为自由人和奴隶。

但是，黑格尔也从中继承了诸多理论要义。黑格尔继承了苏格拉底的主观精神、良心理论，认为良心自由是人作为主观精神的一种存在方式，敢于坚持自己的良心法则而不屈从于外在权威，这正是人的良心自由的伟大之处。黑格尔继承了柏拉图的理念论，认为人的本质先于现象而存在，客观法则先于人的主观法则，自由是一种客观的理念，而人的主观自由与人的客观人定法则都必须服从客观的自由理念，因此黑格尔认为，真正的自由就是个体特殊性与普遍性东西的调和合一，只有个体理解和服从普遍性法则中才能够自由，同时普遍性中也包含着个体的特殊性需求与权利。黑格尔对于亚里士多德的人的社会性、政治性之继承，对于其人的个别性与整体性理论的继承，认为个体只有在整体中才可能是作为自由的人存在，因为人是不能孤立生存的，这就是黑格尔的相互承认理论的渊源之一。

第三章 黑格尔对于近代启蒙人学的批判

第一节 黑格尔人学与笛卡儿人学的比较

一、思维自由：人的存在与思想解放

人的思想自由是笛卡儿的哲学真谛，笛卡儿因此而成为近代哲学的创始人。"勒内·笛卡儿事实上是近代哲学的真正创始人，因为近代哲学是以思维为原则的。"① 笛卡儿从思维角度来揭示人的本质，人之谓人的本质存在是人所拥有的思维，他把人的存在与人的思维视为同一物。"笛卡儿的出发点是：必须抛弃一切假设，思想应当从它自己开始；以往的一切哲学理论，特别是从教会权威出发的理论，都被他抛开了。"② 笛卡儿哲学的第一个命题，就是怀疑一切，就是要抛弃一切成见，不要作任何假定，这是一个哲学批判原则，甚至教会教义也属于思维批判的对象。笛卡儿哲学的第二个命题是，思维与存在统一原则。我思故我在，这是一切哲学的绝对基础。思维是我存在的显现，也是一切存在的显现；思维作为存在和存在作为思维是统一的，我是思维与存在的统一体，"作为存在的思维，以及作为思维的存在，就是我的确认，就是'我'"。③ 我的存在是与我的思维存在相统一的，我的存在就是通过我的思而显现，我存在意味着我的思存在，而倘若我的思维不存在了，我的存在也就失去了现实性。我的思，是一切真理的检验者，只有经过我的思维，才能最终决定我是否接受外在权威为真理，即便是教会的教义也要经过我的思维之怀疑与批判，但怀疑不是目的，而只是为了消除对于真理的疑问。笛卡儿的思想自由，具有克服专制思想禁锢与追求思想解放的哲学批判精神。

笛卡儿从人的思维本性角度来定位人的自由，"笛卡儿也讨论到思维的另

---

① ［德］黑格尔：《哲学史讲演录》（第4卷），贺麟、王太庆译，商务印书馆1997年版，第63页。
② 同上书，第66页。
③ 同上书，第70页。

一面；他谈了人的自由。他这样证明自由：灵魂是思维的，意志是不受限制的，这就构成了人的完满性"。① 黑格尔认为，在笛卡儿的人学思想里，人是自由的，这个自由是意志自由，自由是人的完满性；但笛卡儿的自由概念存在着一个悖论，一方面承认人的自由，另一方面又承认神对人的决定性。思是我的自由，也就是人的属性，但思的内容是什么呢？如何思？思不能仅仅停留在批判的层面，也不仅仅是形式上的自由，思想的内容应该用现实的东西来填充。

二、我与上帝：有限与无限存在

笛卡儿把人视为有限存在者，而把上帝视为无限的至上存在者，人的思维是有限的，不能认识无限。但笛卡儿同时又认为，我的存在就是思维，思维是人的唯一属性，如果我没有了思维，那么我也就不存在了，"因为假如我完全停止了思维，那么我就完全停止了存在"。② 笛卡儿的思，是一种我的欲望、想象、感受的存在者，我是存在的，而我的真正存在是思维，这是不可怀疑的。我的存在，就是我的思维，因而我是一个思想存在者，而我的使命也就是思维，就是对于一切权威的反思与批判。只有经过我的思维的怀疑的东西，我才相信它是真实的，怀疑的目的只是消除怀疑。这种批判式思维，其实质就是追求真理、验证真理，这与后世的尼采的重新评估一切价值的哲学批判精神是相通的。笛卡儿的最大贡献就在于，他把人的思维当作了一切权威的验证者，在我思维确认之前不存在任何思想权威的东西，这就彻底颠覆了思想专制的精神垄断统治。黑格尔也把思想视为人的一种特性，是人区别于动物的认识能力，这种认识能力不是感性而是理性的认识能力，是对于真相、共相或普遍性东西的理解与把握能力，因而黑格尔强调说，人是有思想的主体，伦理、法律和宗教都是人所特有的，动物没有哲学与宗教。黑格尔把思维推进到自由意志及其现实化领域，认为只有认识到自己自由本质的人或民族才是真正的独立自由存在者，那些还没有达到这种自由思想的人或民族就必然是仍处在奴役之中的。由此看出，黑格尔也把思维当成了自由的先决要件，这种自由的思想就是自我意识或民族精神。

笛卡儿把人的思维与上帝的完满当作哲学的两大主题。"我不能理解无限，或者上帝有无数其他的属性是我所不能理解的，甚至是我的思维无法接近的，这都无碍于上面所说的论点是真的；因为像我这样的有限的存在体不能理

---

① ［德］黑格尔：《哲学史讲演录》（第4卷），贺麟、王太庆译，商务印书馆1997年版，第92页。
② ［法］笛卡儿：《第一哲学深思集》，徐陶译，中国社会科学出版社2009年版，第15页。

解无限,这是由于无限的本性。"① 人的问题,总是伴随着上帝而存在的,人在上帝面前总是有缺陷的、不完满的、有限的,人总是会犯错误,而上帝是完满的、无限的和至上的。而且人也不能认识到上帝,而只能感觉上帝的存在,上帝是不需要证明的,正如我的存在是无须证明的一样。我的思维能力等,都是上帝创造的、给予的,上帝赋予我认识事物、辨别正误、避免犯错的能力,但这种能力是有限的。笛卡儿的这种人神关系,与黑格尔的宗教思想有着明显的不同,黑格尔把人视为神存在的一种现实中介,上帝的存在也离不开人,人也同样需要上帝。

第二节 黑格尔人学与斯宾诺莎人学:比较与批判

一、人在神中的存在

斯宾诺莎把神视为世界一切具体事物的创造者,人也只是神的创造物。神是世界万物的唯一来源,神是一,世界万物是多,而多只有在一中才具有实在性。"除了神以外,不能有任何实体,也不能设想任何实体。"② "一切存在的东西,都存在于神之内,没有神就不能有任何东西存在,也不能有任何东西被认识。"③ 神是万物的内因,而非万物的外因,人如同其他万物一样,也是从神中推导出来的存在者。只有神的本质与其存在是相统一的,神是唯一实体,而人并不是一种实体,人只是神的一种样式,离开神人就不存在了。神是自我完满的自因,他不需要依赖其他任何东西而独自存在。神是必然的存在者,而非偶然的、暂时的存在者,人与其他万物作为神的样式,也是必然的存在者,"人的本质不包含必然的存在,这就是说,依自然法则,这人或那人的存在或不存在,都同样可以发生"。④ 人不是必然的存在,不是实体,只有神才是实体。没有神,就没有一切,包括没有人的存在。因此,斯宾诺莎哲学的最大特征,就体现在人与神的关系上,人只不过是神的一种样式,人本身并不具有像神那样的完满性和永恒性,人只有完全相信和皈依神,人才会得到其存在真实性,人的自由也就只有在神那里才能得到,而人本身并不拥有自我自由能

---

① [法]笛卡儿:《第一哲学深思集》,徐陶译,中国社会科学出版社2009年版,第38页。
② [荷兰]斯宾诺莎:《伦理学》,贺麟译,商务印书馆1983年版,第12页。
③ 同上书,第13页。
④ 同上书,第45页。

力。然而，斯宾诺莎又声称，人依据理性生活也会得到自由，这与他们的神性自由论并非理论上完全一致。黑格尔把人视为神的目的和具体显现，没有人的思维，神就无法显示自己，而神的存在意义是为了人的自由，人的自由与神的普遍性是一致的；而斯宾诺莎把神视为一种可以脱离人而存在的独立实体，是世界唯一真实永恒的完满者，而人只不过是一种不完善的存在者，人只有在神中才会作为一个理性者存在。黑格尔认为，有人把斯宾诺莎的神学视为自然论者，这是不对的，因为斯宾诺莎并不认为神与自然是统一的；有人说斯宾诺莎是无神论者，这也是不对的，因为他把神视为一种唯一的实体，自然和人都是只是一种偶然的存在，只是神的样式。黑格尔得出的结论是，斯宾诺莎是一个无世界者，因为斯宾诺莎只承认神是唯一的实体，其他任何东西都是否定的，没有神的存在，任何东西都是不会存在的，神是一切物存在的唯一依据，人也只有在神中才是自由的存在者，人只有去理解神、去爱神，人才是自由的，神是目的而人只是神的手段，"人应当把一切归结到神，神是一切中的一；所以斯宾诺莎主义是无世界论。没有比斯宾诺莎的道德学更纯洁、更崇高的道德学了；人在自己的行为中只是以永恒的真理为目的的"。[1]

二、自由人：依照理性共存者

人作为人存在，其基本属性就是自由，而且是作为理性自由的存在者存在。"只依照理性的指导的人是自由的。"[2] 理性人就是自由的人，理性就是对情感的克服，是对于自我最大善的追求，理性人绝不去做有害的事。理性人的理性主要体现有，第一，能够克服情感的滋扰，始终依据善的原则行动，"就善恶的真知识作为仅仅的真知识而言，决不能克制情感，唯有就善恶的真知识被认作一种情感而言，才能克制情感"。[3] 第二，理性人是能够自我保存者，是对生的深思，而绝对不会有死的想法，那种自杀的人是一种自我奴性的懦弱者，"凡自杀的人都是心灵薄弱的人，都是完全为违反他们的本性的外界原因所征服的人"。[4] 第三，理性人是与他人谋求共同过理性生活的人。理性人不仅要自己过理性生活，追求自己的理想生活目的，而且也团结他人一起来理性和谐共存，"因此我说，人要保持他的存在，最有价值之事，莫过于力求所有

---

[1] [德] 黑格尔：《哲学史讲演录》（第4卷），贺麟、王太庆译，商务印书馆1997年版，第126页。
[2] [荷兰] 斯宾诺莎：《伦理学》，贺麟译，商务印书馆1983年版，第222页。
[3] 同上书，第180页。
[4] 同上书，第184页。

的人都和谐一致，使所有人的心灵与身体都好像是一个人的心灵与身体一样，人人都团结一致，尽可能努力去保持他们的存在，人人都追求全体的公共福利。由此可见，凡受理性指导的人，亦即以理性作指针而寻求自己的利益的人，他们所追求的东西，也即是他们为别人而追求的东西。所以他们公正、忠诚而高尚"。① 依照理性的生活，才是有道德的生活，而这里的理性是自己与他人的和谐共处，是与他人共享的福利与幸福，是一种共存法则，这与黑格尔的相互承认法则的自由概念有着相通之处。黑格尔也认为，真正的自由是一种我与他、我与我们的和谐共存，是我的特殊性利益与普遍性的利益的统一，是我与他人都作为拥有独立法权人格的人而得到普遍的承认。只有在追求共同的最高善时，人才是理性的，依照理性生存的人才是有德性的人。人的自我生存，只有在与他人的关系中才能得以持存，自己追求自我保存的善，也同时意愿他人也追求这种共同的善。当然，人与人之间的这种和谐相处，也只有在神里才能实现，只有在认识和理解神中才会理解人的善，因为一个人只有认识神的知识越多，他追求善的愿望才会越大。"因此要使人人彼此和平相处且能互相扶助起见，则人人必须放弃他们的自然权利，保持彼此间的信心，确保彼此皆互不作损害他人之事。"② 人的理性，是一个整体，人的自我保存与良好生活只有在整体中才能得以完全实现，因此相互帮助、相互团结就成了共同和平的前提，而服从这一普遍性法则，就成了最高的伦理原则。服从，是一种基本的伦理法则；法和国家是普遍性东西，法是一种普遍法则，而服从法律和国家也是一种法则，因而服从既是美德，也是法则，服从也就成为一个拥有理性的公民的一种基本美德，学会服从就是学会如何成为一个真正的良好公民，"服从就是一个公民的功绩，因为，由于公民能服从国家的法令，他才被认为值得享受国家的权益"。③ 服从理性要求人们必须服从国家法令，因为国家法令就是理性的现实化。这与黑格尔的相互承认与共同服从普遍性理论是相通的，黑格尔也把学会服从视为一切伦理的基础，一切智慧的开端。

三、法的使命：自我保存与国家稳定

在法哲学方面，斯宾诺莎与黑格尔有着诸多相近之处。斯宾诺莎认为，法律是人生存的前提，法律是人的一种基本方式，没有法律，人就不再称其为真

---

① ［荷兰］斯宾诺莎：《伦理学》，贺麟译，商务印书馆1983年版，第184页。
② 同上书，第199页。
③ 同上书，第200页。

正的人，因而法律是人之为人的一种标志。法律的使命就是使人免于他人伤害，尤其是免于暴政的伤害，"本书欲说明君主政体和贵族政体如何组建才不会蜕变为暴政，公民的和平与自由才不会受到损害。人类的本性就在于，没有一个共同的法律体系，人就不能生活"。① 法律是基于人的自我保全本性而设定的东西，其目的就是维持人与人之间的共同生存，这在国家概念里就是一种作为国家美德的东西，"国家的美德则在于安全稳定"。② 国家和法的使命，就是人的自由与安全保障，防止政体对于个人生活的伤害，维护人与人之间的和谐共存，因此国家与法的美德，就是让政府与个人都成为拥有美德的存在者。这与黑格尔的法权人格与国家伦理观是相通的，黑格尔认为法的使命就是使人成为人、并尊重他人为人，国家的使命就是使个人的特殊性权利与普遍性法则相统一。

人有自由意志，但这种自由不是基于人格，而是基于人的德性，"自由是一种德性，或一种完善性。因此，懦弱无能的任何表现都不能算是人的自由。由此可见，一个人如果不能生存，或者不能运用理性，那么，我们根本不可能说他是自由的；只有在他能够生存、能够依照人的本性的法则而行动的时候，才能说他是自由的"。③ 这里的自由就是理性，是与理性具有同等价值的东西，斯宾诺莎把理性与理性能力视为人作为人的必要前提，这与柏拉图的人的概念有相同之处，而与黑格尔的自由概念有根本不同。"因此，我的结论认为，并非每个人都有能力经常运用理性和处于自由的最高程度，但是，每个人都总是尽量保全自己的存在，而且，不论智愚，每个人努力做的一切事都是按照最高的自然权利努力去做的，因为个人具有的权利同他的力量一样大。"④ 斯宾诺莎的人学也是建立在一个自然法理论之上的，他也把自我保存的自然法则视为理性的基础，把自然权利视为自由的基本内容，而人定法只是理性法则的一种正式表述。每个人都拥有一种自我保全的自然权利，人只有按照理性生活，他才会是完全自由的人，同时也是最为充分掌握自己权利的人。但并非每个人都现实地拥有这种自我保全的理性能力，这就需要一种公共的法律体系来保护这种自我保存的和平状态。

法律是保护共同生活安全的公器，也是人们共同合作所必需的东西，"我

---

① ［荷兰］斯宾诺莎：《政治论》，冯炳昆译，商务印书馆1999年版，第6页。
② 同上书，第8页。
③ 同上书，第13页。
④ 同上书，第14页。

得出如下结论：只有在人们拥有共同的法律，有力量保卫他们居住和耕种的土地，保护他们自己，排除一切暴力，而且按照全体的共同意志生活下去的情况下，才谈得到人类固有的自然权利。其实，这样联合起来的人愈多，他们共同拥有的权利也愈多"。① 法律是理性的体现，人们要保护共同的权利、防止暴力，就必然依靠法律，而要真正实现这种法律保护目的，就只有在法治国家中才会出现。法律必须是保护民众的良法，才会得到民众的支持，而且国家必须依照这种良好法律来治理，民众的理性生活才会得到真正的保障。"理性教导人们奉行道义，保持平静与善良的心境，而这只是在国家里面才有可能。""治理良好的国家必然把法律建立在理性的规定上面。"② 法律必须建立在理性法则之上，必须以保护人的和平和国家稳定为目的，这只有在国家里才能实现，国家是实现人的自由的最终保障。黑格尔也认为，人的自由只有在国家里才能得到真正的实现，法律是自由权利的外在体系，真正的法治只有依靠国家这个神器才能得到全面的实现，因为只有国家才能从整体利益的角度来对待每个人，才会关注人们生存的共同利益，而只依靠市民社会的个人之间的私法自治的自觉是不能真正实现社会的良好状态，也不能保障每个人的自由权利。"像这样的坚实的建筑在法律上和自我保存的力量上面的社会就叫做国家，而在这国家的法律下保护着的个人就叫做公民。由此我们就可容易看出，在自然的状态下，无所谓人人共同一致承认的善或恶，因为在自然状态下，每一个人皆各自寻求自己的利益，只依照自己的意思，纯以自己的利益为前提，去判断什么是善，什么是恶，并且除了服从自己外，并不受任何法律的约束，服从任何别人。"③ 斯宾诺莎把人的存在方式分为两种状态，国家和法治状态及自然的无法状态，认为只有在国家里人才作为法权人格来对待，人的自由也只有在国家法治状态里才能实现，这种法治国家，就是依据理性保护个人自由的公共器物。这种自由的保护者，就其实质而言与黑格尔的国家论是相通的，黑格尔把国家比喻为地上行走着的神，是人的自由保护神，国家是自由的现实实现，而法治只是现实着的自由与权利体系。

四、斯宾诺莎人学缺陷：普遍性对个体自由的淹没

个人需要理性来指导，理性是自由的前提，而理性就是正确对待自己和他

---

① ［荷兰］斯宾诺莎：《政治论》，冯炳昆译，商务印书馆1999年版，第18页。
② 同上书，第21页。
③ ［荷兰］斯宾诺莎：《伦理学》，贺麟译，商务印书馆1983年版，第200页。

人的权利，要求人们做到守法与维护正义。一个国家也同样需要理性来指导，"以理性为根据并且受理性指导的国家将是最有力量的和最充分掌握自己权利的国家"。① 理性的国家，是以民众的自由权利的安全保障为其理性原则的。但是斯宾诺莎并没有认识到个人自由与国家普遍性的统一性，还只是把个人视为一种纯粹自私的特殊性自由，而没有看到自由是个人特殊性与国家普遍性统一的自由。

在黑格尔看来，斯宾诺莎是笛卡儿思想的完成者，他的伟大之处是强调普遍性，但他的普遍性是牺牲了个人主观自由、个人特殊性，因而这种普遍性就成了一种没有生机的理性法则，"在斯宾诺莎主义里并没有主观性、个体性、个性的原则，因为它只是片面地理解否定"。② 斯宾诺莎所谓的个人自由，还不是作为人的本质而存在着的普遍性东西，人的自由不是自在自为的意志自由。他的理性自由概念也与其神学思想相冲突，人的自由在神这一普遍性面前就变成了一种无生机的、死的东西，因为他认为人只有在神里才是自由的，只有神是实体，而人只不过是神的一种现象或样式，人不具有实体性。"斯宾诺莎的思想的伟大之处，在于能够舍弃一切确定的、特殊的东西，仅仅以唯一的实体为归依，仅仅崇尚唯一的实体；这是伟大宏伟的思想，但只能是一切真正的见解的基础。"③ 同时，这又是一个死板的、没有运动的普遍性概念，一切具体的生命东西都被这一普遍性实体所消解，"事物和意识的一切差别和规定都只是回到唯一的实体里面，所以可以说，在斯宾诺莎的体系里，一切都只是被投进了这个毁灭的深渊"。④ 在黑格尔看来，莱布尼茨却与斯宾诺莎相反，他把原子的个体性视为原则，而洛克却将经验视为一切普遍性的真正来源，而斯宾诺莎只不过是笛卡儿的普遍性原则思想的一种完成，只是死抱着普遍性为唯一存在，其他一切都是虚无，从根本上否定了人的自由本质，否定了人的主观自由属性。这种主观自由的人概念之证明，却成了康德哲学的主要使命。

第三节 黑格尔与康德人学思想：批判与比较

康德把精神自由视为人类伟大之处，把理性视为人的本性，把理性视为是

---

① ［荷兰］斯宾诺莎：《政治论》，冯炳昆译，商务印书馆1999年版，第28页。
② ［德］黑格尔：《哲学史讲演录》（第4卷），贺麟、王太庆译，商务印书馆1997年版，第101页。
③ 同上书，第103页。
④ 同上书，第102页。

与感性相对立的东西。康德从形式上构建了一个理性大厦,构想了一种人的理性存在图式,意图从理性中揭示人的本质,构建人的自由王国境像。

一、理论理性:感性、知性和理性

康德的理论理性是由感性、知性和理性三个环节构成的,是人的三种认识能力。第一,感性,如正义感等,都是主观的东西,但这种主观性里也包含着普遍性东西。感性永远是直观的、个别的和经验的,感性与知性是有区别的。第二,知性,是思维的规定性,是有限制的、经验的、对共相的自我意识。第三,理性,这是第三种认识能力。"理性是根据原则来认识的能力,通过概念在普遍中认识特殊。""理性原则一般是共相、思维,这是就它以无条件者和无限者作为它的对象来说。理性的产物是理念,康德把理念了解为无条件者和无限者。""理性的任务在于认识无条件者、无限者。"① 这样康德就对理性与知性进行严格的区分,知性是对特殊性、现象的认识,其特征是主观性,理性的认识对象是共相、普遍性、理念,其特征是客观性,因而黑格尔认为,康德第一次把知性与理性进行了区分。其实,康德不仅区分了知性与理性,也区分了理性与理念,阐明了理性与理念的联系,理性认识的对象就是理念,理念是理性认识的结果,理性的使命就是认识理念,因此理性是主观的东西,理念是客观的普遍性。

二、人不能认识物自体

康德把客观之本体与主观之思维视为二元架构,而且这二元之间是不可相互沟通的,他认为物与思之间存在着一条不可逾越的鸿沟。物自体与思维是永远无法统一的,人的思维并不能认识到物的真相,而只能认识到物的现象,因而物与思维、客观与主观之间的对立也就永远无法通过人的理性能力加以克服。"康德是最早明确地提出知性与理性的区别的人。他明确地指出,知性以有限的和有条件的事物为对象,而理性则以无限的和无条件的事物为对象。他指出只是基于经验的知性知识的有限性,并称其内容为现象,这不能不说是康德哲学之一重大成果。"② 康德认为,我们认识到的只是事物的现象,事物的本质在于他物之中,而且我们无法认识事物自身,因而事物的现象只是我们的

---

① [德]黑格尔:《哲学史讲演录》(第4卷),贺麟、王太庆译,商务印书馆1997年版,第275页。
② [德]黑格尔:《小逻辑》,贺麟译,商务印书馆1981年版,第126页。

主观反映。"认识矛盾并且认识对象的这种矛盾特性就是哲学思考的本质。"①应该从两个方面来评价康德的理性矛盾说的意义,一方面,它在破除独断论上具有肯定的作用,"但同时也必须注意,就是康德在这里仅停滞在物自体不可知的消极结果里,而没有更进一步达到对于理性矛盾有真正积极的意义的知识。理性矛盾的真正积极的意义,在于认识一切现实之物都包含有相反的规定于自身"。②康德没有认识到矛盾的双方之间的统一性,只看到了二者的对立性,而黑格尔认为,矛盾的一方,必然要通过矛盾着的对方来显现自己和把握自己,有对立就一定有统一,任何事物本身也都是矛盾统一体。"康德哲学的主要贡献在于曾经唤醒了理性的意识,或思想的绝对内在性。"③思维与物自体之存在二元独立,是康德的哲学特征,思维自身规定自己,而思维只能认识物自体的存在的现象,并不能认识物自体本身。

三、人：理性且自由的道德存在者

理论理性解决的是思维能力、认识能力,而实践理性则是一种意志能力。自由,是康德人学的核心理念,而康德的自由只是实践理性的自由。理论理性是自然律在统治的,人在自然面前是不自由的,人只受自然律决定的,受到外在物制约的,人只有限的认识能力而没有决定自然的能力。人只有在道德实践上才拥有自由,实践自由就是道德自由,这种自由是自我依照道德律令而自我决定自我行为的自由。黑格尔认为,康德人学体系中的自由概念存在着一种内在的悖论。人在道德上是自由的,人的本质是意志,意志是自由的,这是康德对于卢梭人的自由概念的一种理解和接受。这种自由就承载着康德的一切公设或道德律,这种道德律的自由是康德人学理论体系大厦的根基,"把定律、自在存在认作自我意识的本质,并把它引回到自我意识,这乃是康德哲学中一个大的高度重要的特色"。④道德律是自我意识的产物,是由自我中产生的东西,它不受外部力量的影响。

康德的自由概念是与欲望对立的。康德认为,自由是相对于欲望、冲动、嗜好而言的,自由是对于这些主观任意的超越,是意志自己决定自己。"在实践方面那里盛行着所谓快乐说,把道德建筑在欲望上面；人的概念（即本质）

---

① [德] 黑格尔：《小逻辑》,贺麟译,商务印书馆1981年版,第132页。
② 同上书,第133页。
③ 同上书,第150页。
④ [德] 黑格尔：《哲学史讲演录》（第4卷）,贺麟、王太庆译,商务印书馆1997年版,第289页。

和人应该用什么方法实现他的概念均被了解为寻求快乐、满足欲望。康德正确地指出了这乃是受外界的支配,而不是理性的自主,是为自然所决定,因而没有什么自由。"① 而意志自我决定,是不应该受外界感性因素的支配的,或者说,意志自由就是意志的自主性,是意志摆脱欲望的束缚。而意志自己决定自己,不是意志没有任何约束,而是自觉地以道德律为其自我决定的唯一依据。"康德把意志分为卑下的和高尚的欲求能力。"② 第一种意志,是卑下的意志,这种意志不是真正的自由,它遵循的是一种物质原则,这主要体现为冲动、快乐。第二种意志,是高尚的意志,这种意志遵循的是一种理性原则,人只有在理性法则中人的意志才是自由的,才能摆脱外在因素的支配。自由就是自主,是意志自己决定自己,是我只服从我自己的使命的东西,只服从自我认定的道德律。这种道德律就是一种自我认定的行为定律,人只有在道德律中才是理性的、自主的、自由的,人才能摆脱卑下的欲求之意志的控制,摆脱外界物质和权威的控制,最终成为一个作为道德存在者和理性存在者的人。"作为一个道德的存在,人自身即具有道德律,意志的自由和自主就是道德律的原则。康德说,从嗜欲得来的那些规定,对意志说来乃是不自主的原则,或者说,如果意志采取那些规定作为目的的话,它就是不自主的。""只有当实践理性自己给自己制定规律时,康德才说它是自主的。经验的意志是不自主的,它是为欲望、冲动所决定的。它属于我们的本性,不属于自由的范围。"③ 黑格尔认为,康德的人的概念是在实践理性意义来界定的,是在摆脱了人的经验意志前提下来设想的理想人格,即在道德律之上的自由和自主的道德存在者,是一种高尚人格。康德的自由就是自主,是在道德律上的自我决定自己,是自觉自愿地把道德律作为自己的意志并以此来决定自己的行为。这种作为自主的自由,蕴涵着两个方面的要件,一是必须摆脱外在的经验的、物质的意志的控制,必须摆脱外在的权威的决定;二是必须把自我意志建立在道德律之上。只有这两个方面同时具备,人的意志才是真正自主的,人才是真正自由的。自由是人最为本质的东西,是人作为人存在的至上属性,是人的最高目的,"认自由为人所赖以旋转的枢纽,并认自由为最后的顶点,再也不能强加任何东西在它上面。所以人不能承认任何违反他的自由的东西,他不能承认任何权威"。④ 这显示出

---

① [德]黑格尔:《哲学史讲演录》(第4卷),贺麟、王太庆译,商务印书馆1997年版,第259页。
② 同上书,第288页。
③ 同上书,第289页。
④ 同上。

康德自由哲学的实践批判倾向,自由至高无上的理性命令,其他一切都不能作为人的最高实践律令,而康德的自由是在服从道德法则的前提下的自由。"作为一个道德的存在,人是自由的,超出于一切自然规律和现象。""实践理性也具有一般的道德律、义务和权利、应该与不应该等概念构成了道德律的进一步规定。这里理性可以轻蔑理论理性所必然地给予的一切材料。意志是自己决定自己的,一切正义的和道德的行为均建筑在自由上面;在自由里人有了他的绝对的自我意识。"① 因此,康德认为,只有在实践理性中人才是作为完全自由的存在者,是不受外界约束的纯粹道德自律者,是自我决定者。只有作为遵循道德律,人才是真正自由的,因而人是道德存在者与自由存在者的同一,道德自由就是实践理性的基本法则,因此人是作为道德存在者、自由存在者和理性存在者的三位一体的高级存在者。

四、康德人学的缺陷:自由律之空洞性

黑格尔认为,康德自由理论的最大缺陷是自由概念的空洞性、形式性,他的自由只是停留在"应当"上。康德把他的实践理性表述为具有立法功能的一种道德律。在黑格尔看来,康德的道德律只是一种不确定的、空洞的抽象同一性,只是停留在应该的层面上,没有实际的内容,"形式的立法原则在这种孤立的境地里不能获得任何内容、任何规定。这个原则所具有的唯一形式就是自己与自己的同一。这种普遍的原则、这种自身不矛盾性乃是一种空的东西,这种空的原则不论在实践方面或理论方面都不能达到实在性"。② 康德把普遍道德律表述为一种行为应该遵守的普遍法则,个人的行为准则要与普遍法则一致,而普遍法则又是一种纯粹形式的东西。黑格尔举例说,康德的尊重财产是财产法则,但如果一个人实际上并不拥有财产,那么尊重财产法则就只是一个空洞的法则。言外之意,黑格尔批评康德并没有去思考财产权本身在自由法则上的意义,这也可能是黑格尔特别强调财产和财产权对于个人自由的特定意义,认为人只有在所有权里才是理性存在者,人应当拥有财产权,甚至认为没有财产权就没有人格。黑格尔认为,只有把自由放置于现实的市民社会、国家里,放置于财产权、契约与法律中,自由才会作为真正的理念与现实相统一的自由,而康德的自由主要是主观自律的道德自由。

黑格尔认为,康德的实践理性公设是脱离现实的,只停留在形式的"应

---

① [德]黑格尔:《哲学史讲演录》(第4卷),贺麟、王太庆译,商务印书馆1997年版,第288页。
② 同上书,第290页。

该"上,最终把道德律的实现推向了未来的彼岸。康德的实践理性公设之核心问题,就是探明人的意志自由何以可能的问题,如何界定自由的最高法则问题。黑格尔认为这些法则本身并无错误,但却仍然是抽象的,"人应该是有道德的,这仍然停留在应该上面"。① 黑格尔发现,康德的实践法则是一个悖论的概念。一方面,道德律是一种超越感觉的理性法则,是一种应该的东西;另一方面,道德律又是一种主观的立法原则,是独立自主的主观自由;在康德眼里,道德律与主观自由二者是不能现实统一的,因为他认为人总是现实中受到其感性欲望支配的,人不可能都做到超越感性而遵循道德律。而这种客观法则与主观原则如何一致起来的问题,却是一个无法由人自己的现实能力解决的,因为人不仅受到现实感性的冲动、欲望的限制,而且还受到理性认识能力的限制。康德认为,人自身在现实界根本无法克服理性与感性的矛盾,那就只有寄托希望一种假设,这就是康德著名的意志自由、灵魂不灭和上帝存在三大公设。康德提出灵魂不灭公设的目的,是为了克服人的感性对于道德的感染,"他之所以提出灵魂不灭这个公设,是为了不完善的道德,亦即因为道德为感性所污染"。② 黑格尔认为,感性是道德实现的一个必要条件,而康德却把感性与道德完全对立起来了,这样康德在取消感性对于道德感染的同时,也就取消了道德的现实性本身。而上帝存在的公设则可以塑造道德律的神圣性,但却牺牲了人的自由能力,"承认上帝存在的理由在于有了神圣的立法者这个概念,可以使道德律赢得更多的尊重,但是这个理由和道德在于纯粹为了道德本身而尊重道德律的看法正相矛盾"。③ 但这却是一个悖论式的自由神圣性证明。

五、黑格尔人学与康德人学的比较

康德与黑格尔都把人当作哲学理论体系的根基和归宿,人的本质与生成问题是二者共同探讨的理论主题。康德与黑格尔人学理论的共同之处在于,第一,人的本质是自由。人是自由的存在者,自由是人作为人格的内在属性,如果人失去了自由,那么人也就不再是作为人而存在,就会成为他人支配的物,就会成为奴隶。因此,自由就是自我依赖普遍法则,自己决定自己的命运,自己是自我的主人,同时也把他人视为自由人格,"自由是独立于别人的强制意志,而且根据普遍的法则,它能够和所有人的自由并存,它是每个人由于他的

---

① [德]黑格尔:《哲学史讲演录》(第4卷),贺麟、王太庆译,商务印书馆1997年版,第291页。
② 同上书,第293页。
③ 同上书,第293~294页。

人性而具有的独一无二的、原生的、与生俱来的权利"。① 第二，人是理性存在者。二人都把人的理性当作人的自由能力，是人成为人的智力前提。康德不仅把人视为自由存在物，而且把人视为理性存在物，人有能力认识到自己的自由本性，拥有自我为自己立法的能力。二人都认为，只有认识到自我自由本质，人才会真正成为自由存在者，但人们对于这种普遍性的认识是需要一个长期的历史过程，人类已经经过了几千年才开始认识到人的自由本质问题。第三，人是法权存在者。人的自由权利，在法的意义上才会成为现实有效的东西。康德在法的形而上学原理中，把人的权利视为法的基本内容和使命，认为法律必须把人作为目的来规定，把人格平等视为法的基本原则。康德认为，平等就意味着人的法权人格平等，是由人的自由本性决定的。人的地位平等和社会平等在法上的确认，是人格平等两个方面。平等的真谛在于，没有法上之特权之人，也没有法下无权之人，没有任何人不受到法的确认和保护，也没有任何人超越法律之上不受法律约束的人。

二者也有诸多方面的不同。总体上，二者的理论重心各有侧重，黑格尔注重于人的自由与伦理实现，康德则更为注重道德法则的敬重主题，康德突出道德律的意义，而黑格尔的人学重心则在于人的自由之法哲学论证与现实化。康德人学理论的第一原理，是道德法则，至善是道德法则的对象，符合道德法则的行为和准则就是的善的，符合至善的就是德性。道德的唯一动因，是出于对于道德法则的服从与敬重的责任，道德动因是责任的唯一根据。人的自由就是道德自律，人只有依据纯粹先验的道德律而行为时才是自由的。道德法则是客观的、先天的和绝对的，因而也是至上的、神圣的，是一种绝对命令，人作为理性的存在者只有认识、敬重并遵从它，而不能贬损它。道德法则是绝对客观的，不能依据人的偏好来确定，人们的多数同意，或共同赞同的准则也不能充任道德法则。

幸福与德性的关系问题，是康德的核心主题之一。幸福不能作为至上的道德法则的根据，幸福是一种经验的自然情感，会因人而异，幸福作为道德的标准会引起道德法则的多样性和混乱。但幸福却是第二位的道德因素，而且幸福只有在行为符合至善德行之道德法则时才是配得上的幸福，"道德学说，真正说来，并不是关于如何幸福的学说，而是关于我们何以配得上幸福的学说"。② 康德把幸福与德行的合一视为一种道德完满，把幸福和德行的平衡视为至善的

---

① ［德］康德：《法的形而上学原理》，沈淑平译，商务印书馆2005年版，第50页。
② ［德］康德：《实践理性批判》，张永奇译，中国社会科学出版社2009年版，第165页。

两个层面,因此德性是第一道德律,幸福是第二道德律,而德性与幸福的合一则是最高道德律。只有完满的人才能达到这种理性状态,而具体的人却是有限的理性存在者,道德律只是一种人们行为的约束,只有敬重道德法则和敬畏责任,人才是理性存在者和自由存在者。黑格尔对于幸福等情感东西则是采取辩证的方法,一方面认为欲望等自然东西具有偶然性和主观偏好任意性,感受与情感是最坏的东西,它总是任性的,不是真正自由的普遍性东西;另一方面,欲望热情幸福又是人所需要的自然东西,只要这些正当感性自然欲求又是自由的基础。没有热情与兴趣,任何伟大的事业都不可能。黑格尔也把个人特殊性法权与国家普遍性利益的统一视为最高的自由原则,个人与国家的利益调和问题的研究被黑格尔视为一个基本的哲学问题。

人的自由,是二者人学理论的核心主题。康德的三个律令之核心道德律令是,人应该把自己和他人始终作为目的、而非作为手段来对待;只有依据这一律令行为的法则才是普遍性的道德法则,"自律就是人类以及每一个理性存在者的尊严的基础"。① 康德的道德律,就是自由规律,是超越感性的理性自觉之自由律,就是理性自律,"道德律所表达的仅仅是纯粹实践理性自律,即,自由"。② 人作为理性自由的人来对待,才是康德所有理论的最终归宿。黑格尔也把人的自由确认及其实现,视为主观道德法、客观抽象法和国家实证法的共同属性和使命。康德把自律的自由作为其理论的制高点,而黑格尔则将主观道德与普遍性的统一及其现实化视为自由的最高基点。

第四节 黑格尔人学与费希特人学思想:批判与继承

费希特是以自我为基点来构建其人学理论体系的,这与笛卡儿一样也是从自我开始来构建哲学体系的,但是笛卡儿的自我本质是思维,属于主观自由,而费希特的自我自由本质是法权共存,倾向于客观自由。自我自由是第一原则,其他原则都是以此为基点来导引出来的,费希特的自由体系由自我设定自我、自我设定非我、自我与非我合三大律令构成。

一、自我自由与一般自由

自由的第一个原则是自我设定自我。自我是绝对的原则,自我与自我的统

---

① [德]康德:《道德形而上学基础》,孙少伟译,中国社会科学出版社2009年版,第71页。
② [德]康德:《实践理性批判》,张永奇译,中国社会科学出版社2009年版,第25页。

一是一种理想的自我状态,"只有我意识到我是自我,即意识到我是自由独立的,我才是自我。这种对我的自由的意识制约着自我性"。① 每个人首先把自己设置为自我,我首先认识到是自己的本质,形成自我意识,因此自我是每个人的第一位主体,自我在自我意识中是绝对存在的。同时,每个人在他人那里又都是一个他者,或者说,在我之外存在着诸多的他者,而这个他者就是非我的外在物,因此就形成第二个命题,这第二原则是自我设定非我。自我在现实中必然要面对一个外在的东西,这个外在存在者就是非我的东西,是与我相异的对方。在一切情况下我都必须把他人视为自由存在者,并用他人的同样自由来对待自己,因为自我不可能是孤立的存在者,我必然会受到一个外在的非我的限制,我也必然在对方中来体现自我的存在。我与他都是自由存在者,这种自由存在者是经过相互承认而设定的,并且是以相互限制自我为前提的。第三个原则是自我与非我的综合统一。我与非我是相互限制的,同时又是相互决定的,而自我必须要把非我纳入到自我当中,并把非我变成我的一部分,使自我与非我在自我决定中得到统一,消除二者的冲突。自我设定非我,就是相互限制的自由;相互承认的设定,就是自我与非我的统一,由限制到统一、从对立到统一就是自由体系形成的逻辑过程。因此,自由是一个我与诸多他者之间的相互限制与相互承认,自由是主体间的人格共存体系。

从自我到任何人的一般推论。自我是自由的,其他所有的人也同样是自由的,"从关于我的自由的概念出发,在理论方面得出一个命题:每个人都是自由的。这个概念从实践方面来看,会确立一条命令:你要把人全然当作自由存在物来看待"。② 从自我到他人,到一般人的自由概念的得出,这是费希特的人学逻辑证明法。这种自由存在者理念,有如下含义,一是我是自由存在者,二是其他任何他者也都是自由存在者,三是我要把自我和他人都视为自由存在者,自由既是我的、也是他者的本质属性,自由既是客观的本质属性或理念,也是一种主观上的一种态度。按康德的阐释,自由既是理性又是理念,理性是对于自由理念的认识。我和他"是"自由存在者,把我和他都"视为"自由存在者,这里的"是"与"视为",就是理念与理性的具体表述,而且这种视为是相互的,是主体之间相互把对方视为自由存在者。

---

① [德]费希特:《伦理学体系》,梁志学、李理译,中国社会科学出版社1995年版,第137页。
② 同上书,第71页。

二、自由人体系：相互限制与承认

我与对方的简单主体关系，是自由体系的基本模型。我的自由，与他人作为自由存在者的自由，是相对而立的，我必须面对这个他者，如果我不承认他者是自由存在者，那么他者就必然也不会把我作为自由存在者而对待，"我的自我性以及全部独立性都是由另一个个体的自由限定的；所以，我的追求独立性的冲动绝对不能以毁灭另一个个体自身的可能性的条件或自由"。① 我自由，也要让他人自由，或者说，我的自由以不能损害他人自由为界限，这种限制对于共同自由来说是绝对的。因此，我要想得到他者的自由承认，那我就必须首先承认他者为自由者；他者要得到我的承认，他也必须承认我的自由存在者地位。这样就存在一个相互承认的自由规律，自由不是单个人的事，自由必须涉及人与人之间的相互关系，只有在人与人之间形成了一种相互承认关系，自由才会真正实现，"因此，自由存在者之间的相互关系就是通过理智力量和自由进行的相互作用。如果双方不相互承认，就没有一方会承认对方；如果双方不是这样相互看待，就没有一方会把对方作为自由存在者加以对待。"② 承认是相互的，是主体之间的互惠关系，每个人都被其他人承认为自由存在者，而这种承认也就意味着限制，"每个理性存在者都必须在自己用另一理性存在者的自由限制自己的自由的条件下，用那个关于另一理性存在者的自由的可能性的概念，来限制自己的自由；这种关系叫做法权关系，这里提出的公式是法权定理"。③ 费希特把这种所有主体之间的自由共存法则视为法权定理。因此，费希特的自由概念，至少包含着如下几个含义，一是，自由是人的本质；二是，自由是一种主体之间的共存关系；三是，自由是一种相互承认的自由；四是，自由是一种相互限制关系；五是，自由是一种法权关系；六是，以上几个方面的结合，就是法权定律，实际上就是自由定律，费希特把自由的概念推向了公理化、客观化、规律化和绝对化。

国家就必须具有相应的两种职责：国家应该保证所有人都能够各得其所，并使人们各自的财产有保障；当有人生活发生了困难且不能生活下去时，国家应该资助他。这些都必须订立在国家公民的契约中形成法律，进而成为人人都享有的法权，使生活在这个国家的所有公民都享有最基本的生存保证，得以让

---

① ［德］费希特：《伦理学体系》，梁志学、李理译，中国社会科学出版社1995年版，第222页。
② ［德］费希特：《自然法权基础》，谢地坤、程志民译，商务印书馆2006年版，第45页。
③ 同上书，第54页。

国家能存续。"在我们的处于危急关头的国家中,万恶之源只有一个,那就是混乱和不可能建立秩序。"① 一个国家不能仅有警察,更根本的是让每个公民的财产、人格、生活得到国家的保证,才能建立起秩序;"人格是一切权利的集中体现,因此,国家保护其公民的人格是其首要的和最高的职责"。② 国家必须把公民人格权利的保护视为国家的最高使命,否则国家就不会稳定繁荣与发展。

三、黑格尔人学对费希特人学的批判与继承

黑格尔认为,费希特把自由界定为外在的自由,这种外在自由缺乏主观意识的内在支撑,"单就费希特的阐述说,作为无限制的东西的自我完全被看作肯定的东西(所以它就是理智的普遍性和同一性)。结果,这个抽象的自我就被认为其自身是真的东西,从而限制——即一般的否定,不论它作为一种现成的外部界限或作为自我特有的活动都好,——显得是加上去的"。③ 黑格尔指出费希特自我理论存在着内在缺陷,肯定的自我是完美无缺的,那么外加一个限制于这样一个完美的自我,这个限制作为自我的一种否定就显得是多余的。实际上,黑格尔认为自我的肯定与否定是内在统一的,不是这种冷冰的相互限制关系。另外,在黑格尔看来,费希特的自由与康德一样也是停留在应该上,这种自由概念没有现实的内容,只是一种形式上的抽象自由,而黑格尔为了克服了这种形式自由的缺陷,把自由放在历史中来考察,放在伦理实体中给自由以现实生长的土壤。

黑格尔在批判费希特人学基础上,也继承了其中合理因素。首先,黑格尔的自由体系也是基于自我概念来构筑的,从自我自由来证明人的自由概念。其次,黑格尔继承了费希特的相互承认的理论。黑格尔也把自由放置于人与人之间的主体间性中去解蔽,自由是对于个人任性的限制,自由不是为所欲为的任意,自由是在法权共存法则里共存自由。在相互承认公理中,每个人都作为自由存在者得到普遍性的对待,但这只是在抽象意义上的自由公理。再次,黑格尔也继承了费希特财产权概念,费希特认为财产是人得以生存的基础,每个人都应当拥有财产,国家应该保障每个人拥有最低的财产。费希特强调,在一个成熟的国家里两种人不能存在,一是不劳动的懒汉,二是无财产者的穷人。黑

---

① [德] 费希特:《自然法权基础》,谢地坤、程志民译,商务印书馆 2006 年版,第 300 页。
② 同上书,第 317 页。
③ [德] 黑格尔:《法哲学原理》,范扬、张企泰译,商务印书馆 1979 年版,第 16 页。

格尔也认为，人应当拥有财产，劳动是基本的财产权取得方式，并强调财产权是人格意志自由的最初显现，也是独立人格的基本体现。黑格尔把费希特的相互承认理论发展到财产权与契约关系中，同时又发展到个人与国家的相互承认领域。最后，黑格尔也继承并发展了费希特的法权理论。费希特认为，法权自由共存规律的遵从，仅仅依靠每个人的道德自觉是不可能，而只有依靠国家的普遍强制性才能保证，"在同一个感性世界里，每个人就都在自己的部位上是自由的，而不会阻碍任何别人的自由。这个观念是在国家中实现的；由于无法指望所有的人都有善良意志，国家就另用强制力量把每个个体都保留在他的界限之内"。①黑格尔也把国家视为自由的现实化，法律是现实化了的法权体系，只有在国家中自由才能得以真正实现，但黑格尔的国家概念不是费希特式的外在限制的国家，而是对个人自由的普遍承认与保障，国家是个人特殊性与国家普遍性利益的统一，是爱与法律的统一，是建立在家庭与市民社会基础上并超越二者之上的自由存在者统一体。

本章小结

在黑格尔的眼里，笛卡儿、斯宾诺莎、康德等经典理论都有一个共性，一方面强调人具有理性自由，强调思维自由是人的特性，但又同时对人的理性能力产生怀疑，认为人是有限的理性存在者，人只有在神里才是自由；而费希特虽然提出了人只有在相互承认法则中才是自由的，但这种自由是外在限制性的客观自由，失去了康德等人主张的主观自由精神。黑格尔把康德的道德自由与费希特的法则自由统一起来，提出了自律与他律相结合的完整自由理论，"黑格尔意欲克服洛克国家概念的狭隘性，弥补康德的主观自律自由观和费希特的相互限制的客观自由观的不足"。②

---

① ［德］费希特：《伦理学体系》，梁志学、李理译，中国社会科学出版社1995年版，第302页。
② 张君平："西方近代以来'法权人格'理论述论"，载《理论导刊》2012年第10期。

第四章　黑格尔关于人与哲学

第一节　哲学的目的和任务

一、哲学：人探究真理与自由的精神属性

哲学是人所特有的精神机能，是人区别于自然万物的特性，是通过抽象思维来自我认识和揭示真理的能力。哲学的禀性，是由其目的所规定的，而哲学的目的，就是探讨真理、揭示规律或把握普遍性的。"哲学的目的就在于掌握理念的普遍性和真形相。"① "哲学这门科学可以分为三部分：1. 逻辑学，研究理念自在自为的科学。2. 自然科学，研究理念的异在或外在化的科学。3. 精神哲学，研究由它的异在而返还到自身的科学。"② 逻辑学是总体哲学，而自然哲学与精神哲学是两种应用哲学。逻辑学相当于我们通常所说的哲学，自然哲学是探讨自然物理等必然性与现象的知识，而精神哲学则是研究人之神精神本质与实在现象的学问。人的哲学属性，表明人是一种精神存在者，一种理性存在者，这正是人作为自由存在者的前提，因而哲学思维能力是人自由的先决条件，因为人如果没有认识自我本质的理性能力，那么人就是不可能作为真正的自由存在者出现。我思故我在，实际上也暗示着人的哲学本性，人天生就是哲学家，天生就拥有哲学思维的潜质。人的使命，就是成为哲学家，就是去探知未知的普遍性东西，不仅要认识自然万物的规律性，而且更要认识人自身的本质与生成规律性东西。

哲学的目的，是探求真理，把握理念和普遍性，用思想来揭示表象。"精神世界只有通过对真理和正义的意识，通过对理念的掌握，才能取得实际存在。"③ 自然界是必然性在统治，而精神世界则是自由的世界，追求真理、探

---

① ［德］黑格尔：《小逻辑》，贺麟译，商务印书馆1980年版，第35页。
② 同上书，第60页。
③ 同上书，第35页。

求正义、实现自由是精神的使命。哲学思维者追求真理的勇气,以真理为信仰原则,这是哲学研究的基本前提要件。哲学就是探讨表象中的本质,这种探讨研究虽然也需要经验来作为手段,但哲学的研究对象却是理念,"追求真理的勇气,相信真理的力量,乃是哲学研究的第一条件。人应尊敬自己,并应自视能配得上最高尚的东西"。① 人的伟大之处,就在于他拥有揭开世界真相供自己享用的能力和勇气,不仅具有认识真理的理性能力,而且还具有敢于表达真理的道德能力,要勇敢地说出真理。"我们所意识到的情绪、直观、欲望、意志等规定,一般称为表象。所以大体上我们可以说,哲学是以思想、范畴,或更确切地说,是以概念去代替表象。"② 哲学也研究感觉、情绪、欲望等直观的表象东西,但这些表象东西并非哲学研究的真正目的,而哲学的一般目的是探索蕴藏于表象之中的理性,"理性是世界的灵魂,理性居住在世界中,理性构成世界的内在的、固有的、深邃的本性,或者说,理性是世界的共性"。③ 黑格尔这里的理性概念与康德所表述的理性概念是不同的,康德的理性是一种主观的认知能力,是相对于理念而言的,而黑格尔的理性概念主要是指共相性、普遍性。理性与普遍性、本质、理念、真理是同等意义上的概念,都是指事物的共性,这种共相则是哲学的研究对象。哲学就是人的基本存在形式,是人作为思维者存在的一种展示,是"我思故我在"的体现,这也是人与世界万物区别的根本所在,因而哲学的本质是人的精神现象。"整个哲学的任务在于由事物追溯到思想,而且追溯到明确的思想。"④ 人不仅是用感官去反映世界,而且更拥有抽象哲学思维的能力。思想是哲学的特性和最终目的,思想也是人的本质特性,而思想不仅要把握理性,而且要探讨理性与现实如何实现和解。只有人才拥有哲学,人也只有在哲学思维中才显现为思维理性普遍性的普遍者,人是哲学存在者。哲学思维不仅是哲学家的事,而是所有作为人的存在者所共同具有的人格能力。

总之,哲学的含义主要有,第一,哲学是人的所特有的存在方式,正如笛卡儿的"我思故我在";第二,哲学是人探索真理的一种精神活动;第三,哲学的追索,体现着人敢于探寻真理的勇气;第四,哲学的本质是人的自由最高形态,是人自我认识的一种高级思维境界,哲学的最终使命,是探求人的本质

---

① [德] 黑格尔:《小逻辑》,贺麟译,商务印书馆1980年版,第36页。
② 同上书,第40页。
③ 同上书,第80页。
④ 同上书,第230页。

及其存在法则,探讨人的理想存在形态及其实现路径等。

二、哲学的最终使命:理性与现实的最大和解

哲学的最高目的,不仅是探讨理念,而且要探讨如何使理念现实化,如何使思想与经验相一致,如何使理性与现实的冲突得以和解,"哲学的最高目的就在于确认思想与经验的一致,并达到自觉的理性与存在于事物中的理性的和解,亦即达到理性与现实的和解"。① 思维与存在相统一,这是哲学的最终目的。因而哲学不仅要研究理念,也要研究现实,研究现实中的情绪、欲望、意志以及社会制度等,"哲学的研究对象是理念,而理念并不会软弱无力到永远只是应当如此,而不是真实如此的程度。所以哲学研究的对象就是现实性,而前面所说的那些事物、社会状态、典章制度等,只不过是现实性的浅显外在的方面而已"。② 因此,哲学的研究对象,既包括理念本质,也包括表象与现实,而哲学的目的,就是探讨理念与现实、思维与存在的统一与和解问题。哲学承担着两个方面的任务,一是,把经验的东西转化为概念,从特殊性的现象中抽象归纳出一般规律,发现事物的共相、普遍性东西;二是把理论回到现实中去,把这些普遍性概念现实化为具体的典章制度和社会风尚。哲学的使命,就是人的使命,而这种使命就是认识理念并把理念现实化为人的存在状态。

三、思维的规律:表象到思想、信念

思维是人高于动物的精神属性,是人作为人的精神能力,而逻辑学是研究人的思维及其规律的思维,"我们可以说逻辑学是研究思维、思维的规定和规律的科学"。③ 逻辑学是哲学的一个分支或环节,也可以说是形式哲学或思维哲学,因为黑格尔的哲学体系分为三个方面,自然哲学、精神哲学和逻辑学。哲学的使命是创造,是一种经过思维中介把表象的东西转化为思想,"哲学除了把表象转变为思想——当然,更进一步哲学还要把单纯抽象的思想转变成概念——以外,没有别的工作"。④ 人是创造性主体,就是指人能够把表象东西上升为一种理性的东西,创造出新表象,而这种创造的实质是思维的运动,是人的精神活动。思维是一种创造,是把现象转化为真理,"经过思维,最初在

---

① [德]黑格尔:《小逻辑》,贺麟译,商务印书馆1980年版,第43页。
② 同上书,第45页。
③ 同上书,第63页。
④ 同上书,第70页。

感觉、直观、表象中的内容，必有所改变，因此只有通过以反思作为中介的改变，对象的真实本性才可呈现于意识前面"。① 哲学的形式是反思，但反思只是哲学探讨真理的一种手段，而哲学的使命是把现象的东西概念化，这种概念化就是得到真正的普遍性东西，并把这种真正的东西当作人的信念标准。因此，哲学的使命就是探求真理，寻求人的信念标准，作为正确与错误的客观标准，"真理就是客观的，并且就是规定一切个人信念的标准，只要个人的信念不符合这标准，这信念便是错误的"。② 反思的思维，就是寻求诸如正义、义务的普遍原则，寻求真理，把感觉的表象的内容转化为普遍原则，这是思维的第一个作用、第一个转化；然后反思再把这些真理和普遍原则转化为人的信念，这是思维的第二个作用、第二个转化。这两个转化显现着思维的中介作用，因而思维就是理念与信念的中介，理念与实践的中介。

四、思维的基地：道德、法律和宗教

人是自己产生自己并改造自己的精神存在者，人是自我创造者，而道德、法律、宗教，则是人自我创造的精神杰作。人是普遍性思维的高级存在者，是通过思维来构建自己的道德、法律和宗教的精神存在者。哲学就是一种反思，一种跟随在事实后面的反复思考，"哲学可以定义为对于事物的思维着的考察"。思维就是哲学的主要活动，这种思维是人所特有的能力，是人与禽兽相区别的一种禀性，我思故我在，"禽兽没有宗教，也说不上有法律和道德"。"人之所以为人，全凭他的思维在起作用。""人之所以异于禽兽由于人有思想。"③ 人是有思想的存在者，这种思维是一种理念性思维，是一种自我反思。

反思是一种创造性活动，是一种发现普遍性，创造宗教、道德规范和法律体系的思想运动。反思对于人的最终意义，就在于它为人规定了人之为人的基本精神与法则，"反思作用总是去寻求那固定的、长住的、自身规定的、统摄特殊的普遍原则。这种普遍原则就是事物的本质和真理，不是感官所能把握的。例如义务或正义就是行为的本质，而道德行为所以成为真正道德行为，即在于能符合这些有普遍性的规定"。④ 真理并不是外在显现为感官所能看得见的东西，而是只有抽象思维才会把握的规律性东西，而我们只有依据这些规律

---

① ［德］黑格尔：《小逻辑》，贺麟译，商务印书馆1980年版，第76页。
② 同上书，第77页。
③ 同上书，第38页。
④ 同上书，第76页。

性的原则来行动时，我们才是理性的、自由的、有德性的高尚存在者。思维作为对于事物的反思，是对于本质、真理的探寻，"思维活动的产物、普遍概念，就包含有事情的价值，亦即本质、内在实质、真理"。①这种本质与真理的反思，在人的道德领域就是对于人的道德生活的反思，通过反思善恶、是非、正义与非正义，来总结出普遍的道德规范，作为我们行为的道德指南，"反思在道德生活里也在起作用。在这里反思是回忆正义或义务观念，亦即回忆我们须要当作固定的规则去遵循以指导我们在当前特殊情形下的行为的普遍"。②思维是一种对于事物本质的反思与把握的能力，是从事物表象中抽象出一般法则的精神素质，因而思维就成了宗教、法律道德的精神源泉，是人通过思维来加工出人自己的宗教、法律和道德。没有思维作为中介，就不会有宗教、法律和道德，"须知只有人有宗教、法律和道德。也只有因为人是能思维的存在，他才有宗教、法律和道德"。③思维就是一种反复的思考，是把表象背后的本质与法则表述为普遍性的思想，并把这种思想转化为现实的普遍的精神产品，因此，宗教、法律、道德都是人的思维这一创造活动的最终产品。人不仅建立起了自己的存在体系，而且也还创造出了一系列的概念，作为人的价值理念，如善恶、是非、正义与非正义等。

五、自由精神的辩证法依据

人的本质是自由，自由就是辩证法的一种展示，自由是质与量、个体与整体、偶然与必然、肯定与否定的对立统一。生命是哲学的最终结局，而生命是充满矛盾运动的辩证法。辩证法并非是完全空洞无物的抽象之物，而是显现于现实生命体的活着的规律。"辩证法是现实世界中一切运动、一切生命，一切事业的推动原则。同样，辩证法又是知识范围内一切真正科学认识的灵魂。"④辩证法的基本属性与特征，就是讲求事物的完整真相和事物生成变化的过程与规律，辩证法的基本目标就是克服片面、孤立、偶然的东西，把事物放在事物之间相互联系的整体中，揭示事物之间的相互关系与相互影响，发掘事物变化与发展所遵循的普遍性规律，"辩证法的出发点，是就事物本身的存在和过程

---

① ［德］黑格尔：《小逻辑》，贺麟译，商务印书馆1980年版，第74页。
② 同上。
③ 同上书，第39页。
④ 同上书，第177页。

加以考察，借以揭示出片面的知性规定的有限性"。①

自由是人的质，权利与权力等是人的量，道德、法律、宗教是人的自由之度。事物是由质和量规定性构成，事物的整体是度，质、量、度也是事物存在的基本形式，"尺度是有质的定量"，"尺度是质与量的统一，因而也同时是完成了的存在"。② 从黑格尔的质量度原理，我们可以推导出，欲望、幸福等是人的量的存在和规定，自由才是人的质的规定，而宗教、道德、法律是人存在的一种度。度是质量的统一界线，量走出这个度，事物的质就会变易，走向其反面，人如果违反法律道德，人就不再自由了。人如果脱离了自由本质而放任其感性的欲望，就会破坏作为人的度的法律道德。

个人与社会、国家的关系问题，是自由的核心主题，个人的自由只有在整体自由中才能得以展现和实现。整体与个体的关系，是事物存在的基本辩证法，个人自由不能与共同体的自由体系脱离开来，那种纯粹的个人自由不是真正的自由。"在近代，原子论的观点在政治学上较之物理学上尤为重要。按照原子论的观点个人的意志本身就是国家的创造原则。个人的特殊需要和嗜好，就是政治上的引力，而共体或国家本身只是一个外在的契约关系。"③ 近代原子论哲学把国家视为契约的结果，国家的原则是个人权利，这是割裂整体与个别辩证法的片面理论。国家作为整体，是一种普遍性东西，但这种普遍性实体必然是由诸多单子组成，这种组成并非单子的简单相加，而是由一定的法则结合而成，这种法则就是自由共存的法权制度，国家与个人的关系就是整体与个体的关系，是普遍性与特殊性之间相互承认关系，这是黑格尔自由理论的最为重要的哲学依据。

不理解和把握必然性，就是盲目，就会把自己的命运理解为必然性的摆布，而自由就是在认识必然性基础上自我决定自己的命运，使自己的特殊性欲求与普遍性相一致，这就是所谓的真理使人自由。"自由本质上是具体的，它永远自己决定自己，因此同时又是必然的。""内在的必然性就是自由。"④ 偶然性与必然性的辩证关系，在人这里则表现为人的命运到底是由谁来决定的，人如何对待必然性与偶然性，这个问题涉及人的自由本质问题。如果人相信自己的命运完全是由外在必然性来决定的，自己没有决定自己命运的能力，那么

---

① [德]黑格尔：《小逻辑》，贺麟译，商务印书馆1980年版，第178页。
② 同上书，第234页。
③ 同上书，第215页。
④ 同上书，第105页。

这个人只是一种自然人,受自然支配的人,这种自然人还不是真正的自由人。而真正自由的人,也不是完全超越必然性而为所欲为的盲动者,而是认识必然性并自觉遵从必然性,把偶然性与必然性相结合的人,因为自由就是在必然性和普遍性前提下拥有多种选择来决定自己命运。宗教、道德和法律都是一种对于必然性与真理性认识的结果,人在这种必然性、普遍性的规范之内拥有自我实现自我的自由。

人的自由生成与发展过程,也显现出辩证否定的规律。否定之否定规律,是事物发展变化的根本规律,是以上这些规律的一种综合。任何事物的存在,都会有其否定的因素,而现实的事物就是肯定与否定的统一,这就是正题、反题与合题的辩证法。这一原理,在人这里有诸多体现,如自我、非我、自我与非我的统一,而当这种统一打破时就会形成事物的质的变化;客观法、主观法与伦理实证法三者之间,法权、不法与惩罚三者之间,也可以看作是正反合题的辩证关系。事物并非一次否定就完成了,而是一个不断否定、肯定、否定的发展进程,而人的自由也是一个逐步认识与实现的过程。黑格尔特别强调,否定是一种扬弃,而德文里的扬弃有两层意义:拒斥和承继,因而否定是超越与承继的一种结合,正如自由是对于自然感性东西的扬弃,但自由并非完全拒斥正当的欲望与感性,而真正的自由是通过感觉来体现的。"就辩证法表现在精神世界中,特别是就法律和道德范围来说,我们只消记起,按照一般经验就可以表明,如果事物或行动到了极端总要转化到它的反面。"①

一切事物、生命的运动都是现实的、活生生的辩证法,"哲学从来不与这种空洞的单纯彼岸世界打交道。哲学所从事的,永远是具体的东西,并且是完全现在的东西"。② 作为人的存在与发展,也是由自然人到自由人的逐步敞开的过程,也是在量质度、特殊性与普遍性、个体与整体、肯定与否定等对立统一中曲折前行的。

第二节 人的存在与本质

一、存在:我是外界接纳器

存在是人的显现,人作为拥有自我意识的存在者,其存在也有本质存在与

---

① [德]黑格尔:《小逻辑》,贺麟译,商务印书馆1980年版,第108页。
② 同上。

形式存在之分。人的本质是在整体性存在与个体存在相统一的整体系统中得以展现的存在,而人的本质存在要通过人的非本质存在来显现,本质存在是由非本质存在状态开始的。

人是由自然人为开端的,并随着自我认识的深入而逐渐过渡到自由人状态,"人对于自己的觉醒意识的初次反思,人们发现他们自身是裸体的"。人感觉到可羞耻,是人与禽兽的初次分离。人拥有了善恶知识和理性以后,人才真正脱离了禽兽状态,人的精神历史从此开始。人作为人存在就是人格,是人脱离了纯粹自我的自然狭隘状态,把自我自觉纳入到整体中,并在对方身上实现自己的目的和本质,"个体是指自我、人格,而不是指经验的自我或特殊的人格,特别当我们心目中所想到的是上帝的人格时,我们所说的乃是指纯人格,本身具有普遍性的人格而言。像这样的纯人格即是思想,而且只是指思想"。① 人格是人对于自己本身的一种本质把握,是自我认识与真理相一致的思想,是人的本质之思想呈现。

我的本质存在显现为我与世界关联的表象中。我是一种肯定之物,我与我绝对统一,但真正的我却必须接纳外在的非我的东西,"我是接受任何事物或每一事物的空旷的收容器,一切皆为我而存在,一切皆保存其自身在我中。每一个人都是诸多表象的整个世界,而所有这些表象皆埋藏在这个我的黑夜中"。② 我的存在是与世界整体相联系着的,我的本质存在也体现在世界整体系统中,而我的本质存在也就在外界中显现出我的具体存在内容,因而世界也就成为我的存在表象。我的所有权的承认,体现着我对于物的占有权利,同时这种人格存在也需要得到他人和国家的承认,这需要法律来体现和保障,因而法律是自由的实现体系,国家是自由的真理与现实的合一,国家也就成了个别自由得以真正实现的普遍物。

人的存在的度,是人的自我特殊属性之量与自由普遍属性之质的对立统一,这个统一首先是通过思维上升为思想,并最终规定为宗教、法律和伦理规范。关于上帝、法律和伦理原则首先是作为直接知识而显现的,这是基于极普通的经验而产生的这种直接的原始性内容,是需要经过教化、发展,才能达到自觉。"就宗教和伦理而言,尽管它们是一种信仰和直接知识,但仍然完全是受中介性的制约,所谓中介性,是指发展、教育和教养的过程而言。"③ 伦理

---

① [德]黑格尔:《小逻辑》,贺麟译,商务印书馆1980年版,第155页。
② 同上书,第82页。
③ 同上书,第161页。

宗教都是需要教育作为中介的，都是培养出来的，因而宗教伦理法律等是思想与经验的合一，是人存在的尺度，超过这个度，人就不再是自由的人，就只是任意性或盲目性的自然人；这种摆脱自然奴役实现人的自由发展，就是人的解放。

二、人的解放：人格自觉与法权实现

人的存在，从外在存在，到人的本质，再到人的概念，最终实现了人的三个生成环节；这个过程就是解放的过程。"思维就是一种解放，而这种解放并不是逃避到抽象中去，而是指一个现实事物通过必然性的力量与别的现实事物联结在一起，但又不把这别的现实事物当成异己的他物，而是把它当成自己固有的存在和自己设定起来。这种解放，就其是自为存在着的主体而言，便叫做我；就其发展成一全体而言，便叫做自由精神；就其为纯洁的情感而言，便叫做爱；就其为高尚的享受而言，便叫做幸福。"① 人的解放，是人成为主观理念到客观理念相统一的自由存在者，是通过人的思维禀赋把握绝对理念的精神状态。人的解放有多重含义，作为个人的解放是他获得了我与我的绝对统一，我作为主体人格在他物中得以展示并回复到我自身，我不仅得到了他人的承认，也同时得到了全体整体的承认，我被承认为独立的人格，我因此也拥有了精神自由。这种解放在情感上就是爱，一种得到他人纯真的爱。解放的第三种显示就是幸福，幸福是作为人所享有的高尚的享受。解放是人的人格、自由精神、爱与幸福的合一，解放在现实中有多重显现，自由是解放，爱也是一种解放，幸福也是一种解放，因此，解放就是成为真正的人的状态，摆脱纯粹自然状态而达到一种精神状态。"基督教是绝对自由的宗教，只有对于基督徒，人才被当作人，有其无限性和普遍性。奴隶所缺乏的，就是对他的人格的承认，而人格的原则就是普遍性。主子不把奴隶当作人，而只当作一种没有自我的物品。而奴隶也不把他自己看成是'我'，他的'我'就是他的主子。"② 人格的自我认识，是自我解放的基础，而这种解放只有在社会、国家和法律制度中才能得以实现，因此人的解放是一个理论与实践体系，是在一个整体系统中长期生长而成的。国家是具有三个环节的体系：第一，是个人通过他的需求特殊性与普遍性的社会、法律、权利、政府相结合；第二，意志或个人的行动符合社会、法律等的要求，并使得社会和法律等得到满足和实现；第三，普遍性的

---

① ［德］黑格尔：《小逻辑》，贺麟译，商务印书馆1980年版，第325～326页。
② 同上书，第333页。

国家、政府、法律的目的乃是个人和他的需要的满足得以实现与维持,"三一式中的每一规定,由于中介作用而和别的两极端结合在一起,同时又和自己结合起来,并产生自己,而这种自我产生即是自我保存。——只有明了这种结合本性,明了同样的三项的三一式的推论,一个全体在它的有机结构中才可得到真正的理解。"①普遍性、个性、特殊性"三一式"的关系,存在着物理性的引力与斥力统一性,同时又具有化学原理的分子的分离与化合反映,而促成这种分离与合成反映的催化剂就是思维,这种变化的力场是社会整体,变化的公理法则就是法律制度,生成的最终成熟结果就是自由人的王国。

总之,逻辑学从人学的视角来讲,它的使命是证明人的存在本质及其展现的,是为人的自由存在寻求辩证法依据的。人作为一种精神的存在,其发展就是变易,是由自在到自为、由理念到现实、由内在到外在、由本质到实存,最终达到存在与本质的现实统一。人是由自我内在、自在、潜在、理念的理性到外在、自为、实存的理性,社会与国家显现为由自我与他者相互承认的自由共同体,人的辩证发展显现为由个别到整体、由偶然性到普遍性、由自由理念到法权现实。因此,自由是人的本质,法权是人格的实在、内容与现象,国家是人的自由现实化,宗教是人的精神自由的最高境界。

本章小结

我思想故而我存在,哲学是人思想的最高级的形态,因而哲学是人作为精神存在的一种特性。人之所以是人,就在于他有思想,不仅对于自然万物进行思想,而且也对于人自身进行反思。哲学对于人的思考,就是人学。人学就人对于人自己的本质属性的一种哲学把握,就是人把人作为对象又同时作为主体进行反思,以求能揭示人的本质及其生成规律。人的本质是自由,自由在哲学上有多方面的辩证统一问题。一是,自由的质、量、度问题,自由是人的本质,法律、伦理等就是自由的量,家庭、市民社会和国家是自由的度,度是质与量的统一。二是,整体与个体的辩证统一法则,个人离不开整体,整体必须由个人来构成,个人自由与整体和谐要统一起来,否则个人自由就没有保障。三是,偶然性与必然性、特殊性与普遍性的辩证统一关系。个人主观感觉、情感、热情等都是带有偶然性的东西,而法、伦理和国家都是必然性的东西,而

---

① [德]黑格尔:《小逻辑》,贺麟译,商务印书馆1980年版,第383~384页。

偶然性往往是特殊性东西，它必须符合了必然的普遍性法则才有意义，而普遍性东西也离不开特殊性个体情感，只有通过情感的现象法律、伦理等普遍性法则才能得以显现。四是，否定之否定法则。任何一个事物都内在地存在着正题、反题两个方面，现实的伦理实体都是正题与反题的合题，国家是家庭与市民社会的合题，伦理是主观法与客观法的合题，宗教是人与神的合题，法律是个人自由与整体利益的合题。人的存在，是思维，而思维的内容是普遍性东西，思维与意志是相统一的，而法律、伦理、国家都是思维的精神结晶，人通过思维机能来制造自己。人的思想，就是人通过自我本质的理解与把握，来展现自己的自由，创造了自己存在的理想状态，因而人就是自我理解、自我创造与自我解放的思想者。

第五章　主观精神的人

关于精神的知识，本质上是人对于人自身的认识，是"对于人作为精神的本质自身的知识"。然而"关于精神的知识是最具体的，因而是最高和最难的"。[①] 黑格尔把人对于人自己的认识看作是最重要也是最难的，他用了三个"最"来描述人的自我知识对于人的价值。苏格拉底早就提出了认识你自己的训令，提醒人们要关注自己的灵魂，不要只是追逐外在的感性快乐，但这种自我认识还没有达到一种作为人的本质认识。人不仅要认识人自己，而且要认识自己以外的东西，只有在自己以外东西中才能真正认识人自己，"所有精神的一切行动只是对于它自身的一种把握，而最真实的科学的目的只是：精神在一切天上的和地上的事物中认识它自身"。[②] 这就产生了哲学、宗教等，因为人要在人与他物的关联中，在神中才能够把握自己。哲学不是研究个别人的性格、弱点等，而是研究人的本质或普遍意义上的人，因而哲学是人对于人自身本质探讨的知识，哲学并不对于个别人产生兴趣。

精神是一个个独立的力组成的聚合体，每个力都是一个真实的东西，力与力之间相互吸引又相互限制，共同构成一个力的和谐共同体。我们平常所说的和谐共同体还只是应然的，而真正的和谐体系是精神本源的和谐联系。精神不是独立和僵死的，而是真实的、活生生的、有机的和系统的。植物也是一种生命，植物的胚胎里也有与其精神等同的本质，但植物只是受外在感性的支配，没有达到自我认识的程度。动物也存在这种磁力现象，即动物磁力现象，而精神作为知性会超出动物磁力现象，因为动物只是受到自然磁力的限制，而精神却能够超越自然磁力达到自由磁力境界。人与物不同之处，在于人的精神性，因而人只有在精神层面而非感性层面上才能显现出其本相。

[①] [德] 黑格尔：《精神哲学》，杨祖陶译，人民出版社2006年版，第1页。
[②] 同上书，第2页。

第一节 精神概念与人的自由

一、精神的概念

"精神的概念：精神是知自己本身的现实的理念。"① 这是黑格尔对于精神的经典定义，精神包含着三层意义，（1）精神是理念，（2）精神是自己知道自己本质的理念，（3）精神是现实的东西。因而精神是理、知、实之三位一体的东西，是主客观相统一的人之存在，是人的自由形态。动物只是一种单一的外在关系，只受到感性的支配，其特点是冲动和本能，而这种冲动和本能的内容就是自我保存。自我存在的本能冲动，是建立在动物与外在自然的对立之上的，只是在通过消耗外在特定的自然物来保持自我生存。因此，动物的本性是自然性而不是自由，"自然里不是自由而是必然性在统治"。② 动物只感受到类，但却并不能达到类的认识，也就是说，动物并不具有认识普遍性的能力，因而也就不具有自由能力。

人是精神存在者，"精神能把外在的东西纳入到自己内在性，使外在东西回复到精神内在性。精神最初的和最简单的规定就是：精神是自我。自我是一个完全简单的东西、普遍的东西"。③ 自我既能从外在物甚至其自己的生命中抽象出来，也能够把自己与自己对峙起来，并最终达到其自身与自身相统一。精神对于外在性的扬弃，就是"精神的观念性"，"作为哲学的思维，精神由于认识到构成事物的共同原则的永恒理念在事物中呈现自己的种种规定的方式而完成了对事物的观念化"。通过这种认识，"精神就使自己成为完满地把握自己本身的现实的理念，并因而成为绝对精神"。④ 精神能够认识到自己的本质和最终目的，并使自己的目的观念化，精神是在运动中把握自己和发展自己，因而精神是真实的、系统的、有机的和活生生的自我认识和自我实现者。

从自然向自由过渡，是一个精神生成的漫长过程，对这一过程的研究就是自然哲学。"只有人才超越感受的个别性而提高到了思想的普遍性，提高到了关于自己本身的知，提高到了它的主体性、它的自我的把握，——一句话，

---

① ［德］黑格尔：《精神哲学》，杨祖陶译，人民出版社2006年版，第10页。
② 同上书，第12页。
③ 同上书，第14页。
④ 同上书，第15页。

只有人才是思维着的精神,并因此,更确切地说,唯独因此才在本质上区别于自然。"① 精神是相对于自然而言的,自然是不会思维的自在之物,而人作为精神却是能够思维的自为存在的主体。精神的特质,是思维、思想,是超越自然的自由。

二、精神自由:超越异在

精神的本质是自由,这种自由是精神能够从他物和自己本身中抽象出来,克服他物和自我之否定物,超越自然之物,扬弃异己的他物,最终回复到自我本体之内。自由是自己对于他物的不依赖性,"精神的实体是自由,这就是说,对于他物的不依赖性、自己与自己本身的联系。"② 自我就是自我,精神自己是独立自主的,不是依赖他物而生存的从属之物。这是自由的第一层含义,也是自由的本质。

自由的第二层含义是,自由是与真理相符合的精神自由,自由与精神、真理是同等价值的东西,是同时共存的。"真理使精神自由,自由使精神真实。"③ 自由的现实化离不开真理,自由只有通过真理才能现实化,因而自由与真理不仅不是对立的,而且二者密不可分,如同表里关系。自由不是为所欲为的任意,而是受到真理限制的,自由只听从真理的要求。那种认为真理与自由是对立的思想是极其肤浅和有害的,是一种典型的虚假意识。

自由的第三层含义,自由是把他物纳入自己并超越他物。自由是指不依赖他物,但自由只有在他物中才能得以显示,离开他物的自由不是真正的自由。真正的自由,是对于他物的扬弃,而不是离开他物。自由是对于他物否定性的一种克服和超越,精神作为自由的东西,能够超越他物。这种超越性,是精神的高贵之处,它能够使精神忍受痛苦,超越自己异在的否定物,其目的是为了自我保存,这种超越性就是精神高于自然的特质,是自由的一种显示。同时,这种精神的超越性,也是精神自我解放的过程,具有自我解放的性质,是从异己中解脱出来,最终回复到真实的自我,并把异在的他者纳入到我的思维之中,"精神概念的全部发展不过是展示精神从其一切与概念不相符合的定在形式里的自我解放;这样一种解放的实现是由于这些形式被改造成为一个与精神

---

① [德]黑格尔:《精神哲学》,杨祖陶译,人民出版社2006年版,第19页。
② 同上书,第20页。
③ 同上。

的概念完全适合的现实"。① 精神的超越性，是自由的基础，是精神对于矛盾的一种解决能力，只有在克服矛盾、克服他物中才显现出精神的自由。

自由的第四个含义是，自由是自我的一种自我创造。精神是自我生产自我的精神活动，"我们在科学里必须把精神看作是它自己的自由的产生者"。② 精神是自由者本身，精神自己创造自己，这个创造就是自由，自由也就是自我解放。道德、法律、宗教和国家等，都是人的精神创造之物，是人自身创造自身的精神杰作，也只有从人自身中才能理解这些精神产物，而不能从人之外去寻求它们产生理由及其本质与使命。

三、精神的显示：主观—客观—绝对精神

显示是精神自由的外现。精神的现实性，就是显示，这种显示不是对于他物的显示，而是精神本身的自我显示。精神显示，就是对精神自己的规定，是精神自身内容的现实化，因而，没有显示，精神就无法表现自己。精神显示虽然只是精神自身的显示，但这种自我显示必须通过他物才得以实现。精神在他物中显示自身，同时保持和实现着自己的本质和内容，并区别于他物，又要使他物符合自己的内在本质，消除他物与我的冲突。这种显示是形式和内容的统一，是显示的和被显示的东西的统一，是精神的可能性和现实性的统一，"精神在这个他物里并不消失，反倒是在这个他物里保持着自己和实现着自己，把自己的内在本质在他物里明显地显示出来，使他物成为一个与它相符合的定在"。③ "神就是通过基督、他亲生的儿子显示自己。"④ 精神的显示经过由自我到他者、再由他者返回到自我本身的历程，在这一往返运动中，精神显现出其主观、客观和绝对三种形态。精神的显现，就是精神的三种存在状态，体现着精神依次由低级到高级的运动。

精神的三种显现是自由生成与完善的三个环节，第一种是自在存在的精神显示，是在自己之内的存在，属于主观精神。第二种精神显现是自为存在，是反思、觉醒的自我意识，是规定了自己的自为存在，这是客观精神。第三精神显现是绝对的知，是绝对地显示着自己的、有自我意识的、无限创造的精神，也是最高级的精神显示。从第一种显示到第二种显示，就是精神从不知道自己

---

① [德]黑格尔：《精神哲学》，杨祖陶译，人民出版社2006年版，第21页。
② 同上书，第21页。
③ 同上书，第22页。
④ 同上书，第23页。

精神本性到知道自我本性的过程,是从自在到自为的过渡。主观精神,是从外在的自然显示中解脱出来,从与他物的外在联系回复到自己本身,去理解自己的精神本性。主观精神的本质还是自然的,但其使命却是为了理解自己、规定自己和实现自己,"精神起初只不过自在地是精神;它成为自为的过程就是它的实现过程"。① 主观精神如果达到了自为存在,那么它就不是主观精神了,就是客观精神。主观精神必然要向客观精神转化,这种转化就是主观精神的目的,"主观精神的全部活动都旨在把自己理解作自己本身,证明自己是其直接实在性的观念性。"② 主观精神还是不自由的,它只是自在地是自由的,还没有获得精神的定在。获得了外在定在的精神,就是客观精神。客观精神,是精神的自为存在,是精神规定限制了自己,是自己知着自己本身的精神存在。"客观精神是人,作为这样的人,在所有权里有其自由的一种实在性。"③ 人在所有权里被客观化了,而作为所有权的物是作为人的自由意志的东西,是获得了不被他人侵犯的属性,但客观精神只有在国家里才能够得到真正的实现。主观精神,其三种形态是灵魂、意识和精神本身,三者分别是人类学、精神现象学和心理学的研究对象。

第二节　人类学中的人

一、人的自然属性与迷信

人类学,是研究人由自然到精神的生长及其规律的一种学问。生命的精神本质是灵魂,是非物质的东西,当初却显现为自然之物,"是自然界的简单的、观念的生命"。④ 生命不仅是一种实体,而且是一种主体。作为自然灵魂的精神,还具有动物的同情同感的自然属性,自然灵魂把自己与普遍的自然联系在一起,参与到太阳系和地球的生活中去,典型的例子就是占星术。人往往把自然中的某物当作神一样的崇拜,如星座。自然在人的灵魂活动中起着支配作用,人在灵魂上依赖于自然,把自己的命运归结为自然之神的魔力,这就是早期的迷信。灵魂还只是一种自然之物,但灵魂应该发展为自由,应该摆脱对

---

① [德]黑格尔:《精神哲学》,杨祖陶译,人民出版社2006年版,第28页。
② 同上。
③ 同上书,第29页。
④ 同上书,第39页。

于自然的盲目依赖,"人应当把自己看作是不受自然状况约束的;但由于那种迷信他却把自己看作是自然物。"① 现代人与古代人的区别在于,前者主要是通过自己来决定自己的命运的,而后者却是通过神谕、通过外部现象来决定自己命运的,相信自己的精神生活与自然现象存在着某种必然的联系,并试图探求这一联系。

二、民族差异与民族精神

民族精神,是作为一个民族整体达到了对于自己本质的人格认识。种族差异,在人类早期,主要是由于各个大陆的自然特征所造成的,表现着人的民族精神的自然属性,人种的区别主要是自然的区别,而非是本质上的区别。首先,人自在的本质是没有区别的,没有权利上的区分与差别,人的本质属性都是理性,人和人的外在区别只是自然方面上,"人自在地就是理性的;一切人的权利平等的可能性就在这里,把人类僵死地区分为有权的和无权的之毫无价值就在这里。——人种的区别还只是一种自然的区别,即一种有关自然灵魂的区别"。② 其次,一些民族还没有达到人格意识。在非洲的黑人生活在专制政体之下,"在那里还没有达到对人的人格的感觉",③ 早期的人也都没有达到自觉的人格意识,"人在这里还不能达到对自己人格的意识,在自己的个体性里还完全没有任何价值和任何权利"。④ 专制之下的人,往往还没有意识到自己的本质是自由,没有独立的人格意识,没有认识到自己是拥有独立人格权利的法权主体。最后,欧洲一些国家在形式上摆脱了专横制度的奴役,出现了形式上不同程度的自由现实。在欧洲,国家通过合理的制度使专制政体得到了一定的改变,人从自然性奴役中解放出来拥有了一定的自由,"国家在欧洲或多或少是通过合理的制度摆脱了专制暴君的专横的那种自由的发展和实现"。⑤ 欧洲的主要民族也表现出各自的民族性格。西班牙人是一个要求个人与法则相统一的民族,既要求对个体的普遍承认,又要求每个人按照法则做一个正直的人,而意大利人却更乐于按照灵感而非法则来生活。法兰西人既理智又机智,表现出一种超越自我粗野自私的社会教养,在一切工作和社交中都表现出对他

---

① [德]黑格尔:《精神哲学》,杨祖陶译,人民出版社2006年版,第50页。
② 同上书,第54页。
③ 同上书,第57页。
④ 同上书,第58页。
⑤ 同上书,第60页。

人和公众的尊重和关注,"因此法兰西就成为政治上和法律上表达的典范"。①英国人是着重经验理性、个人创造性强的民族,这与他们个人经商的精明能干性格有关,他们的民族意识是建立在个性上的。德国人是一个讲究普遍理念的民族,注重人的内在修养,同时又讲求法则的民族,"在德意志人那里,一切应做事情都必须通过理由被确认为合法的"。② 总之,民族精神是一种基于自然的民族精神特质,是民族自我精神长期生长而形成的。民族的外在区别是自然属性之民族差异,而民族之间的内在区别是民族精神,而作为一个具体民族而言都是由自然到精神的认识与发展过程,民主精神的本质体现于这个民族的道德风貌、政治与法律制度之中。由此看,我们今天所说的西方文化以及法哲学,其实并非是没有民族差别的铁板一块或千篇一律,而是具有不同民族文化特色的,这就是所谓的民族精神。

三、教育的使命

教育的使命,就是使人成为自由的人,就是对个人的任性与固执的改造,使其学会服从普遍的共同规则。个体的特性,是由诸多偶然性因素造成的,但又需要理性教育的改造。"孩子们的特性在家庭的范围内是被容许的;但从入学起就开始了一种按照普遍的秩序和大家共同的规则和生活;正是在学校精神必须被引导到摆脱自己的特异性,知道和愿望普遍的东西、接受现存的普遍的文化。灵魂的这种改造,而且只有这种改造才称为教育。"③ 教育的功能,就是对于个人特异性的一种改造,是让孩子学会共同生活、学会遵守普遍规则。个体自然规定性主要体现为天性、气质和性格。个体的天性或天赋,是天才或才能,是人的自然禀赋,自然禀赋与道德无关,自然禀赋则是因人而异的东西,说这个人天赋好,并不等于说这个人的道德好,因为道德是一种任何人都必须遵守的普遍性东西。气质,是个体如何客观化自己的稳定状态,性格是个体的意志内容与外表的确定性,而一个人性格的伟大在于他的人格目的的伟大,在于人的意志中包含有普遍的价值,他的目的是合理的、有意义的;如果一个人只是对于无意义的事情表现出意志坚定,那就是固执。

---

① [德] 黑格尔:《精神哲学》,杨祖陶译,人民出版社2006年版,第67页。
② 同上书,第68页。
③ 同上书,第69页。

四、儿童人格教育：学会服从与思维

个体的发展，是一个由个体的特殊性与类的普遍性的对立到统一的演进过程，"自然的、人的个体的发展过程划分为一系列的过程，这些过程的差异性以个体对类的不同关系为根据，并为儿童、成人和老人的区别奠定基础"。①儿童是自身与世界无对立的自然和谐时期，还没有个体的特殊内容。儿童时期，重要的是要学会如何控制自己，消除任性、学会服从。对于儿童的教育，就是要对其进行管教，"管教，那是不能容许儿童陷入任性的，他必须服从，以便学会控制（自己）。服从是一切智慧的开端"。②服从，是对于普遍法则的服从，服从法则是一种理性人格的道德能力，因为服从是自由的前提，因而服从就是一种智慧。黑格尔特别强调，学会服从对于儿童的人格生成的意义，认为服从是一切智慧的开始。儿童教育，一方面，要通过管教使儿童的固执和恶行得以矫正，"这种固执和恶行的萌芽必须通过管教来打破和消灭"。③另一方面，要教会他如何思维，如何从感性思维过渡到理性思维。教育就是让青少年认识到自己的理性自由本质，学会超越自己的自然属性，克服自己的任性的、偶然的东西，学会理解与把握普遍性的法则，学会服从普遍性法则的知识，养成自觉遵循客观法则的良好习惯，这就是教育的真正使命，即使人成为拥有理性能力的自律人格。教育是人格生长的中介，教育的目的是让人成为有智慧、知善恶、有修养的理性主体与自由存在者，因而学会思维与服从是人成为自由人格的必要环节。

五、青年到老人：理想与现实之冲突到和解

理想是青年人的特征。青年是拥有自我理想的时期，是开始把普遍东西纳入到他的主观追求当中，因而青年总是雄心勃勃、志向远大，"误以为自己负有使命、也有能力去改造世界，或者至少把在他看来支离破碎的世界重新加以安排"。④青年的最大理想就是改造世界，青年人总是认为自己负有整合旧山河的人生使命。青年的理想，包含着他的理想内容与世界普遍性的对立，也隐含着青年要为消除这种对立而努力的意志。现实与理想的差距又使青年人对现

---

① [德] 黑格尔：《精神哲学》，杨祖陶译，人民出版社2006年版，第76页。
② 同上书，第80页。
③ 同上书，第81页。
④ 同上书，第82页。

实产生各种抱怨,他感到他的理想和人格并没有得到世界的承认,甚至认为世界总是与他对立的。因而,青年人总是内心充满着矛盾,感到他的理想与市民社会的市侩生活具有极大反差并会因此而产生痛苦、憎恶。青年人一方面把世界的改造视为其义不容辞的神圣义务,另一方面他又发现自己的人格和远大理想并不被世人所接受,理想与现实的冲突使其产生了极为矛盾的人格分裂现象。黑格尔认为,这个痛苦经历是青年走向成年的必然过程,是实现其理想的一种代价。青年人到成年时,他就开始调整其改造世界的意图,着手消解其主观理想与世界现实的对立,务实地为实现其理想而努力,因而成年人不再有那么多的伤感和抱怨。人生的这种经历,就是自我体验与创造的历程,是其主观追求与世界普遍性对立与统一的演进过程。青年人要进行自我教育,要学会把其理想追求与务实态度结合起来,"首先必要的就是完成青年成为成人的教育,即他结束学业,其次就是青年决心通过开始为他人工作来为自己谋生"。[①]青年走向成年,就是走向成熟,就是使其理想与客观现实相符合的人生阶段。青年与成年的最大区别,就在于成年人开始由空想走向务实。

人到老年人时期,其年轻时的远大理想意图已经淡化,他的主观性与世界的客观普遍性不再对立,似乎又回到了儿童时代。老年人对一切都不感兴趣,认为一切他都经历过,"老年人的生活缺乏确定的兴趣,因为他已经放弃了能够实现早先怀有的理想的希望,而他觉得未来根本没有约许什么新东西,不如说他自信自己已经熟悉了他也许还会碰见的一切事物的普通东西和本质东西。"[②] 老年人认为自己有义务教育年轻人,把自己的丰富经验中的普遍性认识传承于后人。

总之,人作为精神存在者,经历着从儿童的感性、青年的理想主观性、成年人的理性到老年人的老成,从天真无邪的自然和谐、理想与现实对立的痛苦、适应世界的理想努力到与世无争,一个人的一生刚好走了一个自然—精神—自然的哲学圆圈。因此,人生的历程正是精神的生成与演进的历程。

六、感受之双重性:有害—有益

睡眠与觉醒,是人的两种存在状态。睡眠是一种自我封闭的自在存在状态,精神的觉醒是个体灵魂的自为存在状态,"睡眠是沉没于它的无区别的统

[①] [德] 黑格尔:《精神哲学》,杨祖陶译,人民出版社2006年版,第84页。
[②] 同上书,第85页。

一的状态，相反地，醒着则是灵魂进入到与这种简单的统一相对立的状态"。[1]真正的精神活动，是觉醒，而觉醒是精神在真理中的反思，是意志和知性活动。人只有在觉醒时，他才处于理性和思维状态。虚假表象只有在睡眠中才出来，人只有在睡眠中才会出现不合常理的梦境。人处在睡眠与觉醒两种状态之中，二者交替进行，人不可能总是处于睡眠状态，或者一直处于觉醒状态，因而人必然地处于梦境与现实之中。

感受与精神的关系，是有本质区别的，又是相互关系的。首先，感受是精神因素中最坏的东西。感受是思维理性的基础，但感受却并非是人的特质，"思维是人借以和牲畜区别开来的最自己的东西，而感受是人和牲畜共有的"。[2] 黑格尔把感受视为一种理性精神的一种否定物，"感受是精神东西的最坏的形式"。[3] 一切罪恶的东西都是由心的感受而生，感受是对于理性的一种外在否定的主观因素，因而首先要注意到感受的主观有害性。精神的内容是普遍性的、理性的和必然的东西，而感受却是孤立的、偶然的和片面的东西，二者在根本上是相互矛盾的。其次，感性对于精神来说又是有其必要性的，精神需要感受的形式。二者却往往相互依赖着，精神的东西却往往置于感受之中，而精神在感受中却不是显示为概念的形式，而是以无联系的主观的形式出现。精神的东西、理性的东西、法的东西、伦理的东西在被采取感受的形式时，它保持着一种感性的东西、彼此分开的东西、无联系的形态，但它却包含着精神的普遍性。感受是精神东西的最坏形式，能够使最好的内容变坏。感受有外部感受和内在感受之分，内部感受是心理学的对象，外部感受是人类学的对象。外部感受必然要内化为内在感受，而内在感受也必然需要外化自己、形体化自己。内在感受有愉快、不愉快，并产生满意、不满意，因此，外部感受本身就是产生情绪的东西。内部感受有两种，一种是情感感受，与个别性有关，如愤怒、报复、忌妒、羞耻、悔恨；另一种是普遍性感受，与法、伦理、宗教、与美和真等普遍性有关。这两种内在感受也有内在关联，二者能够相互转化，普遍性的感受内化为个别性内在感受，并可使个体提升为普遍理性的自为主体，使其摆脱自在偶然性，内部感受就更加精神化。但是，如果个体越是偏离法、伦理等这些普遍性东西，他的个别性内在感受就更具自然性和偶然，就易于突然丧失理智。因此，"内部感受部分地是有益的，部分地是有害，甚至是灾难

---

[1] [德] 黑格尔：《精神哲学》，杨祖陶译，人民出版社2006年版，第89页。
[2] 同上书，第98页。
[3] 同上书，第99页。

性的。心情快活保持身体健康，内心忧虑搞垮身体健康"。① 因此，感受作为一种主观情感的主体体验，在精神自由意义上具有有益性与有害性双重作用，因而对感受的评定不能一概而论，这就需要理性对于感受的有害性进行控制。

七、感觉：主体性，守护神，千里视

第一，我是谁？人是感觉主体，感觉是感受的简单观念性，是把主体建立为丰富内容的实体，并能够建立自己，自为占有和控制自己。感觉主体开始用观念来自我规定自己，"每个个体都是种种感受规定、表象、知识、思想等等的一个无限宝藏"。② 个体的人是一个知识、观念和真理的载体，而每个人却并不能确切地知道自己到底拥有多少知识。灵魂的自然主体只是一种表象，是一个判断的主词，而它的内容就是这个判断的谓语，是它的客体或实体，正如，我是一个教授、父亲、法官等，因此，不同的社会角色主体，是拥有相应知识的职业主体。

第二，人是自己的守护神。黑格尔的守护神概念，如同母亲是孩子的守护神一样，而自由主体自己却是自己本身的守护神，这显现：自己的理性对于感性来讲是自己的守护神。自己的理性决定自己的感受和行为，"我们必须把守护神理解为人的那种在其一切情况和境遇中决定着行动和命运的特殊性"。③ 守护神，是主体自己的内在决定者，"守护神的实体性东西是定在、生命、性格的整个总体"。④ 守护神是拥有总体上的深思熟虑的、理智的、理性的意识的主体性，是个体的内在自我忠告者和理智决策者，也可理解为个体外在的理性旁观者。守护神在重大问题上起着决定者的作用，而对一些琐碎小事并不关注。感觉主体存在于理性的意识之中，理性主体决定着感觉主体，"对于这个意识来说那种感觉生命是仅仅自在存在着的实体性的材料，深思熟虑的主体则成为这个材料的合理的、自觉地决定着的守护神"。⑤ 这样，我也就是二元性的主体，或者说，我成了两个主体，一个是内在的理性的我，另一个是自然的外在性的我，"我在我之内是一个双重性的东西。一方面是我按照我的外部生活和我的普遍表象知道的我是的那个东西，另一方面是在我的以特殊方式规

---

① ［德］黑格尔：《精神哲学》，杨祖陶译，人民出版社 2006 年版，第 111 页。
② 同上书，第 123 页。
③ 同上书，第 133 页。
④ 同上书，第 123 页。
⑤ 同上书，第 127 页。

定了的内心里是的那个东西"。① 我作为主体具有两个我，一是外在的我，是受到普遍性和外在境遇决定的我；另一个是内在的我，是我的内心对外进行裁定的我，这两个我的结合就是现实中的我，而守护神就是一种综合性的我，是一种对于两个我的调和器。

第三，人是自己的千里视，人自己关注自己。每个人都要关注你自己，千里视是主体的自我注视，是内在的知，"个体是在自己内知晓其现实性的单子，是守护神的自我注视"。② 守护神是通过千里视来对主体进行发号施令的。千里视，就是一种内观性的认识，是第二视觉。人的道德品位高低之差异，也主要是由于人们的千里视状态不同所形成的，高尚的人受到千里视的启示而展示着优秀的精神；低下的人的千里视状态就相对差，"显示出他的低级趣味，并且毫无保留地陷入这种低级趣味之中"。而"普通品质的个体在千里视期间往往要经受一场与自己本身的道德斗争"。③ 其个体内心的高尚道德性格对于低级情趣的性格缺陷进行抗拒与斗争。总之，人内在的千里视，是一种自我内心的灵魂关注，它指导着在自我性格中善念与恶念的斗争。

八、疯狂：背离普遍性的极端任性

偏离人格的正常状态即是病态，脱离普遍性而走向极端即为疯狂。疯狂是一种病态人格，是个体的自然性脱离了健康的深思熟虑的守护神监管，不再受普遍的道德原则的约束。这种个体的自然性东西，就是种种利己主义的规定，诸如虚荣心、爱、恨，而这些自私的东西平时潜伏于心中，是一种潜在的恶。疯狂不是理性的丧失，而是理性的错乱，恶念在心中作乱，自然的、自私的东西处于失控状态。"罪行和疯狂都是一般人类精神在其发展过程中必须克服的极端，可是这些极端并不是在每个人里都作为极端出现的，而是只作为种种局限性、错误、愚蠢和非罪行过失的形态中必须克服的极端出现。"④ 疯狂是不正常人格状态，但它却并非是罪过状态，只是意识与性格上的错误状态。

疯狂也是一种虚假意识，是把虚假现象当成了真理。疯狂的构成要件至少有两个，一是主观认识的错误，二是他知道这种错误时还固执己见。第一个要件，主观认识错误是主观认识与客观事实不符合，主观与客观相矛盾，这种认

---

① [德] 黑格尔：《精神哲学》，杨祖陶译，人民出版社 2006 年版，第 133 页。
② 同上书，第 136 页。
③ 同上书，第 151 页。
④ 同上书，第 166 页。

识是一种不真实的虚假意识。这种虚假意识,把洞穴或片面、狭隘的主观表象当作真实的现实,比如把自己当作一个国王或一条狗,或认为自己肚子里有一个大象。第二个是意志要件,当别人告诉他的认识是错误的,或者他明知自己的认识是错误的,他却仍然坚持这种错误认识,这表明他已经处于精神错乱的状态。只有第一个要件而没有第二个则还不是疯狂,而只是认识错误,而只有这两个要件同时具备时才是真正的疯狂,"如果上述的客观联系虽然都给他讲了而且也都为他所知了,他接下来仍然坚持他的虚假表象,那么这样一个人的发疯状态就是无疑的了"。① 因此,疯狂是一种非理智状态,一种非正常状态,而不是真正的自我真实存在。疯狂意识是一种病态的意识,是自我主观精神的一种自然状态表现,是有别于健康的、理智的意识,"疯狂是以知性为前提,而且它无非就是知性可能陷在里面的病态的极端"。② 人类学是从病态现象中来探讨精神健康状态的,是从自然精神开始的,即以主观精神为始点;而作为客观精神的抽象法,则是精神发展的第二阶段,外在的法的阶段。而这两个精神阶段都是病态的精神阶段,是没有发展到健康精神的阶段,主观精神是家庭的自然的伦理实体,是以主观爱为特征,而市民社会也是一种主观精神与客观精神相分裂的片面阶段。这两个病态阶段只有在国家里才能够结合为一个健康的精神阶段,而这个健康精神就是伦理。因此,伦理是与道德和法相对的,又是与后两者不可分的,"伦理是法和道德的基础,而且家庭和市民社会及其排列好了的各种区别确实以国家的现有存在为前提"。③ 家庭与市民社会如果脱离开国家,就是会显现为其精神的疯狂状态,家庭会走向主观爱而无独立法权人格的极端状态,而市民社会则会走向单纯的、冷冰冰的法权关系而缺乏主观爱的极端状态,因此,二者只有在国家里才能克服其自身的先天不足,使爱与法权统一起来。

疯狂有三种形态,第一类是痴呆、精神涣散和蠢态,第二类是真正的傻,第三类是癫狂或精神病。第一类疯狂有三种,痴呆是对于什么也不感兴趣,这往往是过于放纵欢乐所致;精神涣散是沉陷于意识无所事事的无知状态,往往是精神错乱的开端;蠢态则是对一切事物都感兴趣,而又不能把注意力放在某些特定物上。第二类疯狂是真正的傻,它是一种自以为是、固执己见的自我封闭,把自己封闭在自我主观狭隘性里,把主观偏见当作客观真理,"精神始终

---

① [德]黑格尔:《精神哲学》,杨祖陶译,人民出版社2006年版,第170页。
② 同上书,第173页。
③ 同上书,第174页。

待在某个个别的单纯主观的表象上,并把这个表象认作是一个客观的东西。这种灵魂状态大都来自人由于对现实不满而把自己锁闭在自己的主观性中。尤其是对虚荣和傲慢的酷爱是灵魂的这种自我监禁的原因"。① 隐士意识,厌世,都是一种不自知的内在精神分裂。癫狂或精神病,是疯狂的第三种类型。第三种疯狂是癫狂,癫狂的构成要件或特征主要有以下方面,首先,它是由于个人内在主观的表象与外在客观性之间的矛盾所致,这种矛盾形成个体的内在精神错乱。其次,癫狂是个体明知这种自我与外部现实的这种矛盾,且精神病人却不能放弃这种自我表象,反而要固执地去实现这种表象或消灭现实。这种处理我与他者矛盾的态度,是一种精神错乱,是非理性反对理性的暴怒,这会导致一种罪恶意图。最后,这种精神错乱具有两面性。一方面,它是对于普遍伦理规则的偏离。精神错乱的特殊表象取代了理性的统治权,并产生种种反常的冲动,这些冲动"就摆脱了来自真正普遍意志的伦理法则的桎梏,从而心的种种黑暗的、隐蔽的力量就放出来了"。② 这种精神错乱往往会把他的愤怒积聚成一种罪恶的欲望,成为一种怪异的伤害甚至杀害他人的癖好,而这种欲望或癖好往往会控制着不幸者,成为一种他个人无法抗拒的恶魔。另一方面,这个疯子并不是完全没有正常人的道德伦理情感,而往往是比平常人拥有更深的正义感或亲情感。也许正是这种过于强烈的正义情感,促使他陷入了常人不可理解的罪恶之路;也正是这种过度的情感,才使他没有调解好他与现实之间的矛盾,使其沉陷于这种自我矛盾情感之中不能自拔,这就是所谓的爱之极即为恨之极。这也许是黑格尔认为主观感受是最坏的东西之原因吧,因此,理性人是克服哪怕一些微小的恶意,"在每个人心里都有恶意的微光出现;可是有德性的或至少聪明的人善于克服它们"。③ 正义感超强的人,往往是最易于成为恶魔的人,而人们对此却往往感到不可思议。

九、习惯:自然—自由—自然

人是在习惯中存在着的存在者。第一,习惯是一种自我规定的显现,"灵魂使自己这样地成为抽象普遍的存在,并且把种种感觉的(同时意识的)特殊东西归结为它身上的一种单纯存在着的规定,这就是习惯"。④ 习惯作为感

---

① [德]黑格尔:《精神哲学》,杨祖陶译,人民出版社2006年版,第178页。
② 同上书,第181页。
③ 同上。
④ 同上书,第188页。

觉的规定深深地被砌入到个体存在中,而这种砌入是通过重复或训练所养成的。第二,习惯是自然与自由的混合体。习惯始于自然,又经过思维与训练而达到自由的境界,当把服从普遍性法则当作自己的习惯时,习惯却在形式上又变成了一种自然的东西。习惯常常被当作自然,被称作第二自然,但是习惯的自然属性也包含着自由,因此习惯既是自由的也是不自由的,"人在习惯中就是在自然——实存的方式中,所以在习惯中是不自由的,但他又是自由的,因为感受的自然规定性通过习惯降低为他的单纯存在,他不再在差别中,并因而不再对感受的自然规定性感到兴趣、关心和习惯"。[1] 习惯常常被误认为纯粹自然的或纯粹偶然的东西,认为习惯与自由、普遍性没有关系。其实,习惯是人的自然特殊性与普遍规则的一种结合。习惯依据它是否偏离普遍性可以分为两个面相,即坏习惯与好习惯。当自我特殊性偏离普遍性时,习惯就显现为恶习或坏习惯;当自我特殊性趋近普遍性时,习惯就会显现为一种自由的状态,就属于一种良好习惯。坏习惯是不自由的,它往往是受到自然欲望、冲动的控制而形成满足自我特殊需求的行为定势;而只有符合了普遍性的伦理法则的习惯,才是自由的,"一般正当的习惯、伦理的习惯都有自由的内容。本质的规定是人通过习惯从他受其影响的种种感受中所得到的那种解放"。[2] 因此,习惯具有两面性,是自然和自由的结合,"人通过习惯一方面变得自由,另一方面习惯却使人成为它的奴隶"。[3] 第三,习惯是个人的肉体与精神、自我目的与自我外化之间对立与统一的平衡关系。习惯表现为自我肉体的外在显现和控制问题,既要正确对待肉体,不能虐待自己的身体,又要始终能够是自己肉体的主人,"人必须通过自己的活动使自己成为他自己的肉体的主人"。[4] 同时,习惯体现着自我目的与其外在显现之间的协调问题。要尽量使自己的外在规定性符合自己的内在目的,不使外在习惯成为自己使命的一种障碍。第四,习惯往往与训练有关。习惯往往是人为的训练所塑造而成的,如僧侣的戒绝,军人的站立,经过反复练习,一种普遍性就会纳入到自己的内在并成为一种简单的东西。总之,习惯有好坏之分,好习惯是由理性控制的,表现为一个人的良好修养或教养,而坏习惯则是由人的自然本能支配的。

---

[1] [德]黑格尔:《精神哲学》,杨祖陶译,人民出版社2006年版,第189页。
[2] 同上。
[3] 同上书,第192页。
[4] 同上书,第194页。

十、面相与教养

灵魂总是要外化为现实的一种符号或形体特征，而具体的形体特征却蕴含着一个人的教养程度。人与动物不同外形特征主要有，直立、笑、哭、点头、握手、鞠躬等，而这些外形都具有一定的含义，显现着人的内在情感。人的面部表情，人的走路姿势，不仅反映出一个人的习惯，而且反映着这个人的教养状态，"有教养的人比起无教养的人来，在面部更替姿势的变化方面更加克制"。① 有教养的人往往外表平静，把握着一种外表情感的度，而无教养的人则控制自己情感的理性能力比较差，认为只有通过过分的极端面部表情才能表达其内心情感。人的外在特征往往显示着人与人之间修养程度的差异，这正是所谓的病征学和面相学的理论根据。但人的教养虽然与其外表有关，却并不能说人的外表是人的内在本质完全显现，对一个人的认识不能仅仅观看其外表，更要观察其行动，"对于人的认识远不是根据其外表，而宁可是根据他的行动"。② 这就是所谓的言为心声，但更要观其行来判定一个人。因此，对于人的面相与教养有着必然的联系，同时又要辩证地看待面相的两面性，面相既能在某种程度上反映出一个人的教养，同时又不能仅仅依据面相来断定一个人的全部教养。判断一个人的教养之主要依据，是人的行动，而面相只是一种外在行动的一种表露，面相只是一种教养的不自觉的显现，而行动却往往是教养的完整表演，因而衡量一个人的教养，既要观察其面相，更要观察其行动。

总之，精神的人类学，就是研究人的外在与内在的统一问题。人类学通过研究人如何超越自然自我，用普遍性的东西来填充内在自我，用普遍性来规定自己，建立起成熟的自我，这就是人类学的研究目标。人类学研究的精神是自然东西与精神东西的无意识统一问题，而自然与精神有意识的统一，则是精神现象学的研究领域。

第三节　精神现象学中的人

一、意识：作为精神的显现

思想意识是一种人所特有的精神属性，是一种精神现象。人作为精神存在

---

① ［德］黑格尔：《精神哲学》，杨祖陶译，人民出版社 2006 年版，第 199 页。
② 同上书，第 201 页。

者，是与自然万物的根本不同之处，而意识就是精神自我显现的一种现象，"意识构成精神的映现或关系的阶段，即精神作为现象的阶段"。① 精神是知者自己本质的东西，意识是精神自我的知，同时又是精神自身的外在现象。"在我设定这个存在是一个与我对立的他物，而同时是与我同一的东西时，我就是知并且具有对我的存在的绝对确定性。"② 意识的内容或对象，是自我的本质及自我和他物关系。要知自我的本质，就必须从他物中得到验证，就如同光只有在黑暗中得以显示一样，因为自我与他物是统一的。但康德和费希特却并没有达到这种统一的认识，他们只看到自我与他物对立的一面，认为二者是难以统一的。"精神作为意识的目标是使它的这个现象与本质的同一，是把对它自身的确定性提高成为真理。"③ 自我与他物的关系之意识，是精神现象学的核心问题，而精神现象学，也就是探讨现象与本质的关系问题。意识作为精神的现象，是一个逐步展现的过程，由直接的外在认识，发展到对于我与外在普遍性的认识，再最终达到我的个别性与普遍性相统一的知性意识。意识的最终目的，是达到一种真理性的认识，实现自我的本质与现象的统一。

二、虚假意识：感性对普遍性的否定

精神现象，显现为由意识到理性的阶段，具体展现为：由意识到自我意识，再发展到意识与自我意识的统一阶段。意识，又分为感性、知觉和知性三个阶段。感性认识，只是对自然直接的认识，内容丰富但缺乏真理性，还不是对本质的认识。知觉开始认识到本质，但还没有认识到自我与他物辩证统一的程度，而只是个别东西与普遍东西的混合，"单纯感性的意识指向物"而"知觉则相反地把握诸物的联系"。④ 知性，是对事物普遍规定即规律的认识，"意识，作为知性，知道规律"。⑤ 知性所认识的规律，就是一种整体性原则，就是生命的本质，或者说，是对生命真谛的理解和揭示，"生命必须被理解为自身目的，一个在自己本身中拥有其手段的目的，一个其中每一部分都同时是目的和手段的总体"。⑥ 人们易于出现的问题是，感性的东西往往被当作普遍性的东西，把偶然的、特殊的、直接的东西错误地当成是永恒的、普遍的东西，

---

① [德] 黑格尔：《精神哲学》，杨祖陶译，人民出版社2006年版，第204页。
② 同上书，第205页。
③ 同上书，第209页。
④ 同上书，第215页。
⑤ 同上书，第218页。
⑥ 同上书，第219页。

从而也就从根本上败坏了事物的本质。把个别现象当作是普遍的法的、伦理的和宗教的东西,这种虚假意识是相当有害的,因为这种虚假的意识从根本上否定了法、伦理和宗教的本质,也把普遍的法、伦理和宗教贬低为个别的现象。因此说,虚假意识是一种败坏了的精神假象,是一切罪恶的主观根源。

三、自我意识:欲望、承认与普遍性

自我意识,是把自我和世界纳入到我之中,同时也是我在世界中找到我的存在。自我意识也有三个发展阶段,欲望、承认和普遍的自我意识。

第一,欲望。欲望使我与对象建立起来了一种必然的关系,欲望的满足就是我对于对象的一种需要。这个对象对我来说,就是客体、他物,一种"非我"的对立物,而这个对立物在消费过程中又会转化为我的统一物。黑格尔认为,欲望对于对象的态度还完全是自私的和破坏性的,还带有自我中心主义的意愿,还不能容忍他物的独立存在。欲望本身属性,就是自私自利的,我是目的,他物只是满足我的手段。要超越这种自我中心的欲望,就必须承认我之外的欲望的存在,这就是承认的自我意识。

第二,承认。承认是两个互相面对着的独立主体,是两个主体都把对方视为独立自由主体。真正的承认是相互的承认,因为我在他人中存在并要求他人承认我为自由主体,而他人也会同样要求我承认他为自由主体,这是从应然的法则来讲的,但起初我与他者之间并非一开始就达到相互承认的理性意识与现实。为了使对方承认自己为主体,双方就会产生斗争,这是所谓的为承认而斗争的命题。对立的双方为承认而冒死决斗,这只是自然状态的现象,但却是一个必经的阶段。斗争的结果,初次的结局是形成一个主人与奴隶的关系。斗争的妥协,形成了一种承认,这种承认是一种不平等的承认,不是真正的承认。黑格尔认为,斗争即便是为自由的承认,也只是一种野蛮的极端状态,只能发生在自然状态,而绝对不是市民社会和国家阶段的常事,"在所指出的推到极端形态中的争取承认的战斗,只能发生在那里只不过是单独的人的自然状态中,而不出现在市民社会和国家里;因为构成斗争结局的,即得到承认在那里已经存在了"。[①]

斗争作为一种暴力,并不是相互承认的理性手段,只是我他矛盾的消极解决办法,并不能从根本上解决我他矛盾,因此,通过殊死的斗争并不能达到相

---

① [德]黑格尔:《精神哲学》,杨祖陶译,人民出版社2006年版,第229页。

互承认这一目的。黑格尔认为，只有通过法和伦理，只有在国家里，承认才能成为现实，"在国家里民族的精神——伦理、法律是支配的东西。在那里人是作为理性的存在者，作为自由的，作为人（person）而被承认和对待的；而个人则从自己这方面使自己配得上这种承认，这是由于他在克服其自我意识的自然性时服从于一种普遍的、自在自为地存在着的意志，即法律，从而以一种普遍有效的方式对待他人，即承认他们是他自己想要被认为是的，就是自由的，是人"。① 黑格尔在这里集中表述了承认的要义，我们可以从中归纳出承认的特征：首先，承认内容是：人，自由的人。自由和生命，是相互承认的目的和内容，因而承认是对人的本质的尊重态度，是把人当作人对待。其次，承认是相互的。他人承认我是人，我也同时承认他人也是人，即相互承认对方为自由的人。再次，承认是对于普遍法则的遵从。承认必然是双方都超越了各自自我意识的自然性、自私自利性，都同时服从普遍的法律，这就要求双方都必须是理性存在者。复次，承认是双方自愿的。承认是双方都意识到他们的本质是自由，是知着的理性主体，且双方都是自愿的相互承认，双方都把对方视为"人"，自由且理性的主体，"人作为人，作为这种普遍的自我，作为理性的自我意识，是有权自由的"。② 最后，国家是承认的伦理前提，法律是承认的保障。只有在法治国家里，人作为自由的人才能得到普遍的承认和对待。但承认的起初形态，是片面的、不平等的和不真正自由的，是通过斗争而形成的。斗争的承认，是野蛮的、暴力的，但却是必然经历的。"争取承认的斗争和屈从于主人是作为各个国家的开始的人们共同生活从中产生的现象。"③ 每个民族，每个国家都必须要经历这种为承认而斗争的阶段，这就是奴隶社会，即便是封建社会也是少数个别的承认，普遍的承认只是在非专制社会里才开始，至少是形式上的普遍承认。黑格尔把这个普遍承认的伦理称作国家，其实这里的国家是成熟了的或现代性的国家，法治国家。因此，相互承认是法治国家生成之基。自我意识到自我的人格自由，自我把自己和他人的共存法则纳入自我意识当中，这就是相互承认的核心要义，而这种相互承认的本质是普遍性，是自由。

第三，普遍的自我意识。普遍的自我意识，是自我对于自我普遍性法则的自我把握普遍的自我意识，是自我意识的最高形态。普遍的自我意识，是普遍

---

① ［德］黑格尔：《精神哲学》，杨祖陶译，人民出版社2006年版，第229页。
② 同上书，第231页。
③ 同上书，第230页。

性与自我特殊性的统一,是基于自由的自我意识,其具体显现在一切伦理实体形式中,如爱国主义,家庭之爱,爱情。普遍的自我意识的本质,是自由,是我自愿地把普遍性东西纳入我的内心,自觉地遵从普遍性法则。因而,自我意识的高级形式,就是自由,就是意识到了自我的本质,并自觉地把摆脱那些外在东西的统治、摆脱自然的奴役,真正做到自我与自身的统一。

自由是人作为精神的特性,是人的本质,这是与非人的自然物根本相异之处;但不学会服从普遍性东西,总是处在"我他分离"的自我任性的自我分裂之中,就不会有真正的自由。"自然里不是自由而是必然性在统治。"① "精神的实体是自由,就是说,对于他物的不依赖性、自己与自己本身相联系。"② 人与自然、动物相区别主要体现在,首先,三者各自的特点分别是,自然的特性是必然性,动物的特性是感受性,而人的特性则是精神。其次,人的精神特质是自由,拥有自律能力,不像自然那样只是受必然性支配,是他律;人能够超越了动物的感受个别性,而达到思想的普遍性,能够达到对自身的知和把握。然而,人无论作为个体或是人类整体,都是从自然状态开始的,是从盲目服从自然到被迫服从他人开始的,是从争取他人承认开始的,这就是作为个人成长中的和人类文明始基之主奴斗争中的服从和承认;这种斗争的实质,就是每个人都为了能够作为独立人格而得到他人的普遍承认;斗争的结果是市民社会与国家的出现,即独立自由的法权人格的承认,因而承认也意味着服从。

四、人格生成:学会服从

黑格尔把人的发展历程描述和讴歌为"精神解放的诸阶段",而这一切阶段只是始于人从自然状态中解放。"有限精神的命运,就是在这些作为映像的不同阶段上逗留和经历这些不同的阶段,而这些不同的阶段就是精神解放的诸阶段。"③ 这里的"精神解放的诸阶段"表明,人的精神生成与生长,就是一个精神的解放过程,不仅个人而且一个民族国家也要经历精神生成与生长的历程。

个人的精神生成是由学习服从开始的。学会服从普遍性,限制其自然的任性,就是教育的最初目的。"孩子的固执和恶行的萌芽必须通过管教来打破和

---

① [德]黑格尔:《精神哲学》,杨祖陶译,人民出版社2006年版,第12页。
② 同上书,第20页。
③ 同上书,第30页。

消灭。学校构成了家庭到市民社会的过渡。"① 服从作为教养是后天学来的，正如康德所云，人不是天生就有理性，而是需要启蒙的。童年必须学会服从，学会控制自己，而这种服从就是通过教育来实现的，并不是天赋的。从一个侧面说明，教育的目的是对人进行管教，是让人学会服从，以克服个人的固执和"恶行的萌芽"。这里的服从，就是服从一种普遍的规则，类似于费希特的我与非我的法权人格并存的法权规律，学会成为一个类似于康德的理性存在物的自我立法者和守法者，从感性人变为理性人。黑格尔认为，这种理性就是服从普遍的规则，而这种理性的服从不是人自发生成的或天生就会的，而是需要教育培养的。服从的教育，就是一种必要和必经的一生启蒙，但这种启蒙在青年时期还要继续。人到了青年，就不再处于童年时的自然和谐状态，不想再被迫服从外界，而要想把外界的一切都纳入自己的人生奋斗范围，因而青年是最富有梦想的人生阶段。青年的目标的理想与现实的必然冲突，反映了青年的强烈的主观精神与市民社会的市侩之间的矛盾，以及由此决定的青年的由痛苦到承认、接受和服从外部世界的过渡。黑格尔认为，这矛盾是由于青年还没有认识到世界的真相，只看到了世界的偶然的表面，因为青年还停留在感受上，而没有达到思维阶段，还不能把握自在自为的、普遍的和必然的东西。青年这种主观理想愿望与现实特殊的客观现实始终处在矛盾和冲突之中，一方面，他要求他人和社会对他的独立人格的承认，另一方面他又不愿意服从社会现实的约束。因此对青年进行教育目的就是让他明白，只有学会服从才能得到他人对自己的承认。作为个人，学会服从而得到他人的承认是一个人走向法权人格的开始；而作为人类的历史进程，一个自由成熟的民族或国家也是从学会服从和承认开始的，这就是主奴关系。

五、主奴关系体验：服从与承认

主奴关系的形成，是人类第一次斗争的结果；在斗争中人们都经历了死亡的体验，为了各自的和平和生命延续，斗争的结果是一方承认另一方为主人并服从他，以此换取自己的生命保存。"由于生命是和自由同样重要，所以战斗首先就作为片面的否定而以不平等结束：战斗的一方宁愿要生命和保持自己为单一的自我意识，而放弃其得到承认的要求，另一方则坚持其与自己本身的联系并为作为被征服者的那一方所承认，——这就是主人和奴隶的关系。争取承

---

① ［德］黑格尔：《精神哲学》，杨祖陶译，人民出版社2006年版，第82页。

认的战斗和屈从于主人是作为各个国家的开始的人们共同生活从中产生出来的现象。在这种现象中，作为基础的暴力，并不因此而就是法的基础。"① 这种生命的同样重要，作为暂时结束斗争的理由，与霍布斯为避免自然状态下人的相互残杀暴死短命作为组成国家的理由有相似之处。因为生命与自由同样重要，为了保存生命，双方中的其中一方必然要放弃其得到承认的要求，而只好承认另一方为主人，并屈从于该主人，就出现了主奴关系。因而黑格尔推论出，国家的出现是斗争的结果，而不是古典自然学派的契约的结果。霍布斯、洛克和卢梭等认为前文明时期存在着一个自然状态，由自然状态到法权状态的转换是建立在契约论假设之上的；而黑格尔却把自然状态到文明状态的转变放置在客观的维度来考察，认为文明的开端是斗争的结果而不是契约式的共同同意的结果。

奴隶在服从主人的过程中，学会了如何超越自我的自然主观性，逐渐克服原来那种纯粹自我的任性，把自我与他人联结起来；这是获得普遍自我意识的必经阶段，"奴隶在对主人的服役中耗空了自己的个人意志和固执任性，取消了欲望的内在直接性，并在这种放弃和对主人的敬畏中开始了智慧，——即向普遍的自我意识的过渡"。② 奴隶的价值和智慧，就在于他在渐渐取消了个人的自然意志、固执任性和欲望的自我性，最终达到其欲望中也同时包含了他人的欲望。可贵的是，黑格尔高度评价了奴隶的价值，认为奴隶的价值高于奴隶主。"对奴隶的利己主义的这种制服构成人类自由的真正开始。意志个别性的震动，对利己主义无价值的感觉，对服从的习惯，——这是每一个人的教养中的一个必要环节。不经受这种冲决固执任性的训练，没有人会成为自由的、有理性的和有能力命令的。因此为了成为自由的，为了获得自制的能力，一切民族最初都必须经历屈从于一个主人的严格训练。"③ 黑格尔认为，奴隶的高尚价值在于个人意志中的服从性，在于学会了对利己主义的自我扬弃，并以奴隶的这种演变，推而广之、普遍化为："这是每一个人的教养中的一个必要环节"，是作为人的必备的教养。这与前面黑格尔提到的对儿童的管教训练是一致的，他必须服从，以便学会控制自己，因为服从是一切智慧的开端。又从奴隶的服从和自由、每个人的服从和自由，进而推论演绎到一切民族，"一切民族最初都必须经历屈从于一个主人的严格训练"，从而归纳出"人类自由的真

---

① [德]黑格尔：《精神哲学》，杨祖陶译，人民出版社 2006 年版，第 230 页。
② 同上书，第 232 页。
③ 同上。

正开始"。我们是否可以这样解读，这就像一个个同心圆圈一样，圆心是自由，第一层圆圈是奴隶的服从，第二层是一切人，最后一层是一切民族。自由的内容是自制和服从，服从的对象是主人，最大的主人是国家。"只要生命的自然性在双方继续持存，奴隶的自主意识就委身于主人的意志，这就使主子的目的成为自己的内容。这样一来，在这种关系中互相联系的诸主体的自我意识的建立起来了的同一性就只是以片面的方式实现的"。① 主奴之间的这种不平等的片面的屈从和承认，使双方相互联系起来并构成一个共同体，削除了一部分各自的秉性，达到了双方的表面上的同一性。"古代各民族——希腊人和罗马人——还没有提高到绝对自由的概念，因为他们还没有认识到，人作为人，作为这种普遍的自我，作为理性的自我意识，是有权自由的。相反地，在他们那里人之被认为是自由的，只是在他生而为一个自由人的时候。因此，自由在他们那里还有自然性的规定。所以在他们的自由国家里就有奴隶制，而在罗马人那里就发生了奴隶试图使自己成为自由的和企图得到对其永恒的人类权利的承认的流血战争。"② 这表明，这种主奴关系是建立在屈从的基础上，双方尤其是奴隶一方的自然性或自然自由还并没有完全消解，因而双方的斗争仍然可能以不同的方式进行，来争取各自更大的自由。斗争与教育一样，都是为了使每个人成为普遍自我意识的独立自由主体，都是为了使其明白人的本质：人是自由的，就是为了人获取这种自由的知识。这种自由的"知"，就是人作为自由的法权人格的道德能力；黑格尔特别强调这种自由之"知"，为了获得自由之"知"，人类经历了几千年的"斗争"和探索。因此，黑格尔强调，哪个国家、民族或个人如果没有达到这种自由之"知"，那么就仍然处在真正的奴役之中。"普遍的自我意识，是在别的自身中对自己本身的肯定的知，其中每一个作为自由的个别性都有绝对的独立性，但由于对其直接性或欲望的否定都不把自己与别个区分开都有作为相互性的实在的普遍性，因为它知道自己在自由的别人中被承认，而他知道这点，因为他承认别的自由意识并知道它是自由的。"③ 这类似于费希特的自我与非我的统一，但是黑格尔认为费希特没有弄明白自我与非我是如何统一的；也类似于康德的主体与客体、主观与客观的统一，但康德认为这种统一是现实中不能实现的。而黑格尔引用了"服从"和"承认"，就轻而易举地解决了这种不统一状态。这种服从，是斗争、管制或

---

① ［德］黑格尔：《精神哲学》，杨祖陶译，人民出版社2006年版，第231页。
② 同上。
③ 同上书，第233~234页。

教育的结果。黑格尔反复强调，不论是奴隶还是主人，任何一方不消除与另一方的对立都不能获得真正的自由。换句话说，任何一方只有在对方中才能找到真正自由的自我。"与奴隶对立的主人，还不是真正自由的；因为他在对方中还没有完全看到自己本身。因此，只有通过奴隶之成为自由的，主人也才成为完全自由的。"① 只有当奴隶转变为自由的人，主人也才能真正成为自由人；这样，只有奴隶和主人都在对方中看到自我的自由的同一性时，自由才会成为每个人的同一的本质。这种自由本质是每个人都自知着的法权人格，只有知道自己与他人都是自由的，主奴关系才会结束，从而过渡到伦理实体形成阶段。主奴关系是一种隐喻，承认与服从是一切伦理实体的始基，也是法权人格体的始基。

六、承认与服从：一般伦理法则

青年与社会现实的对立到统一，奴隶与主人的单方服从到承认，这两个命题都在阐释这样一个规律，服从与承认是作为个体对自己的自然自由的扬弃，是把自己的欲望中纳入了他人的欲望，并学会了在对方中找到自我，扬弃了纯粹的利己主义，最终实现我与他、主观与客观现实的统一。对奴隶的这种承认和服从的价值的高度评价，实际上是在颂扬人类作为精神存在的自由价值；黑格尔进而断言，一个人、一切民族，如果不经过服从和承认这一阶段，都不可能有真正的自由和文明；服从也是人作为精神存在的文明和智慧的开端。并因此而否定了古典契约论国家说，也发展和纠正了康德的先验的只停留在应当上的绝对律令上的假设说，也求证了费希特的自我与非我如何统一的根本原因。从某种意义上说，这种承认和服从也消解了利己主义与利他主义二元对立的历史鸿沟，使二者在相互欲求思维中得到了和解。他用儿童的和奴隶的管教、服从和承认，不仅解构了一个人、一个民族，而且解构了家庭，性爱，爱国主义的意愿，对上帝的爱，还有勇敢、荣誉等一切伦理实体是如何形成的人类精神"密码"。"人民必定愿意相互在对方中重新找到自己。但是，这种事只要人们囿于其直接性（即其自然性）就不可能发生；因为自然性正是那种把它们互相排斥开和阻碍他们互为自由的东西。"② 因此，"自由要求，自我意识的主体既不听任其自己的自然性存在，也不容忍他人的自然性"。③ 黑格尔在这里特

---

① ［德］黑格尔：《精神哲学》，杨祖陶译，人民出版社2006年版，第234页。
② 同上书，第227页。
③ 同上书，第228页。

别强调，人只有通过相互承认才能达到人们之间的联合，才能实现人的真正的自由。而这种承认是人们相互克服各自的自然属性，在对方中重新找到自己。同时，他认为，人民"必定愿意"相互在对方中重新找到自己，但是，他并没有证明或说明为什么人民"相互愿意"，而只是指出"需要和必要只是外在地把他们聚集在一起"。

为独立自由人格的承认而斗争，主要存在于人的原初状态和奴隶社会；这种为承认和服从的斗争是人从自然状态向文明状态过渡的必经阶段，是市民社会和国家阶段的准备阶段。"那些通过战斗证明了其内在自由的人却没有达到其自由得到承认的定在。在所指出推已极端形态在的争取承认的战斗，只能发生在人在那里只不过是单独的人的自然状态中，而不出现在市民社会和国家中。"① 只有在市民社会，人才作为客观精神在所有权关系和契约关系中得到相互的承认与服从，但这种承认与服从还具有一定的特殊性，而只有到国家状态，人才作为普遍的法权人格得以承认，这种相互承认也就是相互服从。"暴力在国家的产生中仅仅使某种自在自为合理的东西（即宪法、法律）得到实存。在国家里民族的精神（伦理、法律）是支配的东西。在国家里人是作为理性的存在者，作为自由的，作为人而被承认和对待的；而个人则从自己这方面使自己配得上这种承认，这是由于他克服其自我意识的自然性时服从于一种普遍的东西、自为自在地存在着的意志，即法律，从而以一种普遍有效的方式对待他人。"② 暴力、战斗是必要的、合理的，是人争取自由、争取被承认的手段，这里表现出了一定的革命性，也在一定程度上否定了那种先验的自由律令。然而，暴力、战斗也是暂时的或者作用会发生变化，因为仅仅暴力、战斗并不是真正的自由；斗争的目的就是为了人作为人的对待和承认，为了独立自由的权利人格得到普遍的承认。耶林继承了黑格尔的法权斗争哲学要义，认为在社会利益上每个人都是为权利而斗争的天生的斗士。霍耐特"法律承认"理论则继而提出：为承认而斗争，"黑格尔坚持认为，主体之间为相互承认而进行的斗争产生了一种社会的内在压力，有助于建立一种保障自由的实践政治制度。个体要求其认同在主体之间得到承认，从一开始就作为一种道德紧张关系扎根在社会生活之中，并超越了现有的一切社会进步标准，不断冲突和不断否定，渐渐地通向一种自由交往的境界"。③ 霍耐特把承认的形式归结为三种：

---

① ［德］黑格尔：《精神哲学》，杨祖陶译，人民出版社2006年版，第229页。
② 同上。
③ ［德］阿克塞尔·霍耐特：《为承认而斗争》，胡继华译，上海人民出版社2005年版，第9页。

爱、法律和团结；把对承认的否定称为蔑视，并把蔑视分为三种：强暴、剥夺权利和侮辱。"一切社会对抗和冲突形式在原则上都遵循着为承认而斗争这一模式"，[①]而马克思也把"宣布人本身是人"视作"人的最高本质"，"德国人的解放就是人的解放"。因此，把人宣布为人，就是把人当作人来对待，而不要把人当作物或奴隶，这也就是黑格尔的法权人格相互承认的要义。

社会发展与变革的历程，就是为承认而斗争的过程，是自我法权人格实现的过程。我们可以把黑格尔、米德和霍耐特的承认理论归结为这样一种人类动态演进图式：斗争→承认→服从→蔑视→斗争→承认……因此只有在国家里，个人才能克服其自我意识中的自然性并服从于一种普遍有效的东西，才能找到自我的价值所在，才能实现自己的真正自由，这也许就是康德的自由王国的另一种解构。服从普遍性的法律，自我的自由和权利人格才能得到法律的承认和国家的保护；法的目的就是"使人成为人，并尊敬他人为人"，成为普遍的法权人格体，这只有在成熟的现代法治国家里才能得以实现，因为在这里每个人都作为享有独立自由权利的人得到法的确认和保护，即作为法权人格得到法的承认。在这种法权人格体里，个人之间不再进行类似独狼的关系的斗争，也不再受到类似于"利维坦"权力的侵扰，每个人服从法律就是在服从自己。然而这只是一种理想国的状态，而通向它的过程仍充满着为承认为法权人格而斗争的曲折历程。

从服从他人到服从自己，再到我与他共同服从国家宪政制度，从承认他人到相互承认为法权人格，是从野蛮的相互侵害到每个人都作为自由的法权人格得到充分尊重，并得到国家法治的保障；这是为"法权人格"的承认而演绎着的伦理史。因此，我们可以说，服从和承认也是我们现代社会的一切伦理实体的始基。在我们改革开放、建设和谐社会的今天，黑格尔的服从和承认和由此养成的个人的修养、社会伦理实体的完善等理论，仍具有一定的借鉴意义。比如，对童年青年的修养教育，对市场实体的社会责任的引领，对社会公德的塑造，对官德的规范等，都无不在于对各种伦理实体个体的自然任性的自我否定和扬弃。这个扬弃是必要的，是真正文明和自由的开端，是对法律制度的服从，是对他人和自己的尊重和承认，也是对社会公益的承认和服从。而且，这一过程并不是自然而然形成的，而是经过管制、训练，甚至斗争等培养或争取的历程。另一方面，我们社会生活中的有毒食品泛滥，环境污染严重，权力滥

[①] ［德］阿克塞尔·霍耐特：《为承认而斗争》，胡继华译，上海人民出版社2005年版，第171页。

用等，无不是个人自我的自然自由与普遍的东西的极端对立造成的。因此，在我们社会主义市场经济建设的进程中，我们只有加强教育训练，培养每个人承认和服从他人、社会公德，以法为"主人"，服从法治，使每个人的自然自由转变为真正的自由，我们的真正和谐的伦理秩序才能建立。这样，我们是否可以说，改革开放和市场经济的过程，也是精神解放的初级阶段，而这一过程和阶段也必然以服从和承认为开端；这种承认就是对人的基本权利的承认，也是对一切蔑视法权人格的一种否定和抗争，而这种服从就是对体现法权人格理念的法的尊重。这种意义上的承认与服从，蕴涵着"以人为本"理念和良序社会的公平正义理念。我们应当用发展的眼光，与时俱进地赋予这种服从与承认理念以新的时代意义，使每个人的法权人格都得到法律的承认和尊重，以构建公平正义的和谐社会。理性，自我意识摒弃了自我的特殊性，普遍的自我意识就成了理性，"理性是自在自为地存在着的真理，这真正是概念的主观性和它的客观性与普遍性的简单的同一"。① 理性是针对主观性与客观性和普遍性的关系而言的，而普遍的自我意识则是针对意识与自我意识的关系来讲的；普遍的自我意识与理性是同等意义的概念。

第四节 心理学上的人

心理学考察的是精神的内在发展规律，主要研究理论精神与实践精神的统一，探求理性、理智和意志的统一。

一、直观、注意与兴趣：理性之始

直观是对理性的材料采取的一种感受，是一种理智的表象形式。直观是理智的起始阶段，"整个理性，即精神的全部材料都存在于感受中。我们关于外部自然、伦理和宗教的内容的一切表象、思想和概念都是从感受着的理智发展出来的"。② 直观只是把理性作为外在于精神的东西来接受的，还没有把理性与精神统一进来作为精神的内在化的东西，成为精神本身的东西。精神的目的就是驳倒精神的外在各种假象，并建立起自己的理性法则，包含着摒弃与重建两个环节，"我只是通过我与他物之间的统一的摒弃和重建的这种双重活动

---

① ［德］黑格尔：《精神哲学》，杨祖陶译，人民出版社2006年版，第236页。
② 同上书，第256页。

才达到对感受的内容的把握"。① 理智要扬弃感受的简单性，同时又把这种包含着理性的感受规定为自己的东西。这种摒弃与重建的活动是理智通过"注意"来展开的，注意是一种主观与客观相连接的必要过程，注意即把主观东西与客观东西区别开来，又把主观东西和客观东西结合统一起来。注意是对于事物的一种直观，是基于兴趣而来的，没有教养的人会对任何事物都不感兴趣，"这种不感兴趣在某种程度上引回到野蛮状态。野蛮人几乎什么都不注意，他让一切从自己身边溜过，而不使自己专注于它"。② 人脱离自然野蛮状态，是从直观感受开始的，兴趣与关注是一切理性的始基，兴趣是人起身文明状态的情感要素。

二、教养即超越情感

人成为一个成熟的人，成为一个有教养的理智存在者，而这种修养就是对于直观的超越，反思是人超越直观的具体路径，教育的目的就是让人学会思考，学会通过反思而摆脱那些虚假现象的困扰。"一个有伟大思想和高尚教养的人对当前的东西立即就有一种完整的直观，在他那里感受彻头彻尾地具有内在化的品格。"③ 直观能力反映出一个人的思想与教养品位。直观只是认识的开始，一切知识都始于直观，始于惊奇，但认识必须从直观中走出来，并超越惊奇。完善的认识，不是直观，而是要超越直观，"一般来说只有受过教育的人才有一个摆脱了大量偶然细节、用丰富的理性见解装备起来的直观。一个思想丰富的受过教育的人，哪怕他没有受过哲学训练，也能以简单的规定性把握事情的本质东西和中心点。要做到这点永远需要反思"。④ 从直观中走出，是人成熟的开始，是人由儿童到成年的标志。有教养的人能够经过教育与训练而拥有良好的理智能力，他比未受过教育的人对于事物的感受要深刻些，也更能够支配自己的情感，并能够超越自己感受局限性而依据理性来思维与行动。与直观相对的就是回忆，回忆是一种对于较为熟悉的东西的一种回想，回忆是对于直观的一种再次显现和超越，回想是表象进入理智的第二个阶段，而直观则是理智的初始阶段。

---

① ［德］黑格尔：《精神哲学》，杨祖陶译，人民出版社2006年版，第257页。
② 同上书，第258页。
③ 同上。
④ 同上书，第263～264页。

三、意象与普遍表象的分与合

理智在表象中的任务,就是把表象的东西内在化,要扬弃内在的主观性,并把内在的东西外在化。理智在表象中的活动主要有意象和普遍表象,因为二者都有缺陷,只有二者的合一才是完善的理智,"普遍表象是内在的东西,而意象相反的是外在的东西"。两者起初是分离的、对立的,都是片面的。普遍表象缺乏外在性,即形象性,而意象还没有提高到普遍性程度,二者必须结合才形成真理的东西,"这两方面的真理就是它们的统一。这个统一,即普遍东西的形象化和意象的普遍化之成立"。① 意象与普遍表象的结合,现实中的典型例子就是符号。符号,一旦被人赋予特定的含义,它就是不再仅仅是一种直观的东西,而是具有了特定概念和本质的内容规定,是一种意义的表征。因而符号被赋予了一定深刻的意义,即直观的符号被普遍化为普遍表象,是普遍表象的形象化,"符号必须宣布为某种伟大的东西。如果理智用符号标明,那么理智就同直观的内容断绝了关系而赋予感性材料一种它所陌生的意义作为灵魂。一个帽徽、一面旗帜或一座墓碑,就意味着某种完全不同于它们直接显示的东西。这里出现的感性材料与一个普遍表象的联结的任意性,其必然的后果就是人们必须先学习符号的意义。这尤其适合于语言符号"。②

四、符号与语言:直观与意义

符号是人的一种创造力或想象力的显现,人设计出一种新的形式,或借助自然中存在的物或现象,并赋予这种外在形式以新寓意,用以表现人的特种价值理念。符号是人的理智活动的直观与抽象思维的结合,其形式是直观的,而其内涵则是形而上的普遍性东西。理智是各种普遍性真理的简单外化,"理智所实行的占有就是对意义和名称的区别的扬弃",自我就是这种理智的主宰,"自我就是这个抽象的存在,这样的自我作为主体性同时是支配不同名称的力量,是把名称的诸系列固定在自己里面和保持在稳定和秩序中的空虚纽带"。③ 语言是一种符号,但它却是一种文化,是人类思想交流的直观载体,同时对于具体的语言来说,它是一种民族精神的积聚和体现,体现着这个民族的创造力和民族精神的特色。语言是思维的一种必要工具,但人们的思维却往往遭受到

---

① [德]黑格尔:《精神哲学》,杨祖陶译,人民出版社2006年版,第276页。
② 同上书,第278页。
③ 同上书,第289页。

语言本身的各种困惑。如果人不用词语进行思维，那就会被视为丧失理智或者一种疯狂。同时，人也会往往受到词语的纠缠，"词语给矛思想以其最相称的和最真实的定在。当然人们也可能不抓实质而纠缠于言词。但这不是词的过错，而是一种有缺陷的、暧昧的、无内容的思维的过错"。① 数学等科学也需要符号来进行构建其学科体系，而宗教、艺术等也都与符号有关，人类创造符号并赋予了人的特征意义，然后人又运用这些符号来进行思维，进行精神活动。因此，符号是人的精神产品，是人的特殊存在形式，这就是所谓的符号哲学。

五、意志、思维与自由

意志、自由与思维三者是不可分离的，意志是自由的，而思维是认识和实现自由的必要前提，意志自由的伦理显现就是法、宗教和国家。"精神作为意志知道自己是在自己内给自己作出决定和根据自己来实现自己的。"② 精神的实践，是通过意志来完成的。意志是精神的实践形式，意志是自知者给自己作出决定并且依此决定来行动来实现自己的。意志的使命就是把自己的内容和目的变成现实，"真正的自由作为伦理是这样的东西：意志不是以主观的即利己的利益，而是以普遍的内容作为自己的目的；但这样的内容只在思维中而且只有借助于思维；企图把思维从伦理、宗教虔诚和合法性等等中排斥出去，那简直是荒废的"。③ 意志的主要特征有，一是，自由是意志的实质，自由是意志合理性的伦理根基，自由是意志的目的，实现自由是意志的使命所在。离开自由，意志就不成其为意志，而只能是盲动、盲从或依从。一种真正的自由是意志把普遍东西而非自私自利的特殊性个别东西作为自己目的和行动决定的依据。二是，意志是思维者的。意志是有目的活动，活动通过思维来把握自己的目的，并通过思维来把自己的目的变成具体的现实东西，把自己主观的东西现实化为客观东西。三是，意志是联结理智与行动的实践活动。理智只是精神认识到自己的客观性，并把客观东西内化为自我的东西，但并没有达到把内在化的客观普遍性东西现实化的程度。而完成这种现实化任务的就是意志。理智是意志的先行条件，而完整的意志应该是包含着理智这一环节的，是知者自己的意志，而与理智不同之处在于意志的实践性。

---

① ［德］黑格尔：《精神哲学》，杨祖陶译，人民出版社 2006 年版，第 288 页。
② 同上书，第 297 页。
③ 同上。

六、实践精神三阶段：感觉、冲动、幸福

第一，实践感觉。实践精神最初并非是自由的，而是实践感觉。实践感觉还是作为一种直接个别的、自然的、偶然的和主观的，仅仅是以自我需要或意见作为自我决定的依据。感觉的意志，受到外在的异己规定性影响，意志的自我决定就直接地受到这个外在异己因素的影响，因而感觉的意志并不是一个真正的自我决定，而是一种被决定状态。感觉如果受到不合理的个别性东西的影响，如果只受到自我利益的决定，而排斥了权利义务的普遍性东西，偏离了法与道德的东西，那么这种实践的感觉就只不过是特殊的主观性、虚荣和任性。"就只是自私自利的、坏的和恶的东西，因为只有它们属于那逆着普遍东西紧紧抓住自己不放的个别性。"① 当然，感觉中也包含着应当，包含着理性。

第二，冲动和任意。冲动是主体为自己决定自己提供体依据的意志行为，"冲动是主观的、给自己本身提供客观性的意志决定"。② 冲动与欲望有着本质区别，欲望是自我个别的满足，还停留在主观性与客观性对立的自我意识上，而冲动本身包含着自我特殊性，还是个别特殊性，但冲动也同时包含有某种普遍性东西，是对自我特殊性的第一次否定，是一种理智形式。冲动表现为倾向和热情，热情本身可能是好的也可能是坏的，热情是主体对特殊个别东西产生的一种兴趣。"没有一件伟大的事情是没有热情而被完成的。只有僵死的，甚至是虚伪的道德才肆意非难热情的形式本身。"③ 对什么都不感兴趣，作任何事情都没有热情，那么这个人就缺乏其主体内容。但并不是说冲动、热情或兴趣就没有好坏之属性区别，而其好坏属性就是倾向。冲动如果倾向于普遍性，那么冲动就是普遍的冲动，"冲动和倾向的形式上的合理性只在于它们的这样一种普遍的冲动：不是作为主观东西存在，而是通过主体本身的活动扬弃主观性而得到实现"。"正是精神本身的内在反思超出了它们的特殊性和它们的自然的直接性，并给予它们的内容以合理性和客观性，在这个内容中它们是作为必然性的关系，即权利和义务。"④ 冲动、倾向或热情在本质上都涉及法、道德和伦理的东西，都涉及正义这一主题，涉及主体的精神整体本性问题。而这种正义本性只有在正义的客观现实中才能体现，只有在法权和国家里才能得到

---

① ［德］黑格尔：《精神哲学》，杨祖陶译，人民出版社2006年版，第301页。
② 同上书，第304页。
③ 同上书，第305页。
④ 同上书，第306页。

显现，因此黑格尔引用柏拉图的国家正义理论来揭示冲动的法权本性和实现问题，"正如柏拉图以一种真正的理解，甚至就他把精神的全部本性都包括在精神的权利（法）之下而言，指出了的那样：自在自为的正义是什么，只能在正义的客观形象中，即在国家作为伦理生命的结构中体现出来"。① 冲动、激情、热情或者兴趣等都具有两面性，一方面是个体性，另一方面是普遍性，但这两个方面在这里还没有达到真正的同一。首先，个体的冲动来自于自己的目的，意志把自己的利益设定为自己的，并通过冲动和热情来实现这一个体目的。同时，冲动又包含着普遍性东西，法的、伦理的、宗教的东西。"伦理的东西涉及内容，内容本身是普遍东西，没有行动的东西，而要在主体那里才有自己的实行者。内容内在于这个实行者里面这就是兴趣而要求着全部起作用的主体性的就是热情。"② 法、伦理和宗教等普遍东西，需要主体来实行，而作为普遍实行者的主体也不愿意使自己个体利益牺牲于普遍性的实行中，普遍性中必然要包含着个体的利益。同时，个体的自我目的的实现中也必然需要体现普遍性东西，这样的冲动才是普遍的冲动，是真正的自由。因此，普遍的冲动，是自由的显现，是普遍性和自我个别性的统一。

第三，冲动的第三种形态就是幸福。当意志对于冲动的各种倾向进行比较，而后选择了普遍的冲动并将此作为其决定自我行为的依据，而幸福就是这种选择的一种结果。幸福只不过是真正自由的一种现实结果，是意志对于普遍冲动的选择，是自我特殊性目的与普遍性东西相一致的意志选择的结果。因此，真正的幸福意味着自由，意味着我与我们在利益上的统一。

七、自由：人之为人的精神之"谜"

自由精神是理论精神与实践精神的一种合题。只有理论精神与实践精神真正地统一起来，精神才是自由的，精神的自由本质才能够现实地生成，意志才真正地把普遍性建立在自我之内。"现实的、自由的意志是理论精神和实践精神的统一，即自为地是自由意志的自由意志。因为迄今为止的实践内容的形式性、偶然性和局限性都已经自己扬弃了。"③ 黑格尔特别强调自由的自知性，意志的普遍自由是建立在对自我自由本质的思维和知道上，知道自由是精神的本质，并把普遍性的自由作为精神自己的规定。"如果关于理念的知，就是说

---

① ［德］黑格尔：《精神哲学》，杨祖陶译，人民出版社2006年版，第305页。
② 同上书，第307页。
③ 同上书，第309页。

关于人——人的本质、目的和对象是自由的这种知是思辨的；那么这个理念本身作为理念就是人的现实性，——不是他们因此而有现实性，而是他们是现实性。"① 人的本质是自由，人的目的也是自由，人的对象也是自由，自由是人自己的本质与现实的统一。自由是人的最高理念，人知道自己的自由本质并把自己的本质作为自己的使命和目的，"知道自己是自由的并把自己的这个对象的精神，也就是以自己的本质作为使命和目的的精神，首先总的说来就是理性的意志，或自在地是理念，因此就只是绝对精神的概念"。② 自由是一种理念，一种自在的真理，自由是意志的理性标志。人不仅要知道自由而且能够把自由作为自己的使命和目的，人作为精神才是理性的，人才最终是自由的，但人并不是一开始就是自知的自由的。"没有任何理念像自由的理念那样普遍地为人所知，以致它是暧昧的、多义的、能够遭到、并因而实际上遭到了各种最大的误解的，也没有任何熟悉的理念是那么少为人所了解的。"③ 自由对于人来说又是一个谜，是一个最普遍人所知道的理念，又是一个被人所误解最大的理念，且是人所了解最少的理念，但却是对人来讲最为重要的理念。认识你自己这一命题，似乎是一个不可揭开之幕。黑格尔认为，自由的误解会带来极其严重的后果，自由不仅对于一个人，而且对于一个民族都是最为重要的理念。对于自由理念的误解，是不知道自由理念的一种体现。黑格尔认为，人类并非一开始就认识到自己的自由本性，即使是柏拉图、亚里士多德等这样伟大的思想家也没有真正理解自由的真谛。黑格尔认为，对于自由的误解主要有两个方面，最为普遍的误解是把自由理解为不受约束的为所欲为，黑格尔认为这是一种对自由最粗俗的理解；另一种普遍的误解是，把自由理解为一种基于自然状态的自然权利。这些误解的根源在于，没有从人的本质来理解自由，没有从普遍性上理解自由理念。黑格尔的哲学的核心命题，就是自由，黑格尔哲学的使命，就是要揭示人的自由本质及其存在与实现问题。要真正理解自由理念，不仅要从主观精神角度来揭示，更要从客观精神维度来阐明。"这种具有自由的内容和目的的自由，本身起初只是概念、即精神和心的原则和注定发展成为对象性，即法的、伦理的、宗教的以及科学的现实性。"④ 主观精神走向客观精神，就是自由走向外在客观化，走向法和伦理，走向伦理实体的家庭、市民社会和国家中。

---

① ［德］黑格尔：《精神哲学》，杨祖陶译，人民出版社2006年版，第311页。
② 同上书，第310页。
③ 同上书，第309页。
④ 同上书，第312页。

本章小结

主观精神研究,就是主体探讨其内在的自身东西,就是精神对于自身的认识与把握,然而"关于精神的知识是最具体的,因而是最高和最难的"。主观精神主要体现为三个方面:(1)人类学中的人。个人习惯或者民族习俗都遵循着同样的基本规律:自然—自由—习俗,个人教养与民族特性都展现为由自然到自由的发展进程,是精神对于自然属性的一种超越与回复。(2)精神现象学中的人。意识是人作为精神的显现,自我意识是欲望、承认与普遍性的统一,而虚假意识是感性对普遍性的否定。(3)心理学上的人。直观、注意与兴趣是理性之始,教养即超越情感。理智、思维与自由,感觉、冲动、幸福,都要符合法、伦理和宗教等普遍东西;普遍性法则也需要主体来实行。主观精神还是作为个人的自然的、感性的和情感的东西而存在着,还不具有普遍性,不具有客观外在性,还自在纯粹自我的自然状态,但这种自我状态中也自在地潜伏着人的精神本质,这种潜在本质的客观化就是法、伦理和宗教的普遍性东西。

第六章　客观精神的人

第一节　黑格尔法哲学概述

黑格尔试图消解霍布斯、洛克的经验主义与康德理想主义的冲突，并将二者统一起来，最终来证明：个人自由权利这一小写人格与国家这个大写人格是可以一致起来。黑格尔的精神哲学，构建了一个以自我自由之法权人格为核心的现代法权理论系统。自由自我人格、市民社会、国家的合理调控三位一体，和谐统一于良好社会秩序中。"国家黑格尔整个精神哲学的理论大厦，是以自我自由人格为始点，以市民社会为法权人格的载体，以国家对法权人格保证为终点；其理论核心就是法权人格。"[①]

一、人、自由、法三位一体

法哲学的研究对象，就是法的理念，这一理念包括法的概念和法的现实化两个方面，亦即什么是法和如何实现法。显然，法哲学不仅只研究法的概念，更要研究法的实现问题；而我们时常会把法哲学的两个对象割裂开来，因此黑格尔特别强调了法的概念和法的现实化二者统一问题。法是以意志自由为其根本内容的，是意志的基地，当然也是自由的基地，因此法是由自由意志的派生而来的；法产生于自由又体现着自由，因而自由又离不开法这一第二性的精神东西，自由只有在法的体系中才能得以显现自己。而自由又是人格的本质，由此看来，法、自由和人格是三位一体的关系。

自由，是一种实践的和理论的态度。自由的理论态度，就是对自由的认识；这种认识，也是对自我的认识或对人的认识。理论上对自由的认识，只有把自由与其他物进行比较才能达到真实，人与动物的区别在于人具有思维和意志自由；思维使人能够认识到人是自由的，我通过思维把我从特殊的我变成普

[①] 张君平：《黑格尔法权人格之维》，载《学术界》2010年第5期。

遍的我。自由的实践态度，是我把我规定为特殊的具体的东西。总之，自由是对自我的理论和实践的态度，知道自己既是普遍的人格又是特殊的人格。这种理论上的自由概念，还需要通过人的具体努力才能变成现实的自由理性人，这种理性的自我超越，就是要对自我的任性进行限制。

不能把自由当作一种任性，这里的任性指的是毫无自我限制的"为所欲为"，无限制的自我放任。这种任性表明，人还没有作为真正的人格来把握自己，还处在自我冲动的感觉阶段，没有认识到自我的自由本质。因此，任性是与自由和人格相冲突的，是没有达到对人格本质认识和把握的表现，简而言之，为所欲为的任性根本就不是自由。我们对于西方自由的概念的认识往往存在着这样一种误区，认为西方的自由就是无政府主义的为所欲为；而黑格尔在这里特别提出自由不是任性，认为把自由与任性画等号是对自由的最大误解。对于自由概念的争议，在西方早已存之且至今也从未平息过；从这个意义上看，我们从法权人格角度来深思自由的概念也并不是没有必要。实际上，西方的自由概念大多都是指在法律范围内的自由，当然对于这种法律的定位存在着不同观点，有的认为法律是一种对自由的约束，不受法律约束的自由不是真正的自由；有的认为法律是对于自由的保障，而不是限制。

黑格尔把自由与法联系在一起，反复强调法是自由的领地和保障形式，自由是法的本质属性；离开法的自由不成为真正意义上自由；如果说法是一种限制，那也只是对人的任性的限制，而不是对人的自由的限制，而且为了真正的自由，也必须用法来对任性进行限制。黑格尔特别强调自由与任性的区别，并把任性视为自由的最大对立物。任何为所欲为的任性，否认无论是来自个别人还是来自社会权力，都会造成对他人的自由的侵犯，因为如果承认任何人都有任性的权利，那么这势必导致一种无法的状态，即无政府状态或自然状态，这样任何人的自由都没有普遍意义上的保障。

人格是作为一个个人出现在人思维和意识中的，只有一个人认识自己是在有限中具有自由，人才能作为真正自由的人格。黑格尔高唱人格的意义，同时重要的是，黑格尔把人格的形成与法的概念任务职能视为表里关系或目的和手段的关系，人格的形成和保障必须通过法的形式来实现，"人格一般包含着权利能力，并且构成抽象的从而是形式的法的概念、和这种法的其本身也是抽象的基础。所以法的命令是：'成为一个人，并尊敬他人为人'"。法的精神就是法权人格的形成，每个人与每个人之间是相互作为人来对待和尊敬的；黑格尔用相互尊敬的法的命令，来代替了费希特的相互限制的法权规律。这是法的正面积极的规定，而法也有否定意义上的功能，法的使命就是防止对人格和人格因素的侵犯，"不得侵害人格和从人格中所产生的东西"。[①] 一方面，法权人格是个人作为特殊需要和满足的主体和所有权享有者；另一方面，个人又是一般的普遍化主体的人，因此可以得出结论，法权人格是特殊权利主体的人和普遍的人的统一。"人之所以为人，正因为他是人的缘故，而并不是他是犹太人、天主教徒、基督教徒、德国人、意大利人等等不一。"[②] 人就是人而不是物，是自由权利人而不是奴隶，这看似简单的道理却经历了漫长的人类历史才得以认识，而且至今仍在争论和探讨中。

人的存在是把其自由本质外现于他物，所有权是自由的最初外在显现。在黑格尔看来，物权的本质是人格；只有人才有资格把他的意志自由扩展到外物之上，使该物成为我的东西。因此，所有权是人格的现实基础，没有所有权，人格就是空洞无物的东西。所有权是人格的条件，也是人格本身所具有的一种权利能力，只要承认他是人，就应该承认他具有这种人格能力。所有权的合理性依据，不在于它能够满足人的需要，而在于它体现了人格的本质，诸如人格尊严承认、平等、正义等等都是从所有权中演绎出来的。所有权的取得主要有先占取得和劳动取得，其他任何人对于所有权的承认就是对个人的人格尊严的承认，是对权利人的独立自主人格的尊重。

黑格尔法哲学的起点，是个人自由，而个人自由的内容上体现为个人权利。作为个人自由定在是财产权，财产权就是法权人格的基础，因为，如果没有个人财产权，那么作为人格本质的个人自由就只是一句空话。个人财产权的合理性，首先在于财产能够满足人的需要，保持人的生存，维持人的生命，但更为重要的是财产权的人格本质。这种人格本质体现在，我的自由体现在物上，使该物成了我的意志自由的对象，成了我的东西，并得到了他人的承认和尊重；这种对我的物权的尊重，就是对我作为人的人格的尊重，对于我的物权的侵犯也就是对我的人格的侵犯，因此，物权的本质是人格权，它体现着一定的法权人格之间的主体间性关系。财产权也就成了法权人格主体之间的相互承认，因为我的自由和权利要得到他人的承认，其条件和代价就是我也必须承认他人的自由和权利，这种相互承认和尊重就是法权人格生存的基础。如果财产权只是意味着人格生存，那么与财产权相关的契约关系就是一种人格发展权；而这种体现着人格发展权的契约关系，主要构成了市民社会

---

① ［德］黑格尔：《法哲学原理》，范扬、张企泰译，商务印书馆1979年版，第47页。
② 同上书，第217页。

的基本法权人格关系。

二、伦理实体"三一"式：家庭、市民社会和国家

自由意志理念的发展经历了三个阶段，抽象人格的形式法阶段、主观意志法的道德阶段和主、客观法的统一的伦理阶段。自由意志的三种伦理性实体，家庭、市民社会和国家。这三种伦理实体，也显示着人格的三种形式和发展阶段，家庭阶段体现着整体性而缺乏个人独立自主性；市民社会阶段是个人获得了独立自主的人格属性却缺乏着整体的普遍性；黑格尔认为，只有在国家这一伦理阶段，个人作为人格才能实现个体独立性和普遍实体性的统一。因此，家庭是法权人格的培养阶段，市民社会是法权人格的形成阶段，而国家是法权人格的成熟和普遍保障阶段。

市民社会是以独立的法权人格之间的相互需要的满足为前提的，因此，市民社会是一个需要的体系，而这种需要的相互满足是通过契约这一中介来完成的。表面上看，契约本身表现为不同主体之间的财产权的相互转让，而实际上，契约却蕴涵着一系列的法权人格的原则。这种建立在契约之上的法权人格原则主要有，独立自由人格、财产权利主体承认、人格平等、自愿与合意、互惠、合作、诚实守信等原则，这些原则是市民社会市场交往的基本原则，体现着市民社会精神实质。契约能够促使当事人双方都在为自己利益考虑的同时，也要为对方的正当利益考虑，只有这样双方的预期利益才能得以兼顾；这种双方的合意、互惠、合作，正是所谓的主体间性的"可通约性"。这也为法权人格在独立自由、平等互惠、合作的相互交往中得以生成和发展，换言之，市民社会是法权人格的天堂。市民社会的生成与完善进程，同时也是法权人格的生成与发展的过程。法权人格，不仅意味着个人法权的承认和尊重，而且更体现着一种社会关系，一种相互尊重的法权关系，一种相互限制自己主观自由的互惠平等关系。而这种相互限制和相互尊重，在市民社会的契约关系中还主要体现为：对待的相互自觉基础上。这种财产关系和契约关系上的相互承认和尊重，都是建立在每个个人的自觉理性之上；而这种理性自觉在市民社会还不是每个个人都能够做到的，因而市民社会也仍然存在着天然的不足或缺陷。市民社会还缺乏一种中间第三者作为权威，来保障法权人格之间的相互尊重，保证每个法权人格不受他人侵犯，保证契约的订立和履行能够诚实守信；而且，对于整个社会的公共利益和良好秩序的维护，市民社会本身也是很难做到的。这就要求，市民社会必须放在国家的高度来思考，才可能是完善的，法权人格才

能得以最终保障。

家庭和市民社会都有其局限性,都存在着主观精神与客观精神的分裂,存在着个体的特殊性与社会整体普遍性的冲突,因而正直的自由并不具有完全的现实性和持久性;因此真正法权人格体系只有在国家里才能完成。

国家的神圣性在于,国家不仅要保障个人的法权利益,还要保障法权人格主体之间交往的正当性,形成和维持一个良好的公共社会秩序,更重要的是要不折不扣地依法约束政府权力,使权力不侵犯个人法权并忠实地保护法权人格,因此,从法权人格的维度来看,国家职责的核心是保障法权人格。这正如黑格尔所说的,国家职责不应该仅仅限于保护个人权利,还要保障社会整体利益,因为整体普遍性与个体利益国家中是一致的。如果说市民社会的法主要是物权法、契约法和侵权法,那么国家的大法就主要是宪法;宪法是国家立国之本,体现着现代化的民族精神和时代要求,突出的一点就是要求现代法治精神。宪法是对人民基本权利的确认,是人权的保证书。因而黑格尔反复讲到,国家是在地上行走的神,而这个"神"应该如何理解呢?从法权人格角度讲,国家就是法权人格的保护神。

总之,黑格尔的法哲学特点,在于其形式上的三段论;这种三段论,个体、个人自由和个人权利是大前提,契约自由的市场经济的市民社会是中介或中项,而国家作为个体与整体的合题是最终结论,这样就经历正题、反题到合题形成了一个哲学圆圈。

第二节　法哲学的使命

一、法哲学使命与诡辩哲学危害

"著作家特别是哲学家的任务是发现真理,阐述真理,传播真理和正确的概念。"[①] 哲学的任务是研究真理,揭示规律,而法和伦理及其规律是客观真理,当然也是哲学的研究对象。国家、政府和国家制度,是法和伦理的东西,也是真理和规律的东西,也当然是法哲学的研究对象。黑格尔特别对于诡辩的、任意的、主观的哲学进行了深入的批判,认为这种诡辩哲学窃取了哲学的美名,是一种误导人和害人的伪哲学,"法和伦理以及法和伦理的现实世界是

---

① [德]黑格尔:《法哲学原理》,范扬、张企泰译,商务印书馆1979年版,序言第2页。

通过思想而被领会的，它们通过思想才取得合理性的形式，即取得普遍性和规律性的，这一形式就是规律；至于给自己保留肆意妄为的那种感情，把法的东西归结为主观信念的那种良心，的确有理由把这种规律看作它的最大敌人"。①法和伦理的东西，是一种普遍性精神东西，只能是由精神自身来决定，而那种把法和伦理视为人的纯粹主观情感产物之思想是一种虚假哲学。

哲学是人作为精神存在者所特有的思想能力，是我思故我在的人的特质，但人的思想不是为所欲为的任意思想，而是思考人的本质存在的精神运动。哲学是对现实的存在的思想把握，但哲学不是对现实现象的直观反映，而是对现实的时代精神的本质把握，是对事物存在及其规律的揭示；而法哲学主要是对国家的本质把握，是对法及其定在的本质把握。事物的本质，作为国家的本质，就是理性；而理性有两种，一种是事物中存在的理性，一种是人的意识中存在的理性，这两种理性是不同的必须加以区分。"科学的唯一任务就在于把事物的理性的这种特有工作带给意识。"② 作为事物本质的理性，就是规律，而作为人的意识中的理性则是思想，这种思想就是哲学。黑格尔也把世界分为自然世界和精神世界，因而哲学有两个研究对象，一种是自然，一种是法律，与此相应，世界上有两个规律，一是自然律，二是法律；法也有两种，一种是作为规律的法，一种是作为人定的法律。法律与自然律既有相同之处，也有着根本的区别；自然律是纯粹客观的东西，人不能对自然律进行任何加减，而法律作为人定的东西，也具有客观性，因为法律必须遵从着作为规律的法，同时法律又是人造的，"各种法律之间的分歧，就已引人注意到它们不是绝对的。法律是被设定的东西，源出于人类"。③ 法律是人创造的，而不是法律创造了法律，人创造法律的目的是为了实现人自己的本质与使命，使人自己达到完美状态。法律作为一种主观属性的东西，表现在法律的多样性上，各国各民族具有各自特殊形式的法律显现，但同时，法律又作为一种客观属性的东西，尽管各国法律形式各具特色，但也有相通的公理。法律的主观与客观两种特性，在现实中会分裂为两种法律，一种是存在的法，一种是应该的任意的法；这两种法律理念，就会发生争执与斗争，"这里应有可能发生存在和应然之间的争执，亘古不变而自在自为地存在的法和对什么应该为法而作出规定的那种任性之间的争执"。"可是恰恰在自在自为地存在的法和任性所认为的法的对立中，

---

① [德]黑格尔：《法哲学原理》，范扬、张企泰译，商务印书馆1979年版，序言第7页。
② 同上书，第39页。
③ 同上书，序言第15页。

包含着一种需要，对法加以彻底的认识。"① 在法应该是什么样的法方面，每个人都会拥有自己不同于他人的看法，都有自己的应然法的内在标准，这样对于应然的法是什么样就会发生争执。这就需要探讨法的合理性问题，这种探讨就是法哲学的任务。"自从法律、公共道德和宗教被公开表述和承认，就有了关于法、伦理和国家的真理。"② 法是与道德、宗教相连接着的，法哲学首先以法的概念为研究对象，而法的概念又是通过法的定在，通过法的现实化来体现和理解的，因此，法哲学就有两个相互关联着的研究对象，"法哲学这一门科学以法的理念，即法的概念及其现实化为对象"。③ 黑格尔把法哲学的研究对象界定为法的理念，而不仅仅是法的概念或法的现实问题，而是法的概念及其现实化两个相互联系的方面。法的概念，就是指法的本质或法的精神，是相对于法的现实形式而言的。黑格尔把法的概念与法的实存之间的关系比作灵魂与肉体，二者既有区别但又不可分离，二者的和谐统一于理念，因而，"法的理念是自由，为了得到真正的理解，必须在法的概念及其定在中来认识法"。④ 黑格尔认为，自然法或法哲学与实定法之间是相互渗透的，不是相互对立或矛盾的，而人们易于误解二者的关系。法哲学是研究法的本质及其实现的一门学问，而自由是法的本质，而要研究法的自由本质，也必须从法的现象中去探讨，因而法哲学的研究对象应该包括两个相互联系的基本要素，一是法的本质，即自由的理念；二是要法的定在，即现实中的自由之法。法哲学既要研究法的自由理念，法的本质概念原则等，这体现着法的基本精神和基本使命，又要研究法的现实问题，研究自由的现实化问题。那种只研究法的理念或者只研究法的实证现象的法哲学，都是不全面的，现实中也是有害的。

虚假哲学本质上是一种虚假意识，是把个别片面的东西当作事物的本质和整体，具有诡辩性，这种诡辩法哲学在现实中具有极大的欺骗性和危害性。任意的诡辩哲学，把哲学理解为一种每个人的感性东西，哲学是人制造出来的主观东西，同时又认为真正的东西是不可知的，"真正的东西本身是不可能被认识的；关于伦理的对象，主要关于国家、政府和国家制度，据说各人从他的心情、情绪和灵感发出的东西就是真理"。⑤ "依照这种见解，伦理世界应该属于

---

① ［德］黑格尔：《法哲学原理》，范扬、张企泰译，商务印书馆1979年版，序言第15页。
② 同上书，序言第3页。
③ 同上书，第1页。
④ 同上书，第1~2页。
⑤ 同上书，序言第5页。

私见和任性的主观偶然性。"① 这种诡辩哲学往往为投合大众和政府的需求,把哲学描述成一种主观情感的东西,往往打着大众意见的旗号。黑格尔认为这种哲学具有肤浅性特征,这种肤浅哲学在法和伦理的领域就构筑着法和伦理的肤浅原则,而这些肤浅的原则对于个人和国家都是极其有害的,"当肤浅性考虑到伦理性的东西以及一般的法和义务的时候,它自然而然会从构成这一领域中肤浅东西的那些基本原则,即我们在柏拉图那里确切见到的诡辩学派的那些原则出发。这些原则是把法的东西安置在主观目的和私见之上,安置在主观感情和私人信念之上的。从这些原则出发,其结果不仅使内心伦理和公正良心毁灭,使私人之间爱情和权利毁灭,而且使公共秩序和国家法律毁灭"。② 黑格尔在这里用了三个"毁灭"概括了这种诡辩哲学的害处,从反面指出,哲学必须建立在真理和规律之上,一个国家和法也必须建立在普遍性原则之上,而绝不能建立在个人私见的主观情感之上。

二、法与自由

法、自由、精神,这些在本质上具有同一性的概念,自由是法的本质,自由是人的本质,人、自由、法都是精神的。法的理念,并非是来自情感等偶然性的东西,而是来自意志自由,"法的基地一般说来是精神的东西,它的确定的地位和出发点是意志。意志是自由的,所以自由就构成法的实体和规定性。至于法的体系是实现了的自由的王国,是从精神自身产生出来的,作为第二天性的那精神的世界"。③ 法是人作为精神的存在形式,体现着人不同于自然的本质所在,这种本质就是自由,人的意志的自由,因而,自由就构成了人的本质、法的本质。显然,自由就是法哲学的最为核心的概念,但要弄清并证明自由这一概念就是法哲学的最为重大的难题。如何理解和认识自由,关系着人的自我认识,继而关系着人对于自己的存在形式的认识问题,诸如法和国家的理念问题。如何来理解和证明自由呢?

黑格尔批判了近代自然法理论的片面性。"自然法,它含有歧义,或者作为自然的存在,或者指法以事物的本性来规定。但是,实际上法和一切法的规定仅仅是基于自由的人格,即基于一种其实是自然决定的反面的自我决定。因此,自然权利就是强者存在暴力有理,而自然状态即是暴力和不法的状态,关

---

① [德] 黑格尔:《法哲学原理》,范扬、张企泰译,商务印书馆1979年版,序言第6页。
② 同上书,序言第8页。
③ 同上书,第10页。

于这种状态除去说必须从它走出来以外,就没有比这更真实的话可说了。相反地,社会其实倒是那个只有在那里法才有其现实性的状态;必须加以限制和牺牲的正是自然状态下的任性和暴行。"① 黑格尔对自然法理论提出了异议,认为自然法和自然状态都是一种虚构,自然权利和自然法都是从事物的本性推断出来的,而自然状态的自然权利和自然法都是暴力和任意的体现,而国家和法正是要限制这种自然状态的暴力和任性。因此,法只能基于人格的自由本质,而不能基于自然状态的自然法和自然权利的假设,因而法的根基是自由,而非自然。

黑格尔认为,以前的经验心理学是从人的种种感觉和现象,如悔改、罪过等来进行推导证明,证实人的意志是自由,并认为这种证明方式是唯一科学的,但这种证明是多余的,与其如此还不如直接说,意志是自由的。黑格尔是从人的本性整体上,从人的思维和意志的关系,从实践的和理论的态度,从人的自我抽象和自我规定能力,从普遍到特殊、再回到普遍的意志轨迹中,来推导和说明自由概念的。除此之外,自由意志的证明,可以通过每个人的自我体验来得以显现,"每个人将首先在自身中发现,他能够从任何一个东西中抽象出来,因此他同样能够规定自己,以其本身努力在自身中一切内容;同样,其他种种详细规定,也都在自我意识中对他示以范例"。② 自由作为意志的特性,主要显现为三个方面或环节,自我抽象、自我规定和范例式规定,这三种意志能力都统一于自我意识之中。黑格尔把这三种意志能力作为自由的三个种类,实践态度、理论态度和二者的统一,而真正的自由是实践态度和理论态度的统一。

思维的本质是意志,因而思维也是自由的。意志自由也可以通过意志与思维的关系来得以验证,人们知道人与动物之别在于人有思维,即我思故我在,但却并不清楚思维的本质就是意志。黑格尔认为,思维和意志二者是互为表里的,思维是特殊的意志,意志是思维着的意志,不能把二者割裂开来或对立起来。人在思维的时候,就是在把一切异己的东西都去除掉,而把感性的东西变成一种思想,一种普遍的东西,变成我的东西,变成为符合我的意志的东西。这个思维过程就是意志的理论态度,同时意志还必须通过实践来规定自己,在我之内设定差别。动物也规定自己,但它只受到其本能的驱使而并不具有意志。人具有的意志,是一种反思能力,"意志包含纯无规定性或自我在自身中

---

① [德] 黑格尔:《精神哲学》,杨祖陶译,人民出版社2006年版,第322~323页。
② [德] 黑格尔:《法哲学原理》,范扬、张企泰译,商务印书馆1979年版,第11页。

纯反思的要素。在这种反思中，所有出于本性需要、欲望和冲动而直接存在的限制，或者不论通过什么方式而成为现成的和被规定的内容都消除了。这就是绝对抽象或普遍性的那无限性，对它自身的纯思维"。① 这种人所特有的纯思维，就是被黑格尔称为否定的自由或理智的自由，而对于这种否定的自由不能简单地肯定或否定。

否定的自由，首先是人所特有的理智能力，是人的意志的一种显现。所谓否定的自由，就是人拥有的一种能够从特殊中抽象出来的能力，是人所具有的摆脱一切而追求某种普遍理念境界的精神能力。而动物却不拥有这种摆脱感性的能力，而只能受着感性本能的限制。但是，黑格尔认为这种否定的自由却往往会导致人的某种精神狂热病症，往往产生极端的思想，带来种种破坏。极端的例子，就是宗教狂热、革命狂热或民族狂热等。这种狂热，本身包含着意志的本质，但这种意志是不自由的，因为狂热把抽象的普遍性当作唯一的东西而否定任何现实特殊的东西，从而把现实的差别当作异己的东西与自己对立起来，并加以消除，因而，狂热对于现实具有极强的破坏性，法国大革命就是一种狂热的典型例子。黑格尔认为，法国大革命把平等视为抽象的东西，把现实中任何制度都视为与这种抽象平等原则相冲突，所以革命一次次地把自己建立起来的平等制度又重新打破。黑格尔所展示的另一个狂热例子，就是印度的古老宗教，因为这个宗教把世界的一切东西都视为与其教义相对立的，而只追求空虚的抽象普遍性，进而"拒绝生活上的活动、一切目的、一切想象"，并认为这就是"至高无上的境界"，彻底否定现实的一切，不知道或不愿意接受普遍性的现实化问题，把普遍性与特殊性在现实中从根本上割裂开来并对立起来。显然，狂热是一种极端和偏激的思维路线，对于现实的善的构成也具有极大的破坏性，同时，由于狂热是以"善"的面目出现的，因而也具有极大的现实伪装性。宗教狂热和革命狂热都是人的自我抽象能力的一种极端体现，而一般的普遍性自我抽象是人的意志普遍性的第一个环节，是自我从一切具体中抽象出来，摆脱现实特殊性的纠缠，这是人所具有的意志能力。对于人的这种自我抽象能力要一分为二地看待，它既是人的一种意志的显现，包含着人的本质，但它还具有一定的缺陷，因为它是片面的和极端的。人的自我抽象能力也必须加以改造，要现实化、具体化和特殊化。人的普遍性要具体化，人就必须限制自己，这是人的意志的第二个环节，也是自由的环节，但不是自由的全

---

① [德] 黑格尔：《法哲学原理》，范扬、张企泰译，商务印书馆1979年版，第14页。

部,"它属于自由,但不构成自由全体。在这个环节中,自我从无差别的无规定性过渡到区分,过渡到设定一个规定性来作为一种内容和对象"。"意志所希求的特殊物,就是一种限制,因为意志要成为意志,就得一般地限制自己。"① 人要从一切现实的特殊性中摆脱出来,也要能够从抽象的普遍性中返回到现实特殊性中,意志的自由就是抽象自由和具体自由的统一。

"任何自我意识都知道自己是普遍物,即从一切被规定的东西中抽象出来的可能性,又知道自己是具有特定对象、内容、目的的特殊物。""上述最初两个环节——意志从一切中抽象出来,而它又是由自己或他物所规定的,——人们容易承认和理解,因为他们单独说来都不是真的而是理智的环节。但是第三个环节是真的和思辨的……"② 单独的自我抽象或规定性都不是真正的自由,只有第三个环节才是真正的自由,而第三环节只有通过思辨才能把握,"至于第三个环节就在于,自我在它的限制中即在他物中,守在自己本身那里;自己在规定自己的同时仍然守在自己身边,而且它并不停止坚持其为普遍物,所以,这第三个环节是自由的具体概念,至于前面两个环节始终是抽象的并且是片面的"。③ 真正的自由并不单独停止在抽象普遍物里,也不完全局限于规定性中,而是同时把二者统一起来,这种统一也是对于二者的超越。

意志自由,就是自我规定,是由我的目的来规定我的本质。自我的规定性,就是一种限制,是通过活动的中介把我的主观性进行客观化。这种规定性就构成了我的目的和目的的实现,"从形式上说,规定性就是目的和目的的实现。我的目的最初仅仅是内在的东西,主观的东西,但它也应该成为客观的东西,而摆脱单纯主观性的缺点"。④ 主观性的东西在走向客观化的过程,就是自我的目的设定并走向现实化的具体活动。主观必须客观化,同时也必须符合客观的要求,必须克服单纯主观性的片面性缺陷,这样才能保证主观的东西转化为客观现实的目的实现。自由的形成要经历自在和自为两个环节,自在的自由中蕴涵着自为的自由,而真正的自由是自在自由与自为自由的合一。自在的自由还只是一种潜在的自由,是自由的可能性,是尚未实现的自由,正如小孩只是自在的理性人,到成年他就变成一种现实的理性人。"小孩是自在的大人,最初他是自在地具有理性,开始时他是理性和自由的可能性,因而仅仅从

---

① [德] 黑格尔:《法哲学原理》,范扬、张企泰译,商务印书馆1979年版,第17页。
② 同上书,第18页。
③ 同上书,第19页。
④ 同上书,第20页。

概念上说是自由的。然而这种最初自在地存在的东西,还不是在它的现实性中存在着。这种自在地具有理性的人,必须经过用下列办法创造它本身,即既要超出自身,又要在自身内部培养自身,这样他也就成为自为地具有理性的人。"① 人作为自在的人,只是一种潜在的理性存在者,而只有经过自为的自我塑造和自我超越,才能达到自在且自为的理性自由的人,因此人是由自由的自在存在成长过渡成为理性自为的人。

三、任性、理性与自由

自在的自由是直接的自然地存在的意志,冲动、情欲和倾向都是自然的意志,这种自在自由具有其客观合理性,但却缺乏合理的形式,因而意志在此是由自然规定的。人与动物不同之处就在于,人能够超越这种自然规定的冲动,并把这种自然冲动纳入到我的意志之下,而动物则不具有这种超越和把握冲动的意志能力,"动物也有冲动、情欲、倾向,但动物没有意志;如果没有外在的东西阻止它,它只听命于冲动唯有人作为全无规定的东西,才凌驾于冲动之上的,并且还能把它规定和设定为他自己的东西"。②

人同时具有冲动的自由和超越冲动的自由两种自由,人也具有动物属性的冲动,但人的冲动在本质上也不同于动物的冲动。人的冲动,是意志本身的一种自然性规定,是意志的直接内容,是尚未经过反思的意志倾向,而冲动在心理学上属于满足的需要,因而冲动本身也具有其客观合理性一面。意志兼有规定性和无规定性两种属性,而意志首先要规定自己,限制自己。冲动对于自我来说有多种多样,有冲动的目的和实现目的的形式,而意志要对于这种多种冲动进行选择和决定,因为冲动和决定是意志在现实中不得不面对的一个环节,是意志的职责,"不作什么决定的意志不是现实的意志;无性格的人从来不作出决定"。③ "歌德说,立志成大事者,必须善于限制自己。"④ 自我在面对种种冲动,意志也就受到种种限制,因而意志具有有限性的一面,意志必然会受到规定性的束缚;但同时意志又具有无限性的一面,无限的意志具有超越现实中的种种冲动和实现这些冲动的方式,在冲动限制中能够保持自己的无限性,凌驾于这种束缚之上。意志这种超越性,并不是对于冲动的简单否定,而是要

---

① [德] 黑格尔:《法哲学原理》,范扬、张企泰译,商务印书馆1979年版,第22页。
② 同上书,第23页。
③ 同上书,第24页。
④ 同上书,第24~25页。

理性地选择某种冲动和满足这种冲动的合理方式。面对种种冲动及其实现方式的选择，意志要做出自己的决定，这种决定在表面上似乎是意志的一种任意，是一种任性，如何选择和决定完全是意志自身的事情，因而最为常见的观点就是，把这种把任性视为自由，甚至认为自由就是不受任何限制的为所欲为。

自由是与法、道德、伦理等普遍性相关的，离开普遍性东西，自由就只能是一种假自由，这种背离普遍性的假自由是对于自由的最大误解。"对自由最普通的看法是任性的看法，——这是在单单由自然冲动所规定的意志和绝对自由的意志之间经过反思选择的中间物。当我们听说，自由就是指可以为所欲为我们只能把这种看法认为完全缺乏思想教养，它对于什么是绝对自由的意志、法、伦理等等，毫无所知。"① 人们面临着各种选择的可能性时，他可以这样也可以那样选择，做出某种选择的决定似乎完全是个人的任性决定，似乎是个人的为所欲为，"通常的人当他可以为所欲为时就信以为自己是自由的，但他的不自由恰恰就在任性中。当我希求理性东西的时候，我不是作为特异的个人而是依据一般的理性概念而行动的。在伦理性的行为中，我所实现的不是我自己而是事物。当一个人做出某种与正道相反的事情时，他最容易表露出他的特异性。理性东西是人所共走的康庄大道，在这条大道上谁也不显得突出"。② 现实的通常人与应然的理性人在对于自由的认识上存在着极大反差，黑格尔在这里揭示了共识与公理的区别，共识并非简单地等同于公理，这就是所谓的思维问题。只有深层的思维才能把握公理的理性，通常的认识往往只停留在肤浅的认识阶段。黑格尔特别强调，只有理性和正道才是所有人应当行走的康庄大道，人的认识必须合乎理性，而任性的为所欲为只是一种偶然的东西，是一种与理性相矛盾的认识。因此，任性是与理性相悖，不是自由，而是一种不自由。

"人作为精神是一种自由的本质，他具有不受自然冲动所规定的地位。所以处于直接的无教养的状态中的人，是处于其所不应处的状态中，而且必须从这种状态解放出来。"③ 人的解放，就是使人摆脱自然冲动的束缚，从无教养状态中走向理性自由。解放需要反思，反思就如同一种"净化器"，而如何来纯净这种自然冲动并将其转变为理性自由，还原自然冲动的本质，"冲动应该

---

① ［德］黑格尔：《法哲学原理》，范扬、张企泰译，商务印书馆1979年版，第25~26页。
② 同上书，第27页。
③ 同上书，第29页。

成为意志规定的合理体系。这样从意志概念上来把握冲动，就是法学的内容"。① 黑格尔认为，只有人才拥有反思的能力，并拥有通过反思来把握自然冲动的能力，而法正是人经过反思而获得的理性产物。因此，对于冲动并不是采取彻底消灭的否定态度，也不是采取完全听任其为所欲为的放任态度，而要把冲动纳入到理性之中。冲动只有在法的驾驭之下才是正当的，都会成为意志的真实内容，而法也不过是冲动的合理体系。冲动就是人所必需的各种欲求，冲动只有在法的规制下才是合乎理性的，才是符合正道的。这样，黑格尔就把冲动纳入到法的概念之中，成为法的内容，成为理性的东西，使自然冲动得以"纯净化"，因而法就在冲动原理基础上得以构建其概念和体系，"法学的内容可以照它的所有个别环节，例如权利、所有权、家庭、国家等等，用下列形式加以阐述：人生来就有对权利的冲动、社交的冲动，如此等等"。② 法不是对冲动的简单确认，而是对于自然冲动的理性纯化，而这种理性纯化就是自我意识，就是思维，就是思想，就是精神活动。黑格尔认为，只有思维才是法得以合理化的中介，而不是情感，情感不能作为法的合理根据。

虽然幸福是情感的东西并可以作为冲动满足的合理方式，但幸福也只有在理性思维之下才会是合理的，真正的幸福本身就是一种思想的产物。通过思维，人要对各种冲动及其实现方式、手段、结果等进行比较，"又跟满足的总和——幸福比较""以去其粗糙和野蛮性。这种思维的普遍性的成长，就是教养的绝对价值"。这样，幸福在思维的调教下才会成为一种合理的东西，同时，思维在幸福实践中才会显示出其绝对价值，显现为人的一种教养，"在幸福中思想就已经驾驭着冲动的自然力，因为思想不满足于片刻的东西而要求整个幸福的"。③ 自由并不排斥幸福，而是把幸福纳入到普遍性之中，实现幸福与道德的统一。思想是一种理性的东西，它以把握事物的本质和整体为己任，幸福只有在思想里才会是真正的幸福，这种幸福是整体的和长远的幸福，是符合普遍性法则的幸福，这种幸福是与人的美德相一致的。

思维就是为了发现真理，去除冲动的自然属性和偶然性，找到冲动所要遵循的普遍性，也是自由实现的必要条件，因而这种扬弃冲动的自然性并达到普遍性的活动，就是思维的任务，"这种扬弃和提高以达到普遍物，就是叫作思维活动。自我意识把它的对象、内容和目的加以纯化并提高到这种普遍性，它

---

① [德]黑格尔：《法哲学原理》，范扬、张企泰译，商务印书馆 1979 年版，第 29 页。
② 同上。
③ 同上书，第 30 页。

这样做，就是作为思维在意志中贯彻自己。这里有一点搞明白了：意志只有作为思维的理智才是真实的、自由的意志"。① 这也许可作为所谓的"我思故我在"的一种人学阐释，因为人只有把自己作为思维对象，并能够通过思维来把握和揭示自我的本质，人才能够知道自己是作为人存在的，是作为自由本质而存在着。奴隶不知道自己的本质是自由，不知道自己是作为人存在的，是因为他不思考自己的本质，因而人要摆脱奴隶境地，就是必须思考自己，把握自己的本质，做自己的主人，实现自己的自由本质，而这种思考和把握就是法和伦理的任务，"奴隶不知道他的本质、他的无限性、自由，他不知道自己是作为人的一种本质；他之所以不知道自己是由于他不思考自己。通过思维把自己作为本质来把握，从而使自己摆脱偶然而不真实的东西这种自我意识，就构成法、道德和一切伦理的原则"。② 只有自我反思自我本质的人，才会是自由的，而那些没有思想，没有反思过自己本质，没有认识到自己是自由存在者，没有把自己视为自己的主人的人，就不是自由的，就是处于奴隶状态。黑格尔认为，在对于人的本质和法、伦理的证明上，那种诉诸感情而不是思维的哲学观点，是对思想和科学最大蔑视，"凡从哲学上讨论法、道德和伦理而同时要想排除思维而诉诸感情、心胸和灵感的那些人，就表示着对思想和科学的蔑视，这是思想和科学所能遭到的最大貌视，因为甚至科学本身既经陷于绝望和衰竭之后，就把野蛮和无思想的东西作为原则，而且会尽量地夺去人类的一切真理价值和尊严"。③ 尊严与蔑视是相对的，对于人的尊重就要求对于法和伦理的尊重，而对于法和伦理的蔑视就是对于人的尊严的蔑视，对于真理的蔑视，这种尊重与蔑视的关系原理，被后人所承继。黑格尔在这里指出了一种可谓"伪哲学"的本质特征和对科学的严重危害。这种虚假意识，不仅是对科学和思想的一种蔑视，而且也是对人类的价值和尊严的一种蔑视，尽管它往往以科学和善的面目出现，打着科学和高扬人的价值和尊严的旗号；这也是一种科学上的"伪善"。

"自在自为地存在的普遍物就是我们一般所称理性的东西，并且只有通过这种思辨方法才能理解它。"④ 意志是普遍的，是自己规定自己的自在自为地存在的普遍之物，它扬弃了一切限制和特殊单一性，但同时又守在自己那里，

---

① ［德］黑格尔：《法哲学原理》，范扬、张企泰译，商务印书馆1979年版，第31页。
② 同上。
③ 同上。
④ 同上书，第33页。

又是现实着真正无限的东西；这样的意志，才是真正的自由意志。自由意志是主观意志与客观意志的统一，而非仅仅是单一的主观意志或客观意志，主观意志或客观意志单独来讲都不是真正的自由意志。主观的东西主要有三个方面的特征，一是纯粹自我性，主观意志只关注自己；二是意志的特殊性，主观意志只是个别的意志，与普遍性是有本质区别的，具有偶然性和任性；三是意志的片面性，主观意志只是我个人的意识，内容上不具有整体性和全面性。"所以主观性有时指某种完全特异的东西，有时指具有高度权能的东西，因为我所承认的一切，都有成为我的东西并在我处达到有效性这一任务。主观性是贪得无厌的，它集中并吞没一切于这个纯自我的单一泉源中。"① 主观东西是一种无限制的自我设定，又是现实有效的东西，因此纯粹主观的自我还不是真正自由的，它要由客观法则加以限制。另一方面，"从这个意义说来，凡受外方权威领导而行动，并且尚未完成向自身无限返回的任何意志都是客观的"。② 黑格尔在这里否定了自由是一种服从外在权威的虚假自由意识，这也暗含着黑格尔反对那种法是一种权威者的命令的实证主义法哲学思想。儿童和奴隶都还只是依赖于外在权威，而不知道自己的本质是自由，因而这种自由是一种客观自由。客观自由只知道服从外在的东西，而不是服从自己的主观意志，因而客观意志主要体现的是"他"的意志，而主观意志，相比之下主要体现着"我"的意志。自由的意志，是主观意志与客观意志的统一，"意志的活动在于扬弃主观性和客观性之间的矛盾而使它的目的由主观性变为客观性，并且即使在客观性中同时仍停留在自己那里"。③ 法是就是这样一种意志活动，就是普遍性的东西，是主观意志与客观意志的结合，是自我意识到自己自由本质的意志，因此，自由意志就是法，"任何定在，只要是自由意志的定在，就叫做法。所以一般说来，法就是作为理念的自由"。④ 法、意志、自由三者是同等重要的概念，法是自由的一种系统表达。

法对于自由意志来说并非是外在强加的限制，而是意志自己意识到的自我规定的自由，"法是一般神圣的东西，这单单因为它是绝对概念的定在，自我意识着的自由的定在之乡"。⑤ 法本身就是自由的精神，是自我意识的理性，

---

① ［德］黑格尔：《法哲学原理》，范扬、张企泰译，商务印书馆1979年版，第35页。
② 同上。
③ 同上书，第36页。
④ 同上。
⑤ 同上书，第37页。

而科学就是要揭示这种理性并形成人的自我意识,科学就是对事物的理性逐步地进行揭示和做出种种规定,法就是科学发展的结果,是人认识、把握和表达真理的一种具体显现。黑格尔对法进行了本质上的一种揭示与定位,提出了法的本质是自由的经典命题,因而法是人对于人的自由本质之自我意识的一种表达与规定,因而法的神圣性就在于其内在的人的自由性。法的自由性的深刻含义,是人作为人格而非奴隶来对待的一种普遍性承认,因此法与人的独立自由是一个同等意义的哲学概念,体现着相同的法权理念,即平等自由的人格理念。

自由的客观化,就是自由的自我塑造,是意志在外在客观的方面去规定并实现自己的本质,即自由,"自由在塑造成为一个世界的现实时就获得了必然性的形式,这必然性的实体性联系是诸自由规定的系统,而其显现着的联系则是作为权力、即公认的存在,就是说这必然性在意识里赢得威信"。[①] 这里的自由,是一个具体自由的系统,是诸多自由相互必然联系着的一个系统,这实际上隐含着一个系统论思想。自由是一个系统,而这个自由系统包含着诸多自由的子系统,这个自由系统是一种以权力为核心的必然联系的系统,是被意识着的系统。自由的内容,是普遍性,是普遍必然性关系体系,但自由的内容会体现为不同的外观,因此而显现为不同的属性,如法律、风尚。自由的简单外现,是个别意志与普遍理意志统一的个体现实;自由作为普遍性被规定为有威信的权力时,就是法律;以其普遍性被置于主观意志里作为它的习惯、性情和性格时,内容就是风尚。自由作为一种现实性的自由意志,就是法或权利,"一般来说,这种实在性作为自由意志的定在,就是法或权利,法和权利不能只理解为有限制的法律的法或权利,而是要广泛地理解为自由的一切规定的定在"。[②] 法或权利,是自由的一般现实显现。法或权利,要作全面的理解。首先,法是自由的一切规定,不仅仅指规定出来的法律。法是普遍性的规定,是自由的体现,而与自由相违背的法律都不是法。再次,权利同时也是义务,权利与义务是相互的,没有权利也就没有义务,同时没有义务也就不享有权利。复次,权利是对于一个外在物的合法占有,而这种占有权是对于他人的权利,是他人对于我的权利承认和尊重的义务。最后,权利是社会和国家的目的,"社会和国家的一切目的都是私人自己的目的;他们的义务作为权利的行使和

---

① [德] 黑格尔:《精神哲学》,杨祖陶译,人民出版社 2006 年版,第 313 页。
② 同上书,第 314 页。

享受而又回到了他们那里"。① 国民在承担纳税等义务的同时，又换回了其权利受到国家保证，这样，国家正如法一样是国民自己的。

第三节 人、人格与法权

一、人格：有限与无限的思维统一

人是什么，人如何成为人，成为什么样的人，这些都黑格尔法哲学所探讨的核心问题。人作为人存在，而非作为物存在，这就是人格。人格的本质，是人作为人来对待，把人当作人来看待，把人看作拥有独立人格尊严和自由权利的人。人的本质是自由，是人作为人应该拥有的人格尊严与人格权利，而这种自由是在普遍意义上的得到承认与保护的。同时，黑格尔特别强调，人格的要义之一就是，人只有在认识到自己的自由本质时，才是自由的，只有那些达到了自我本质把握的人才是真正的自由存在者，而那些没有达到这种自我人格意识的人还不是真正的自由者，还仍然是处于奴役状态，还没有达到文明状态，因为文明状态就是人脱离了奴隶状态的人的状态。作为真理的法和伦理原则，其核心就是人格，"伦理深处的冲动，即自由的无限的人格"。② "意志就成为单一的意志——人"，"主体就是人"，这里的人是自我以自己为对象同时又是被规定着的单一意志，是自我意识着的自由主体。"人格的要义在于，我作为这个人，在一切方面（在内部任性冲动和情欲方面以及在直接外部的定在方面）都完全是被规定了的和有限的，毕竟我全然是纯自我相关系；因此我是在有限性中知道自己是某种无限的、普遍的、自由的东西。"③ 我作为人格，既是有限的和被规定的，又是知道着自己是自由的和无限的，是在普遍性被规定着的自由主体。人只有在知道自己是有限性和无限性统一着的主体时，才是作为人格存在的，否则就还未能作为人格存在，"个人和民族如果没有达到这种对自己的纯思维和纯认识就未具有人格"。④ 人既是高贵的、又是低微的，既是有限的、又是无限的，人是保持着这种矛盾的主体。"自为地存在的意志即抽象的意志就是人。""人间最高贵的事就是成为人"，人是知道自己在自身

---

① ［德］黑格尔：《精神哲学》，杨祖陶译，人民出版社2006年版，第315页。
② ［德］黑格尔：《法哲学原理》，范扬、张企泰译，商务印书馆1979年版，序言第10页。
③ 同上书，导论第45页。
④ 同上。

中是自由的主体，人能够从一切中抽象出来，又知道自己是被规定的东西。法的命令是：成为一个人，并尊敬他人为人。法的生命，在于"人""人格"的生成和生长。抽象法与道德和伦理相比还只是一种可能和必然性，因而抽象法只是一种否定性规定，是一种禁令，禁止任何侵犯人格和人格中派生出来的权利，因此抽象法就是禁止侵害人格和人格权利的法。"法的规定仅仅是一种许可和能力。这种法的必然性，正因为这种法是抽象的，所以局限于否定的方面即不得侵害人格或人格中所产生的东西。"[1] 这里的法，也包含着权利，因为权利也是一种可能和能力，权利的含义本身就是它是不可侵犯的，权利就意味着能够做某事的许可与可能，意味着一种权利能力；因此这里的法，应该同时含有法和权利两个层面的意义，因而也有人把"RECHT"翻译成"法权"。显然，人和人格是法的核心。法是人的法，是人格不受侵害的法，是人的权利法。"任何权利都只是人的权利"，黑格尔反对康德把权利划分为物权、人格权和物权性质的人格权，认为物权本质上是人格权，是人对于物的权利，而不是人对人的权利，因而物权的本质是人格权。人在法上的存在才是自由的现实实现，人不仅要在法上得到普遍的承认，而且也要受到法的有效保护，这就是"法权人格"，法权人格是自由存在者在法律上得以全面确认和保障。黑格尔也质疑罗马法中人格概念的普遍性问题，认为罗马的人格概念只是少数人所拥有的人格，只不过是一种身份的别名，不是作为人所享有的普遍意义上的人格概念，"从罗马法中所谓人格权来看一个人作为具有一定身份而考察时，才成为人"。[2] 罗马法中的人格本身只是一种等级和身份，只不过是一种家庭关系，而家庭是以牺牲人格独立性为特征的，因此罗马法中的人格不是一般意义上的人格概念，而正是对人格的一种否定，"罗马的人格不是人本身的权利，至多不过是特殊人的权利"。[3]

二、所有权：法权人格的初步承认

物权的人格属性。所有权是人作为人格的一种存在形式，是人格自由的最初定在，"人必须在所有权中获得定在""取得所有权即达到人格的定在"。[4]正如卢梭所说，第一个人把一块地圈起来，并宣布这是我的，从此就有了

---

[1] [德] 黑格尔：《法哲学原理》，范扬、张企泰译，商务印书馆1979年版，导论第47页。
[2] 同上书，第49页。
[3] 同上。
[4] 同上书，第59页。

"我的"概念,而黑格尔把这个"我的"叫作所有权,我的存在外在地就表现为所有权,是我在这个物上的存在。所有权的自然属性,是物对于人的需要的满足,是人生存的手段,但物权更是人格的体现。我有权把我的意志体现在任何物上,物是我的意志的体现。"所有权所以合乎理性不在于满足需要,而在于扬弃人格的纯粹主观性。人只有在所有权中才是作为理性而存在。"① 为什么黑格尔把物权放在人格意义上来理解,并认为人只有在物权中才是作为理性存在者?黑格尔认为,人的自由意志不能只停留在人的主观性和可能性里,而要显现于外,放置于外物之上,自由意志才会成为现实的自由,把主观自由客观化。物权的内在意义,并不在于物对于人的一种满足,而在于人格的表征和承认。当然,物对于人的意义,首先表现在物对于人的生存意义,物是人的基本需要得以满足的基本东西,因而所有权是个人的基本权利,是一种基本的生存权之所在。卢梭认为,人不能穷得出卖自己,正如人不能出卖自己的自由一样;费希特把所有权看作人的基本法权,认为在一个文明国家里,两种人不能存在,一种懒惰的人,一种是穷人,而国家要承担起让每个人都能够拥有财产使其生存下去。正如康德所说的,在自然状态下我的、你的之分还是偶然的得到承认,而只有在法律状态下这种你的、我的之分才得以普遍承认并得到有效保护。我对于物的意志和权利,必须以合法的形式向他人表明我的物权,必须要得到他人的承认,让他人承认我对于该物的排他性权利。物权表明,我是作为独立自主的人格而出现的,表明我享有占有物的人格资格,因而只有在物权中我才作为人格而不是物而得到他人承认。只有人作为人格,才拥有对于物的权利,因而人格在深层上是与物有本质的区别的。"物,某种不自由的、无人格的以及无权的东西。"② 物不具有主观性,没有主观意志的自由,因而物只能作为人的客体,物相对于人来讲其本性就是为了人而存在,它只能作为人的意志对象时才具有物权客体的属性,也只有作为人的需要对象时才具有真正的物权之物的意义。相对而言,人也只有在拥有对于物的权利时才显示出人格意义。知识、技能、学问等是自然精神的内在的主观东西,本身不是物,但这些主观精神可以表达于外而成为一种体现精神成果的特殊物,并成为转让的对象。

个人作为人,是自由的,但这个自由本身只是空虚的,只有这个内在自由体现在外在物上才是真实的,主体的自由才转化为权利。我把我的意志放到一

---

① [德] 黑格尔:《法哲学原理》,范扬、张企泰译,商务印书馆1979年版,第50页。
② 同上。

个物上，这个物就是我的占有物，这个占有物就有了人格意义，是人与物的结合，是我对于物的一种规定，"由于这个规定占有物就是财产，占有物作为占有物是手段，但作为人格的定在则是目的"。① 人在物里才第一次作为人格出现。我的这个占有物不仅体现着我的人格独立，也同时连接着其他人格，一方面，我内在地回到我自己之内，我与我统一，但同时，我的占有物也体现着我与他人的一种人格关联，"而在别的人的存在里，在我与他们的联系里和在本身是相互的那种被他们承认的存在里，我才有我的人格的定在"。② 在物里我作为人格，才有了真正的我的概念，我才作为独立人格被他人承认。在康德看来，人人都是目的而非手段，人人都要把自己和他人视为目的而非仅仅是手段，而黑格尔认为，所有权的意义就在于人是目的，在所有权里人首先是作为意志自由都出现的，并表明人是目的、物是手段。但是，特权的意义，不仅是体现在人与物关系上，更体现在人与人之间的法权关系上，物权的法权意义在于，我拥有某物的绝对垄断的占有和享有利益的权利，其他任何人都承担着不得侵犯我的这一物权，否则就是对我的人格尊严的冒犯，而在法治层面上又是对于法的尊严的蔑视。

所有权与人格平等的关系问题。物权意义上的平等概念，有两种相互冲突的观点。一种认为，平等指是对于物的平均占有，这就是所谓的平均主义。这种平等，是所谓实质意义上的平等。黑格尔认为，这种占有数量上的一律平等，只能导致一种极坏的结果，"关于财产的分配，众人们可以实施一种平均制度但这种制度实施以后短期内就要垮台，因为财产依赖于勤劳"。这不利于个人占有物权和劳动积极性的发挥，也不利于共同体的手续发展。另一观点认为，平等是形式意义的平等，是占有机会上的平等，是抽象人格意义上的平等。人作为人拥有占有物的权利，这对于每个人来说都是一样的，至于谁占有的物多与少不是平等的本义。当然，黑格尔也认为，作为人格，每个人都应当拥有所有权，这才是平等的真实含义，"他们仅仅作为人，即在他们的占有来源上，是平等的。从这个意义说，每个人必须拥有财产"。③ 所有权是个体作为私人主体所拥有的权利，是对于个性的承认和尊重。平均主义制度，是个性的一种扼杀，它不承认私有物权的存在，因而所有权也是一个共同体的社会制度问题，与正义有关，"正义要求各人的财产一律平等这种主张是错误的，因

---

① ［德］黑格尔：《精神哲学》，杨祖陶译，人民出版社2006年版，第317页。
② 同上书，第318页。
③ ［德］黑格尔：《法哲学原理》，范扬、张企泰译，商务印书馆1979年版，第58页。

为正义所要求的仅仅是各人都应该有财产而已"。① 所有权的主权内容。占有、使用和转让，是所有权的主要权能，也是人的意志自由的具体显现。占有是所有权的一种外在表征，它以恰当的形式向他人宣示所有权主体的排他性权利。"使用就是通过物的变化、消灭和消耗而使我的需要得到实现；这样，物的无我性质就显出来，该物也就完成了它的使命。"② 使用是所有权主体利用物来满足其需要的权利，而转让也是所有权人依据其意志将物所有权转移于他人。因此，对于物的占有、使用和转让，都是个人作为独立人格在物上的体现，是意志自由的一种具体显现。这种自由意志，不仅体现于所有权人对于物本身的权利，而且更表现为他人应当承认我的独立人格和所有权并不得侵害我的物权，因为侵害物权也就是对我的人格的侵犯。另外，只有财产才能成为契约转让的对象，而"我的整个人格，我的普遍的意志自由、伦理和宗教""是不可转让的"；③ 否则就会产生人格割裂，"割裂人格的实例有奴隶制、农奴制、无取得财产的能力、没有行使所有权的自由等"。人格和构成人格的东西，是我内在的精神之物，只有我才能占有且不能转让，"我借以占有我的人格和实体性的本质使我自己成为一个具有权利能力和责任能力的人、成为一个有道德原则和宗教信仰的人"。④ 人格是不能转让的，人作为人的前提就是我是我本人人格的有权占有者，这是我作为人存在的基础，这种自我有权拥有自我人格的人；只有自我占有我的人格的人，也才是一个完全的独立人格，不仅是一个拥有权力能力的人，同时也是一个拥有责任能力的人；也只有这种独立人格，才能够使我成为一个拥有道德能力和信仰能力的人。因而，在独立人格中，人才作为权利存在者和道德存在者而存在。

三、契约：法权人格的相互承认

财产是我的意志的放置，我且只有我才能决定是否把这个意志从这个物上抽回，我可以把这个物转移给他人，"事物只可以由于我的意志而转移给另一个人，同样它成为另一个人的财产只是由于他的意志；这就是契约"。⑤ 契约是两个意志的达成一致，一方同意放弃财产，而另一方同意接受财产。这个协

---

① ［德］黑格尔：《法哲学原理》，范扬、张企泰译，商务印书馆1979年版，第58页。
② 同上书，第67页。
③ 同上书，第73页。
④ 同上书，第74页。
⑤ ［德］黑格尔：《精神哲学》，杨祖陶译，人民出版社2006年版，第318页。

议里双方的意见是充分和完备的，那么这个契约就是充分有效的，"放弃财产的意志和接受财产的意志的内在性是在表象活动里，而言语在这个领域里则是行为和事物，而且是充分有效的行为"。① 现象学上，这里的作为意志的行为显现为言语，言语就是双方意志的体现，契约是否充分有效也就体现在言语上，言语就是意志自由的一种外在符号。契约如果违反了双方意志的一致性，就可能产生对法的否定，这样契约就有法与不法之分，契约也是一种法的关系。

契约是物权转让的一种形式，本质上也是所有权人的自由意志的体现。在契约中，存在着两个独立的自由意志，而这两个独立意志既是有其各自的意志特殊性，又是具有共同意思内容的共同意志，"契约中有两个意志和两个物，即我既欲取得所有权又欲放弃所有权"。② 契约双方就物权的转让达成一致的意思表示，是双方自愿、平等的自由意志，"由于契约是意志和意志间的相互关系，所以契约的本性就在于共同意志和特殊意志都获得表达"。③ 双方都把对方视为独立人格和所有权主体，都不得强迫对方，这是契约的基本精神，"就人的意志说，导致人去缔结契约的是一般需要、表示好感、有利可图等等，但是导致人去缔结契约的毕竟是自在的理性，即自由人格的定在（即仅仅在意志中现存的）理念。契约以当事人双方互认为人和所有人为前提"。④ 假如人在所有权中是独立人格的初次承认，那么在契约关系中是人作为独立人格和权利人格的二次承认；假如在所有权中人是一种人格的抽象承认，那么在契约中人是作为具体的独立且权利人格而被现实的承认。契约是双方当事人作为自由人格，同时也显现着双方都是作为理性人格，是双方理性处理权利转让问题，因为双方不再使用暴力等野蛮手段来处理双方的问题，而是采取平等自愿的和平协商的方式。

但契约只是特殊的私人主体之间的偶然行为，是双方自愿行为，不具有适用于共同体的普遍性。黑格尔认为，国家不能建立在契约理念之上，不能将国家视为是契约的结果。在黑格尔看来国家的法高于个人的法，国家不是偶然的契约结果，不论这种契约是所有成员的共同达成的，也不论是一个君主与所有其一切人之间所订立的，或者政府与所有个人所签订的，因为国家不是任意

---

① ［德］黑格尔：《精神哲学》，杨祖陶译，人民出版社2006年版，第319页。
② ［德］黑格尔：《法哲学原理》，范扬、张企泰译，商务印书馆1979年版，第83页。
③ 同上书，第85页。
④ 同上书，第80页。

的，不是可以自愿脱离或加入的，人一出生就拥有这个国家的成员资格，"国家的本性也不在于契约关系中，不论它是一切人与一切人的契约还是一切人与君主或政府的契约。把这种契约的关系以及一般私有财产关系掺入到国家准关系中，曾在国家法中和现实世界造成极大混乱"。[1] 显然，黑格尔不同意自然法学的国家契约论，国家不是私事，不是一种私人的偶然行为，不能作为与个体缔结契约的主体。国家如果被降低为契约的产物，那么国家似乎成了个人的私有之物，而国家的实质是共有之物，是普遍性的共享的精神家园，不能成为契约的对象。

总之，首先，财产是自由的初步定在，是抽象法的首要部分。人只有在财产权里才会作为独立人格得到承认。黑格尔从物权中看到人格的实质，即自由。第一，只有人才拥有占有物的资格。物本身是没有占有物的资格的，只有人才拥有自由意志并把自己的自由意志外化在物的占有上，因此对于物的占有权是人的自由意志的体现，而自由意志是人作为人而存在的本质。如果没有占有物的自由，那么人也就不是真正的人，要么是物，要么是奴隶。第二，物权是人作为人而被承认的标志。黑格尔把人格权的本质视为物权，而物权也是人作为独立的法权人格的基本权利，对物权的承认就是对于我的独立人格的承认。对我的物权的侵犯，也就是对于我的人格的侵犯，是对于我的独立人格的蔑视，我也就有权来维护我的物权，我也就拥有与这种侵害作斗争的权利。第三，物权也是我的生存所必需。人作为人应当拥有物来满足自己生存的基本需要，而获取物权的手段主要是劳动，而劳动又是为了他人之需要而生产的，因为只有他生产出他人所需要的产品，才能把该物转让出去，也才能获得自己所需的物。其次，契约是客观法的第二个环节。物权的相互转让，是通过契约而得以实现的。契约是对于强制暴力的否定，是人与人之间交往的理性产物。契约是双方当事人自愿的双向行为，是双方都把对方当作与自己一样的独立法权人格，相互承认对方为独立人格，同时又要把对方视为物的权利主体。

四、不法与惩罚：人格尊严与整体正义

法在契约中是作为自在的法出现的，是双方当事人之间的自在法。法只有在与不法进行否定中才显现出其现实的有效性和普遍性，法在契约中还只是一种偶然的有效。自在的法，是法的现象，现象一般来说与本质是相符合的，但

---

[1] ［德］黑格尔：《法哲学原理》，范扬、张企泰译，商务印书馆1979年版，第82页。

现象并非总是与本质相符合的，那种与本质相对立的现象就是假象，而不法就是一种法的假象，是法的一种虚无，"不法就是把自己设定为独立的东西的本质的假象"。① 黑格尔的独特之处在于，他认为法只有在对不法进行否定中才会显示出法的现实有效性，因而法只有在这种对于不法否定的过程中才是真正现实的法，"这一假象的真理乃是虚无的，法通过对自己否定的否定而又返回到自身；通过自我否定返回于自身这一过程，法把自己规定为现实的和有效的东西，至于最初法仅仅是自在地存在的和某种直接的东西"。② 这里体现着辩证法，客观法中的辩证法原理，否定之否定原理，不法是对于法和人的尊严的否定，而作为惩罚则是对于这种不法之否定的否定，一种同量而异质的对待法则。这种否定之否定辩证法的实质是正义，是维护人的尊严和法的尊严，是对于那种蔑视人格尊严和法律尊严的不法行为的一种矫正。这是从法的结果来看的，是从现实中的法的效果来界定法的概念的。这里强调了法的实际效果的重要性，强调法的履行对于法的意义，把法的现实效力视作法的生命，这意味着：法不仅仅只是停留在抽象法的环节。黑格尔把不法划分为三种，无犯意的不法，欺诈的不法和犯罪。

第一种不法，是无犯意的不法，它把法的假象当作了法，即把不法当成了法，因而属于对于法的一种主观认识错误。因而无犯意的不法，并不具有否定法的主观意图，在主体的内心里还是尊重法的。这种无犯意的不法，主要是根本无犯意的不法或民事上的不法，这种不法如果造成了他人的损失，就只要责令其承担赔偿损失的责任，也就使不法回复到法的本位上了。欺诈，是一种表面上尊重对方的特殊意志，而只是把不法假装成法，对法的普遍性并非给予尊重。

第二种不法是欺诈，它是欺诈者对于法的一种有意地否定，因而法要对于欺诈进行刑事惩罚，这与民事不法有本质的区别，"对无犯意的民事上的不法，不规定任何刑罚，因为在这里并无违法的意志存在。反之，对欺诈就得处以刑罚，因为这里的问题是法遭到了破坏"。③ 由此来看，黑格尔把欺诈当作了一种犯罪现象，当然他所指的欺诈，不仅包括我们平常所说的民事欺诈，也应该包括刑事性诈骗。可见，黑格尔对于欺诈的一种法律属性界定还是较为严厉的，具有一定的道理，如果对于欺诈不当作刑事类别而只作为一般的民事不

---

① ［德］黑格尔：《法哲学原理》，范扬、张企泰译，商务印书馆1979年版，第92页。
② 同上书，第91页。
③ 同上书，第95页。

法，那就会使欺诈得不到应有的处罚，那么其结果只能是欺诈的横行无忌。

犯罪，是第三种不法。如果说欺诈是一种隐蔽着的不法，那么犯罪就是公开的不法。在欺诈中，普遍的法虽然没有得到尊重，但对于被欺诈主体的特殊意志还是予以尊重，亦即欺诈没有公开地不法，而是把不法打扮成合法的样子。而犯罪却连对于法的这种表面的虚假尊重也没有了，对于受害主体的特殊意志也公开地予以藐视，因而犯罪才是黑格尔所认为的真正的不法。"自由人所实施的暴力行为的第一种强制，侵犯了具体意义上的自由的定在，侵犯了作为法的法，这就是犯罪。"[1] 犯罪不仅否定了我的特殊意志，也否定了作为法的普遍意志，不仅否定了主观法，就连客观法也被否定了。而刑罚作为对于犯罪的一种惩罚，是第二种强制，是对第一次强制的强制，也就是对犯罪的一种否定，因为犯罪是对于法的否定，而法又反过来对犯罪进行再次否定，因而黑格尔认为"刑罚不过是否定的否定""现实的法就是对那种侵害的扬弃，正是通过这种扬弃，法显示出其有效性，并且证明了自己是一个必然的被中介的定在"。[2] 现实的法如果在现实中得不到有效执行，不能对不法进行否定，那么现实法就会消沦为没有实际效力的法，它也就失去了法的意义。因而法的生命，就在于其效力，在于对于不法的否定功能上，因而法只有通过这种否定之否定过程才会显示出其效力，才会使法的抽象性得以现实化，法才会转化为现实的法，从白纸黑字的法到社会现实的法，法才成为一种看得见的东西，现实也才显示出其正义属性。这就是说，法如果得不到执行那就不如没有法，因为如果没有法，人们认为还可以完全自卫，但有法时人原始的自我保护权利基本被法所垄断，而法又在现实中失灵，人的基本权利就得不到应有的法律保护。正如亚里士多德所谓法治的两层含义，第一是法必然得到遵守，第二是所遵守的法必须是正义的。为什么亚里士多德把法的遵守放在法治两个层面的第一位？这也许是特别强调法的有效性问题。而黑格尔在这里也特别强调法的现实有效问题，那当然他也强调法的正义性问题。

正义是刑罚的伦理依据。对于惩罚的性质问题和使命的定位问题，黑格尔批判了当时流行的刑罚目的论，如刑罚的善目的论、矫正论和恐吓论。恐吓只是把人当作了一种客体，是对于人的人格的一种贬损，没有把人当作一种理性的主体来对待。法之所以对犯罪主体予以惩罚，不是为了恐吓他或他人，而是把他当作了理性人来看待的，如果他是一个没有正常人的理性的人，那么对他

---

[1] ［德］黑格尔：《法哲学原理》，范扬、张企泰译，商务印书馆1979年版，第98页。
[2] 同上书，第100页。

们惩罚就毫无意义,正如对于一个完全没有理性能力的精神病人进行恐吓。因而,对于一个有正常理性的人进行恐吓,只是把法降低为一种不义之法,因为恐吓只是把人当作了没有理性、没有人格的动物,"法和正义必须在自由和意志中,而不是在威吓所指向的不自由中去寻找它们的根据。如果以威吓为刑罚的根据,就好像对着狗举起杖来,这不是对人的尊严和自由予以应有的重视,而是像狗一样地对待他"。[①] 黑格尔认为,对于犯罪的惩罚不是出于恐吓,而是出于法本身具有的正义,实现正义才是刑罚的真正的目的和使命。这种正义,不仅是对于特殊的个人来说,也是对于法本身,对于社会整体来讲的;这就是个别正义和社会正义的法治正义二重性。同时,黑格尔认为正义是刑罚的基础,而把私人报复视为一种未开化民族的一种社会现象。刑罚的正义原则,通过刑罚与犯罪在质和量两个方面的适当对应才能表现出来。

第四节 道德与道德法

一、道德主体:特殊个体

道德是什么?道德是个体内在的自由意志规定性,是他外在行为的依据,也是他对其行为负责的依据,"主观意志在道德上是自由的,因为这些规定是由它在内心作为它自己的规定设定起来的,并且是他所意愿的。主观意志的带着这种自由的行动上的表现就是行为,它在行为的外在性上只承认它曾对之有所知和有所愿的东西是它自己的东西,并让自己对此负责"。[②] 道德的特征主要有,首先,道德的主体是具体的个体,而法是一种外在的普遍性规定,在法里是人,而在道德上就表现为主体,人与主体是不同的。法上的人是一般意义上的人,因为法是普遍性规定,人在法的意义上被承认为人,而道德上的人是特殊的人,是特殊主体,因为不同的人有各自的内在规定性。其次,道德是一种内在自由。道德是个体内在的自由意志规定性,具有自我内在特殊性,不是外在的普遍规定,是自我决定和自我选择的内在根据,是我对自己的一种规定。

[①] [德]黑格尔:《法哲学原理》,范扬、张企泰译,商务印书馆1979年版,第102页。
[②] [德]黑格尔:《精神哲学》,杨祖陶译,人民出版社2006年版,第312页。

二、道德能力：善恶区分

主观道德上的自由，是人的权利，人有权知道善恶问题，是人必须拥有关于一般善恶区别的知识。伦理的和宗教的规定不仅要求人们外在地遵守法则，而且要求人在内心里赞同和接受这种外在规范，即行为和良心上都要接受这些规则。但是，意志的主体性在意志本身里是坚持自我目的的理念。道德的内容是个体所知道的，道德是个体所意愿的东西。必须是我所知道的东西而且是我所意愿的东西，才具有道德上的意义，因此，知和愿是道德构成的主观要件。道德的具体内容上，道德不仅包括善，还包括故意、福利和恶。由于这个自由的权利，人必须特别拥有关于一般善恶区别的知识。"道德的东西必须在广义上来理解，在这种意义上它就不止是意味着道德上的善。""在其自身里包括有故意和意图，以及道德上的恶。"① 道德不仅是关于善的知与行，而且也包括恶的知与行的问题，因而道德学不仅仅要研究善，而且还要研究恶。"对于善的模糊不清的规定，一般说来就有各种各样的善和多种多样的义务，它们的差异是彼此辩证地对立的，并使它们陷入冲突之中。同时它们由于善的统一性之故又应当是和谐一致的，它们每一个虽然都是特殊的，但作为善和义务却是绝对的。"② 善恶的不可定义性，就在于善恶往往表现为一种个人的主观意见，不同的人会对善恶有不同的理解和规定性，这样就会有不同的特殊的善，这些不同主体的特殊善之间就会有冲突，就会产生不和谐。因而良心极为重要，但良心又是最不可靠的，个体之间的良知往往会相互冲突。只有普遍的善理念在每个主体内心中获得了规定性，在主体之间达成了一定程度的善恶价值共识，那些不同的道德主体最终才会和谐相处。同时，恶是对于普遍性的否定和违背，与善是对立的，是对于和谐的破坏，因而应该使恶本身破灭，才能保持和谐。

三、伦理人格：公正与仁爱

"伦理的人格，也就是说那为实体性的生命所渗透的主体性，就是德。就实体性的客观性、伦理现实的全体来看，德是依赖、有意为这现实工作和能够为它献身；就与别人关系的偶然性来看，德首先是公正，而后是仁爱的倾

---

① [德] 黑格尔：《精神哲学》，杨祖陶译，人民出版社2006年版，第324页。
② 同上书，第326页。

向。"① 伦理人格的德，是具体的善，其实质就是献身精神，具体显现为公正、仁爱，而且公正优先仁爱。道德本质上是一种义务，道德要求主体理解的接受善，并依据善去行为，这里就隐含着"应当"的义务。道德的最终目的，是和谐。另外，道德体现为一定的外在的行为，道德是个体对其基于道德的行为负责的依据。这些道德特征，也是个体承担道德责任的主要构成要件。人格的伦理原则，就是人作为人的道德展示，伦理人格的主要原则就是仁爱与正义，因而伦理人格是道德人格与法权人格的统一。这正如亚里士多德有关公正与公道、体谅关系的论证，他认为公正是基本的美德，但是公道与体谅则高于正义，原谅他人比公正更为重要，而且做到谅解他人比死抓住公正不放要难得多，因而也显得更为高尚。因此，一个完善的伦理人格，不仅做正义的事，而且更能关爱他人，不仅能够享有法上的权利，更要能够承担道德上的义务。

四、两种人格：道德人格与法权人格

道德是人作为人在主观上的存在形式，是人内在的人格；而法是人的外在人格的存在形式。道德是人的意志把人格作为自己的对象，人在法中还只是一种外在的人格被承认，"在抽象法中，意志的人格单单作为人格而存在，如今意志已把人格作为它的对象。这种无限的自由的主观性构成了道德观点的原则"。② "在抽象法中，意志的定在是在外在的东西中，但在下一阶段，意志的定在是在意志本身即某种内在的东西中。"③ 这里内含着两种人格，一是外在人格，客观人格，客观法上的人格，即法权人格；二是内在人格，主观人格，主观法上的人格，即道德人格。法权人格与道德人格的辩证关系是表里关系，正如法律与道德之间的关系一样，法律是以道德意识为根基的，道德也需要法律来体现和保证。

道德的基本要素是故意、意图和动机，是我进行某种行为的内存动因，"在严格意义的抽象法中，还未发生什么是我的原则或我的意图的问题。这一个关于意志的自我规定和动机以及关于故意的问题，现在在道德领域中才被提到日程上来"。④ 道德是人作为主体的自我主观规定，是自我把我的原则或我的故意、意图、动机等问题作为我的主观规定，是我的主观自由，而这种主观

---

① ［德］黑格尔：《精神哲学》，杨祖陶译，人民出版社2006年版，第330页。
② ［德］黑格尔：《法哲学原理》，范扬、张企泰译，商务印书馆1979年版，第108～109页。
③ 同上书，第109页。
④ 同上书，第111页。

自由只是限于我这一主体而言。道德是主体与主观的统一，只有在道德上人才是作为主体出现的，"道德的观点，从它的形态上看就是主观意志的法"。① 道德是人格自我为自己而制定的法，一种道德自律。主观性的缺陷在于其主体的主观性过强或过弱，单方自我主观性过强会导致纯粹主观性的片面性，而自我主观规定能力欠缺又会导致主体完整性的欠缺，"未受教养的人在一切事情中听从暴力和自然思想因素的支配，小孩不具有道德的意志，而只听其父母摆布，但是有教养的和能自省的人，希求他本身体现在他所做的一切事情中"。② 人在道德中的最大问题，在于人的独特利益，因为人最易于把他自己的独特利益视为绝对第一的东西，把自我规定作为一种绝对诉求而强加于他人，因此道德问题在于人的主观解放，"意志为了成为自在自为地存在的意志，必须把自己从纯粹主观性这另一片面性中解放出来"。③ 道德的自我主观性，意味着，我在我之内是无限自由的，是绝对的，但这种无限自由也就恰恰是主观自由的局限性。这种局限性，在于自我单个规定与他人的独特规定的冲突，尽管这种我与他的主观自由的冲突问题只有在伦理中才会显现出来，因而道德是一个整体性问题，也是一个客观性问题，不仅仅是应然的问题，"所以道德的观点是关系的观点、应然的观点或要求的观点"。④ 道德是一种主观法，是有关主体关系的法则，是应该如何处理我他关系的基本态度，道德的基本特性就是关于主观欲求与客观法则如何才能相符合的基本理念与法则。

五、故意与意图：承担责任的伦理依据

意图是责任承担的前提，凡是我故意的事情和行为，我才会负责。这种故意的条件主要有，第一，我是自由的；第二，我知道这事情会发生；第三，我对于这事存在一定过错。如果缺乏以上任何一项，那么就不构成故意，我也不应该对此事负责任。

故意只是一种普遍性的东西，而意图是我作为行为的具体动机，因而意图是故意的具体化，是一种自我的特殊性。黑格尔举例说，杀人放火是一种普遍物，是我的故意行为，但不是为了杀人而杀人，而促使我去做具体的杀人放火行为的动机才是我的特殊意图，或出于杀人成性或出于其他欲求。因此，道德

---

① [德] 黑格尔：《法哲学原理》，范扬、张企泰译，商务印书馆1979年版，第111页。
② 同上书，第112页。
③ 同上。
④ 同上。

包括两个方面，一是故意行为，二是意图即动机，而动机才是真正的道德问题，"所以更确切地说，行为的动机就是我们叫作道德的东西，而且照这样说来，道德的东西具有两重意义：在故意中的普遍物与意图的特殊方面"。① 道德涉及两个东西，一是一般意义的行为要素，即故意行为；二是涉及做出此行为的真正动因，即动机。

意图是一种主体的特殊性的自我满足，包含着我的目的。我的目的，是我正当的需要，是我自由的特定化和真实化，因为人首先是生物的，我的需要和目的是合乎理性的，而不是一种偶然的东西，"他的需要作为他的目的。生活不是什么可鄙的事，除了生命之外，再也没有人们可以在其中生存的更高的精神生活了"。② 我的或他人的需要的满足，都是目的，也都是一种特殊性的法权，都不能与普遍性的法相冲突，不能因为自我特殊性而可以做不法的事，"不论对我的还是对他人的福利的意图，——人们特别称后者为道德的意图，——都不能成为替不法行为作辩解的理由"。③ 但是，并非所有的个人特殊福利的意图都不能作为不法的理由。

黑格尔特别提出，只有一种意图可以作为不法的辩解理由，那就是人的生命。生命是个人最为神圣的东西，人在其生命受到现实的危险时，他有权采取一切必要措施来对自己的生命进行施救。"自然意志的各种利益的特殊性，综合为单一的整体时，就是人格的定在，即生命。""当生命遇到极度危险而与他人的合法所有权发生冲突时，他得主张紧急避难权。"生命权高于一般所有权，生命权高于一般的法，当生命受到生存困境时，为了生命的存在就允许一定限度的不法存在，因为生命作为人格的存在本身就是法，是最高的法，就是最高的正义，且因为法本身就是自由的定在，而生命是人格自由的最为基本的东西。"生命，作为各种目的的总和，具有与抽象法相对抗的权利。"生命是目的，法只是维护生命的手段，生命是唯一可以对抗抽象法的权利。黑格尔举例说，如果一个人为了保全生命而偷窃他人一片面包，尽管他人的所有权受到了侵害，但不能把这种偷窃行为视为寻常的偷窃。"一人遭到生命危险而不许其自谋所以保护之道，那就等于把他置于法之外，他的生命即被剥夺，他的全部自由也就被否定了。"④ 如果不允许人对于生命的自救，那就是最大的不法，

---

① ［德］黑格尔：《法哲学原理》，范扬、张企泰译，商务印书馆1979年版，第124页。
② 同上书，第126页。
③ 同上书，第128页。
④ 同上书，第130页。

由此看黑格尔对于生命的尊重。生命、自由、人格，在黑格尔这里都是同行重要的，而生命更是自由和人格的最为基础，如果生命不存在了，那么人格与自由也就根本不存在了。法是自由的定在，那么法也必然是人格和生命的一种定在，生命的保全也是法的使命之一，而自己对于自己生命的自救也必然是法所允许的，因为这与法的使命是一致的，只是在个人不能求助于法的及时保全的前提下人才应该拥有自己救助的权利。

六、良心：内心的善恶法则

善是具体的法，而人格还只是一种抽象的法，因而善是人格的现实化，是自由的具体化。善是特殊意志与普遍意志的统一，是主观自由与客观法的统一，而不是单纯的主观自由与客观外在的分离，善是克服了主观法的任意性和客观法的形式抽象性的不足，而"善"又同时包含着主观法和客观法的本质。因而，黑格尔认为善就是现实着自由，是一种绝对的理念，"善就是作为意志概念和特殊意志的统一的理念""善就是被实现了的自由，是世界的绝对最终目的"。①

善是由福利和法两个要素构成，"福利没有法就不是善。同样，法没有福利也不是善"。② 善把法与福利统一起来包含在自己之内，善既不脱离法的普遍性，也不能脱离福利的特殊性。主观特殊意志只有与普遍性的法相符合时，才是善。善也离不开主观意志，只有通过主观意志，善才会得到人的认识和接受，并纳入到自己的主观意志法中，这就是善在我心中，即良心。善，转化为个人的良心，就是个人的自我立法，是主观自由的规定活动。意志本身最初并非就是善的，而"只有通过自己的劳动才变成它的本来面貌"，这种劳动就是思维，就是对于真理的认识。"凡是我的判断不合乎理性的东西，我一概不给予承认，这种法是主体的最高的法，但是由于它的主观规定，它同时又是形式法；相反地，理性作为客观的东西对主体所具有的法，则依然屹立不动。"③良心完全是一种自我主观的认定，是一种纯粹的主观自由，我才是一切善恶判定的最终决定者，因而良心是我内心的最高法官，这个内在法官只对于我自己本人发号施令。

良心有两种形态，一种是个人的特殊良心，另一种是一般的普遍良心。自

---

① [德]黑格尔：《法哲学原理》，范扬、张企泰译，商务印书馆1979年版，第132页。
② 同上。
③ 同上书，第134页。

我意识的良心，是我从自我的内心来主观设定的东西，是自我意识的规定，是我对于善的认识，是我在这种善认识基础上对于权利和义务的一种规定。而一般意义上的良心，是一种符合普遍善的一种主观规定，这种良心是较为稳定的东西。只有这种普遍性的良心，才是真正的良心，是善与良心的统一。而人们一般都会把自己的个人善意识看作真正的良心，并形成一种自我内心确信，但个人良心，其本身仍然是一种特殊性和相对性的主观东西，它可能符合一般的良心概念，也可能与一般良心相违背。如果个人把与一般良心相违背的主观确信当作绝对的良心规定，并强加于他人时，那么这种良心就会给他人带来危害。因此，不能抽象地谈论良心问题，不能把个别人的所谓良心观念作为一般意义的良心，因为个别人的良心只不过是对于善的一种个人认识，不能代替善本身。

良心作为自我意识，把某种规定作为有效的东西，而把其他的一切有效的规定都在自我之内蒸发掉了，那么这种所谓的良心，就具有两种可能性，"它就有可能或者把自在自为的普遍物作为它的原则，或者把任性即自己的特殊性提升到普遍物之上，而把这个作为它的原则，并通过作为来实现它，即有可能为非作歹"。① 这种仅仅把自己的特殊性的主观确信当作普遍性的东西来作为行为的原则，那么这种良心就是一种虚假的良心，是恶的来源。因此，善与恶都来源于人的主观规定性这种自由，都来源于人的意志，"良心如果仅仅是形式的主观性，那简直就是处于转身作恶待发点上的东西，道德和恶两者都在独立存在以及独自知道和决定的自我确信中有其共同根源"。② 人的意志具有"两可性"特征，它既可以是善的，也可是恶的，即善恶都源自人的良心，"恶也同善一样，都是导源于意志的，而意志在它的概念中既是善的又是恶的"。③ 这就是所谓的"善恶同源"，善和恶的观念都是由人的良心制造出来的，善恶都源自人的内心自由。人的所谓良心，其属性是主观的特殊性东西，这种特殊性与普遍性的善可能相符合，也可能是相冲突的，因而良心作为特殊性是有两面性的。每个人在谈到良心时，都把自己的良心视为一种真正的良心，这样就有可能出现诸多良心形态，而这些良心之间往往是冲突的，人们会对于具体问题发生争议，而每个都坚持自己的良心才是真正的，才是符合善的。抽象地讲，个人良心可能是可贵的，因为它可以是普遍性的东西，但它却

---

① [德]黑格尔：《法哲学原理》，范扬、张企泰译，商务印书馆1979年版，第142~143页。
② 同上书，第143页。
③ 同上书，第145页。

也可能是可鄙的，因为它有可能不是真正的良心，不符合普遍的善，而它又固执地坚持这种虚假的良心。只有当个人把普遍性当作自己的良心，同时所谓共识又不符合普遍善原则，而他固守在自己的内心深处，坚持自己的正义信念，那么这种良心就显得更加难能可贵，"苏格拉底生活在雅典民主衰颓时期，他逃避了现实，而退缩到自身中去寻求正义和善"。① 这也可以称作苏格拉底式的良心观，应和良心的内容就是正义和善，而正义与善的观念纯粹是从自我内心中产生，而不受他人的摆布，这种良心观也是一种主观的善恶观，这种良心观具有过于抽象的特征，同时又含有真理的成分。

真正良知的本质，是与善相符合的，是一种正义的和合理的东西，是与规律相一致的，因此良心的核心是善，是善在我心中，是善的现实化、具体化、特殊化或主体化。真正的良心，就是黑格尔所谓的真实的良心，是与形式的良心相对的，形式的良心可以是善的，也可能是恶的起源，因为形式的良心是把主观良心上升为普遍的善，是一种个人的任性，而真实的良心是把普遍的善当作个人的良心的。因此，真实的良心是与普遍的善相一致的，是把普遍善视为自己的良心，它把与普遍善相冲突的个人私见从内心全部排除了出去，"真实的良心是希求自在自为的善的东西的心境，所以它具有固定的原则，而这些原则对它说来是自为的客观规定和义务"。② 真实的良心，不再仅仅是形式上的良心，而具有客观内容的东西，这种良心内容就是普遍的善，即自在自为的善，而良心把这种普遍善作为其原则时就具有了真实性。这种真实的良心，就转化为一种良心自我立法，而这种自我立法的实质在于主观对于客观善的一种认知和表述，是自觉地把普遍善当作其立法原则，"作为真实的东西，良心是希求自在自为的善和义务这种自我规定"。③ 而我们平常所讲的良心，只是强调形式的良心，而并非是真实的良心，甚至存在着冒充真实良心的伪善现象。而虚假的良心，却是与善相违背的，是把虚假的善当作了良心的内容。个人的主观善或良心，就其本性来讲，不能作为一般善与恶的区分标准。

善恶的区分问题。何谓善与恶的问题，一直是伦理学视域中的基本论题，也是人们易于产生现实错误的重大问题，也是历来哲学上争议最大的问题之一。我们不仅要研究何谓善的问题，更要探究何谓恶的问题，因为善与恶在认识论上是同源的，都来自人的主观意识，而且人常常把善与恶相混淆，把善当

---

① [德] 黑格尔：《法哲学原理》，范扬、张企泰译，商务印书馆1979年版，第142页。
② 同上书，第139页。
③ 同上书，第141页。

作恶或把恶视为善。因此,要知道善与良心,就必须研究恶的问题,学会区分善恶。善与恶区分的根本标准,是真理或规律,而非人的主观东西。"恶的意志希求跟意志的普遍性相对立的东西,而善的意志则是按它的真实概念而行动的。"① 当人们说善恶的问题时,往往是指人们对于善恶的认识,而非善恶本身。善恶问题,就有主观与客观之别,客观的善恶与规律有关,而主观的善恶直接与人的认识有关,因而主观善恶只是对于客观善恶的一种反思,而这种反思的结果可能是正确的,也可能是错误的。现实中往往出现把二者混淆起来的情况,有人甚至故意把善曲解为恶,而把恶说成是善,而且把他的这种个人主观私见当作客观善恶来对待。人有善恶的认识能力,具有神似的一面,也有面对善恶问题而自行选择善恶的能力和意志,也具有非神似的一面。"把恶曲解为善,善曲解为恶这种高深莫测的恶的形式。"② 这就是主观任意的善恶观冒充为客观善,是道德领域的一个理论难题。这种善恶颠倒的冒牌良心,就是伪善,而这种伪善的实质就是把个人的任意性当作普遍性。"恶以及出于恶的意识的行为,还不是伪善。伪善须再加上虚伪的形式的规定,即首先对他人把恶主张为善,把自己在外表上一般地装成好像是善的、好心肠的、虔敬的等等;这种行为不过是欺骗他人的伎俩而已。"③ 善恶问题成了道德理论的核心问题。而善恶颠倒的道德论,被黑格尔称作"道德的诡辩",这种道德诡辩论"把恶的意志曲解为善的假象。它虽然不能改变恶的本性,但可给恶以好像是善的假象"。④ 道德诡辩者把自己的主观任性当作一种善的标准,自命为善的立法者,这样他就可以为所欲为,因为无论他如何行动都是绝对的善的。现实当中往往存在着形式的善恶与真实的善恶根本相反的情形,伪善是一种典型的善恶颠倒,有的人表面上是一个大善人,而实际上是一个十足的恶人,而有的人虽然做了恶事,但在本质上可能并不是一个恶人,甚至可能是一个真正的善人,比如苏格拉底之冤案。

黑格尔的一般善概念,是一种客观的善,与主观的善相对应,而主观的实际上只是善观念,是对于客观善理念的一种反映。主观善通过行为而与客观善相对接,来证明行为者的主观善与客观善是相统一的,来说明行为者的行为是善的。当我们说善的时候,往往是指我们所欲求的善,是一种主观的善,而不

---

① [德] 黑格尔:《法哲学原理》,范扬、张企泰译,商务印书馆1979年版,第144页。
② 同上书,第146页。
③ 同上书,第148页。
④ 同上书,第158页。

是客观的善。当我们说我们的行为是善的，这里的善的标准是什么呢？是主观意图，还是客观规律呢？黑格尔认为，现实中存在一种主观善意图决定行为善属性的错误观点，这种主观决定论认为只要出于善意图的行为，不论这种行为本身是否对他人有害，那就都是善的。这种主观决定论会导致人人可以为所欲为的恶果，最终导致伪善的横行，因为任何人都会为自己的恶行寻找一种善意的借口。

道德概念包含着两个要素，关于善恶的区分知识和避恶向善的行为规则，"认识善和知道善与恶的区别乃是每个人的义务。但无论如何，有一个绝对的要求，即任何人不得从事罪恶和犯罪的行为，人既是人而不是禽兽，这种行为就必须作为罪恶或罪行而归责于他"。① 即便是出于善良意图或动机，也不能以此来为其罪行辩解，否则善与恶的一切区别都没有了，因而道德人格，就是知善恶、行善事的人，具有拥有善观念之良知是道德人格的理性要素。

客观善，不能单独存在，它只能通过人的主观良心和具体行为而体现出来，"规律不会行动，只有现实的人才会行动。根据上述原则，在评估人的行为时，唯一重要的是，看他在何种程度上把上述规律采纳在他的信念中"。② 善只有转化为人的信念，才会有实际的意义，规律只有通过我的行为才会有现实性，而且规律只有纳入到我的内心中才会成为我的主观信念。总之，客观法是人的自由的定在，是人作为人的抽象法，主观法是对于善恶的主观认知，二者都是人的两种必要的存在形式，但二者都有其内在的缺陷，只有伦理法才能把二者统一起来，主客观相统一的法就是伦理法。

第五节　伦理与伦理实体

一、伦理与伦理实体

黑格尔对伦理与道德作了明确的区分。黑格尔把伦理定义为一种主观法与客观法的一种合题，是道德与法律的合题，是一种现实的实体，"伦理是客观精神的完成，是主观精神和客观精神本身的真理"。③ 伦理是对主观精神和客观精神各自片面性的克服，又是对二者的优点的吸收和结合。主观精神主要是

---

① ［德］黑格尔：《法哲学原理》，范扬、张企泰译，商务印书馆1979年版，第153页。
② 同上书，第154页。
③ ［德］黑格尔：《精神哲学》，杨祖陶译，人民出版社2006年版，第329页。

自我的内在决定，客观精神只是外在普遍性的形式，二者都有缺陷，而当二者结合起来并体现在现实实体时就是完善的东西，就是完美的伦理。只有通过主观自由与客观自由的结合，通过普遍规定内化为主体的主观自由，并通过主体的知、意向和活动而现实化为风尚，这种完美的伦理成为一种民族精神；这样，精神的演进就形成了一个完整的图式：自然—自由—自然。伦理体现着个别人独立性与民族精神的关系，"自由地自知着的实体在它里面绝对的应当同样程度上是存在，它作为一个民族的精神而有现实性。这个精神的抽象的划分就是个别化为各个人，而民族精神则是各个人的独立性的内在统治力量和必然性"。① 个人的精神属性与民族的精神整体是相辅相成的，民族精神体现于个人的自我意识与民族意识中，个人法权与道德共识会汇聚为一个民族的精神特质。在伦理里，个人自由与民族精神得到了完美的结合，这种结合是互化的动态过程，"伦理是存在作为一个民族及其诸个体而现实在场的自我意识中的神圣精神；这个自我意识在从其经验的现实性进入到自身里并意识到它的真理时，其信念和良心中所有的只是它在自身中，即在其精神现实性中所有的"。② 个人自我意识要把民族整体精神纳入进来，把民族精神转化为个人自我良心的道德法则，只有这样个人良知才具有普遍性和神圣性，个人良知也就转化为道德实体一种信念，民族信仰与个人信念在内心良知中得到了统一，实现了个人道德意识与民族精神的高度统一。因此，伦理是自己知晓其本质、使命和理想并努力实现其精神属性的道德实体，因而伦理是一种理想与现实相结合的道德与法权实体。

  伦理有三种实体，家庭、市民社会和国家。家庭，是以爱为纽带的伦理实体，"爱和意向的一致，使家中的各个人格结合为一个人，作为一个共同体。由于构成家庭的各个主体就所有物而言同样外在共同体中，作为一个人的家庭的所有物，如同收益、劳动和操心一样，就获得了伦理的关怀"。③ 婚姻的双方如同一个人，具有一个人格性，在劳动、财产上都具有共同性，而对于小孩的教育并使其成为独立人格走向市民社会并成立新的家庭，则是家庭教育的主要任务。爱是家庭中的伦理之德，是一种家庭成员之间的特殊情感，是一种无私奉献和关爱，是特别的依赖。家庭里主要不是法律在统治，正如古代的法律不进家门的传统。黑格尔认为，在家庭里人还不具有独立人格，而独立人格只

---

① ［德］黑格尔：《精神哲学》，杨祖陶译，人民出版社2006年版，第329页。
② 同上书，第362页。
③ 同上书，第331~332页。

在市民社会形成。"市民社会,实体作为精神抽象地特殊化为许多人、家庭和个别人,而所有这些都是独立自由的,是个原子论的系统。"① 人与人之间的联系,主要是通过相互需要的满足来进行的,这种相互需要的联系就构成了一个社会体系,就是市民社会,总而言之,市民社会就是一个需要的系统。与需要系统相应的,就是法律系统和司法系统。法律来自于需要系统的普遍关系的需要。法律作为一种普遍的规定,具有相应的特征或要件,一是法律必须被确立为有效的东西;二是法律必须是被人所知的。这里的对法律的认知,不仅意味着法律被人们知道,而且也意味着法律是人自己建立起来的,法律是公正的,因而人知道自己的法律,并愿意服从自己的法律。如果是外在强加的法律,那么这种法律就不具有普遍性,只是个别人的偶然意志对于他人的一种强制,人们就不会服从这种异己的法律。法律在本质上是一个民族精神的体现,是整个民族意志的理性表达,是民族共同意志的系统表述,进而黑格尔认为,法典是对于普遍性东西的简明规定,"关于发现和表达这些普遍规定是和一个民族的智力和文化相应的"。②

道德与法律都具有各自的内存缺陷,善与良心也都具有各自的局限性,善作为抽象的普遍性却缺乏现实规定性,而良心作为规定性原则又缺乏客观性和普遍性。因而善需要良心来现实化,良心也同样需要善来合理化,而善与良心的统一就是伦理。伦理是现实的东西,是善的抽象普遍性得到了主观良心的规定而现实化,是活着的善,是现实中的善,是良心所认可和规定了的现实存在。"善和主观意志的这一具体同一以及两者的真理就是伦理。"③ "主观的善和客观的、自在自为地存在的善的统一就是伦理,在伦理中产生了根据概念的调和。"④ 善作为一种客观理念是纯粹抽象的东西,它离开具体主体就无法呈现自己,因而善理念必然要求自己借助于主体而体现为主观意识,良心就是善理念被纳入到个人的主观意识中并转化为我的善恶观念,伦理就是善理念与善观念的一种结合体。伦理就是客观的善活在主观的善中,客观自在的善只有借助于主观的善才具有其现实形式,才会转变为现实活着的善。主观的善,就是自我意识,应该是客观善的现实载体。活着的善就是指客观的善活在我的自我意识中,而离开人的自我意识,客观的善就失去了现实的形式,就只能是抽象

---

① [德] 黑格尔:《精神哲学》,杨祖陶译,人民出版社2006年版,第332~333页。
② 同上书,第337页。
③ [德] 黑格尔:《法哲学原理》,范扬、张企泰译,商务印书馆1979年版,第161页。
④ 同上书,第162页。

的、死的或者缺乏生机的善。同时，主观的善，即自我意识如果离开了客观的善，它也就变成了为所欲为的主观任意，就成了没有客观善内容的纯粹形式的空洞任性，就可能成为恶的东西。因此，单纯的主观善或者单纯的客观善，都具有片面性，因而只有二者合为一体，才会克服各自的缺陷，并共同构成一种合理的现实的东西，这就是伦理。伦理就是主观法与客观法的合一，是道德法与法律的合一，因此伦理是一种理念的体系。"伦理是自由的理念。它是活着的善，这活着的善在自我意识中具有它的知识和意志，通过自我意识的行动而达到它的现实性；另一方面自我意识在伦理性的存在中具有它的绝对基础和起推动作用的目的。"[1] 伦理是客观善通过人的自我意识而体现为一种行动而得到现实化，伦理是一种客观善，一种正义理念，一种永恒的原则；其次伦理是一种自我意识，是一种行动，是一种现实的东西；最后，伦理是一种实体，是法律和权力的实体，是主观意识对于普遍善理念的一种体系化规定。伦理要现实化，就需要有"道德"和"法"，并由道德和法而形成的一种风俗习惯风尚。道德是一种善的东西，正直是一种德，但人要超越正直而达到一种普遍的善，因为正直还是一种低级的东西，还具有某种冲动的成分。一个有德的人，不只是偶然做了某种合乎伦理的善事，而是做善事变成了他的一种性格和习惯，"一个人做了这样或那样一件合乎伦理的事，还不能说他是有德的；只有当这种行为方式成为他性格中的固定要素时，他才可以说是有德的。德毋宁说应该说是一种伦理上的造诣"[2]。德与有德，只有是一种普遍的东西，即一种习惯或风尚，才会成为一种伦理的东西。道德和法的东西，只有达到一种风尚才会有其实效性意义。同时习惯和风尚，也只有合乎了普遍的伦理性才会是善良的东西，而那种不符合普遍善的习惯和风尚是需要克服的东西，"哲学思想要求训练精神以反对任性的想法，并要求对这些任性的想法加以破坏和克服，来替合乎理性的思维扫清道路"[3]。思维训练的目的就是要克服主观任意性，克服虚假意识，达到理性的真理境界，能够使人的主观法与普遍性法则相一致，实现道德法与理性法则的合一，使个人习惯与民族风俗与普遍性法则相统一。

伦理性的实体，就是一种现实性的东西，而现实性的基础是个人，但伦理实体并非是个人的简单并列，而是由个人与国家的统一。黑格尔反对把伦理实

---

[1] [德] 黑格尔:《法哲学原理》，范扬、张企泰译，商务印书馆1979年版，第164页。
[2] 同上书，第170页。
[3] 同上书，第171页。

体视为原子式的个人集合。"个人只有成为良好国家的公民,才能获得自己的权利。"① 伦理实体主要有三种形态,家庭、市民社会和国家。

二、家的法则:无私的爱

家庭是以爱为纽带的伦理统一体,爱是成为家庭的基本原则。爱是一种主观性的东西,而家庭成员之间相互得到承认,承认的原则就是爱。由于爱的原则,家庭成员不具有人格独立性,他们都归属家庭这一统一体,家庭是一种自然性的伦理实体。婚姻是建立在两性的双方人格统一为一个人格,在婚姻中夫妻双方都把自己的独立人格委身于对方,而一夫一妻制的排他性人格关系是婚姻伦理的基本特征。子女的教育,是家庭的基本使命,而家庭教育的目的,却是家庭的解体,是为了使子女有能力走出家庭,走向市民社会并成为一个拥有自我法权的独立人格,成为国家的良好公民。"教育还有否定的目的,就是说,使子女超脱原来气息的自然直接性,而达到独立性和自由的人格,从而达到脱离家庭的自然统一体的能力。"② 教育的目的就是消除子女的任性,学会服从纪律,学会普遍性法则,"教育的一个主要环节是纪律,它的含义就在破除子女的自我意志,以消除纯粹感性的和本性的东西"。③ 在黑格尔看来,教育的目的,尤其是家庭教育的目的主要是让子女学会如何摆脱对于家庭的依赖,如何摆脱家庭的自然属性,如何学会服从普遍性的社会规则,学会服从法则是人走向独立人格的必备要件。

家庭是自然道德人格向法权人格的过渡,家庭的使命就是培养市民社会所需要的独立人格,让子女走出家庭成为社会的法权主体。"家庭的伦理上解体在于,子女经教养而成为自由的人格,被承认为成年人,即具有法律人格,并有能力拥有自己的自由财产和组成自己的家庭。"④ 家庭解体是人的初次解放,它使子女获得了作为独立人格的基本自由,这种独立人格开始拥有财产权和组成自己家庭的权利,这两个权利是独立人格的基本标志,"由于家庭的解体,个人的任性就获得了自由"。⑤ 这种自由也是一种对于个人任性的一种限定。自由是家庭的最终结局,自由人格的培养也是家庭的终极使命,家庭担负着为

---

① [德] 黑格尔:《法哲学原理》,范扬、张企泰译,商务印书馆1979年版,第172页。
② 同上书,第188页。
③ 同上。
④ 同上书,第190页。
⑤ 同上书,第191页。

市民社会培育独立人格，又为国家培育合格的良好公民的重任，当然这种培育也会由家庭与学校共同来完成。组成自己的家庭，并拥有自己的财产，这两点是子女由家庭成员转化为市民主体的一种外在标志，因为只有拥有自己的家庭和财产权的人才是现实自由的人，这就是我们所说的成家与立业，成家与立业是一个人作为成人的两大标志。

三、市民社会的伦理法则：法权人格的相互承认

市民社会，本来是在国家生成之后而产生的，但作为一个过程的环节却被放在了国家之前来阐释。市民社会里的人，是独立的法律人格，每个人都是一个拥有自我人格和权利的法权主体，并得到了法意义上的承认。

市民社会，是家庭解体之后才出现的伦理实体，也是法权人格生成的伦理阶段，是由家庭伦理过渡到国家阶段的中间环节。家庭是以爱为纽带，个人作为家庭成员并不具有独立人格，还不是法律人格。婚姻是"两个人自愿同意组成为一个人"，而子女只有到成年才能成为独立的法律人格，这时家庭也就走向解体，子女经教养而成为自由的人格，被承认为具有法律人格的人，并有资格拥有自己的财产和组成自己的家庭。由爱到自由，由家庭到市民社会，人格类型发生了根本变化。市民社会的个人，首先，作为一个特殊个人他是独立自由的，而且"具体的人作为特殊的人本身就是目的"。其次，他又必须与其他特殊个人进行合作或联合才能生存并达到自己的其他目的，因为"如果他不同别人发生关系，他就不能达到他的全部目的，因此，其他人便成为特殊的人达到目的的手段。但是特殊目的通过他人的关系就取得了普遍性的形式，并且在满足他人福利的同时，满足自己"。① 每个人都既是目的又同时是手段，这与康德的人只是目的而非手段不完全相同。人是目的也就意味着，每个人是以自我为目的，是利己的，但同时他也必须考虑他人的需要或目的，因为他的目的的实现要依赖于他人需要的满足，同时个人的利己目的的实现还需要依赖于一个有普遍约束力的制度，"利己的目的，就在它的受普遍制约的实现中建立起在一切方面相互依赖的制度"。② 因此个人的目的的实现要以他人和制度为中介，要遵循两个统一原则：个人的目的与他人的目的相统一，个人利益与普遍法律的统一。而人们往往会忽视我他统一的市民社会法则，认为法权人格只是利己的而不存在利他的必要，也不必遵守法律，这实际上是对法权人格的

---

① ［德］黑格尔:《法哲学原理》，范扬、张企泰译，商务印书馆1979年版，第191页。
② 同上书，第198页。

一种误解。从这种利己与利他、个人目的与普遍法律的相统一原则，是市民社会的基本法则。

　　首先，市民社会是一个相互需要与满足的法权人格主体间性关系体系，即需要的体系。"各个人的特殊性首先在自身内包含有他们的需要。这些需要满足的可能性在这里是包含在社会的中的，而这种联系是一切人从中获得他们满足的普遍财富。"① 每个人需要的满足，都建立在他人需要的满足之上，而这种相互需要的满足的实现就要求每个人都是劳动者，当然也同时都是消费者。劳动作为手段，需要成为一种人格目的，因而每个人都是目的与手段的统一，这种统一表明独立自由人格之间是以需要和劳动为中介相互依赖着的；这也说明，个人作为法权人格既是独立自由的又是与他人相互合作依赖着的，而绝不能把法权人格仅仅理解为独立的孤立者，只看到独立而忽视其合作性的一面。因此，我们必须辩证地看待法权人格主体之间的相互关系，"在劳动和满足需要的上述依赖性和相互关系中，主观的利己心转化为对其他人的需要得到满足是有帮助的东西，即通过普遍物而转化为特殊物的中介。这是一种辩证运动。其结果，每个人在为自己取得、生产和享受的同时，也正是为了其他人的享受而生产和取得"。② 这是否就是所谓"主观为自己，客观为别人"，但我与他的统一，在市民社会中是一种具有普遍性和必然性的原则。根据相互需求的原则，如果个人特殊需要得到满足，他就"有必要把注意力转向别人"，就必须使他的利益与他人和整个社会都要结合起来，否则他的需要就不能得到满足。个人需要与满足的社会性原则。每个人都在追求自我目的实现，而他人要实现自己的目的，就必须依赖于他人需要的满足，把他人也同样当作目的，否则个人的目的就不会实现，"我必须配合着别人而行动，普遍性的形式就是由此而来。我既从别人那时取得满足的手段，我就得接受别人的意见，而同时我也不得不生产满足的手段。于是彼此配合，相互联系，一切个别的东西就这样地成为社会的"。③ 市民社会是一个需要相互满足的社会，每个人的需要都离不开他人，这与自给自足的自然状态不同。这种个人之间需要与满足的相互性原则，就是市民社会的普遍性原则，它使个人变得明智起来，使其自利原则与他人的特殊性原则统一进来，使自私与利他有机统一起来。个人的需要满足的这一目的之实现，不能从自我本身来实现，而只能在对方的需要满足之下才能实

---

① ［德］黑格尔:《精神哲学》，杨祖陶译，人民出版社 2006 年版，第 333 页。
② ［德］黑格尔:《法哲学原理》，范扬、张企泰译，商务印书馆 1979 年版，第 210 页。
③ 同上书，第 207 页。

现，因而我首先为他人的目的而生产其所需之产品，只有在满足他人的需要时，自己的需要才能得以满足；同时，他人也是以满足我的需要作为其目的实现的前提。如果个人只是一味坚持自己的任性而不顾他人的需求，那么不仅他人的目的不能实现，就连自己的目的也同样得不到实现，显然与相互满足原则相背离的人就是不明智的人。

其次，市民社会是一种法权关系的社会。市民社会是由法律来承认和维护着人的人格和权利的有序社会。法律是由原来自在的法演变而来，我的占有需要经过法律的承认并具有了法律上的不可侵犯的普遍效力，"在市民社会中所有权和人格都得到法律上承认，并具有法律上效力"。"对社会成员中一人的侵害就是对全体的侵害。""现在侵害行为不只是影响直接受害人的定在，而是牵涉到整个市民社会的观念和意识。"[①] 由此一来，人格权利、法律和社会整体就成为市民社会的三大要素，这三大要素统一于市民社会体系中；对法权人格的尊重就是对法的尊重，法律的尊严也体现着法权人格的尊严，同时也蕴含着一种和谐社会秩序，相应地，对法权人格的侵害也就是对法律尊严的蔑视，是对整个市民社会的侵害。

再次，市民社会也有其先天伦理缺陷。市民社会有两个相互独立又相互渗透的基本原则，一是个人是目的之特殊性原则，二是个人之间互为目的之普遍性原则。市民社会的个人原则，即人是目的，每个人都是目的，而这里的目的是特殊性的，是自私的原则。个人自私原则，是指每个人都把自己的需要与满足当作唯一的目的，而把他人和普遍性当作实现自己私欲目的之手段，显然这是一个主观原则，"在市民社会中，每个人都以自身为目的，其他一切在他看来都是虚无"。[②] 这种个人目的原则，不是康德的所谓人人是目的的普遍法则，而康德的人是目的法则是指，人人都应该把自己和他人都当作目的而非手段。"个别的人，作为这种国家的市民来说、就是私人，他们都把本身利益作为自己的目的。"[③] 个人的这种自我目的性，本身具有无限性的倾向，也具有直接性和自然性特征，因而个人原则是一种特殊性原则，它需要接受普遍性原则的需要和限制，它才能较好地实现其目的。因此，市民社会的现实性与其人的普遍性法则之间存在着冲突，市民社会是一个相互需要与满足的社会，但每个市民个人又都是自私的，个人所有与社会整体秩序之间存在先天的矛盾。市民社

---

① ［德］黑格尔：《法哲学原理》，范扬、张企泰译，商务印书馆1979年版，第228页。
② 同上书，第197页。
③ 同上书，第201页。

会的本质是利己的,而市民社会的法则是整体的,这就意味着市民社会存在着两个基本原则,个人主义与整体主义,而个人与整体之间存在着一条天然的鸿沟,如何来克服这一矛盾则是国家的使命。

最后,市民社会需要国家的普遍性超越。每个人的目的都必须在与他人的关系中才能得到实现,在满足他人需要的同时自己的目的才能够得到全部的实现,"利己的目的,就在它的受普遍性制约的实现中建立起在一切方面相互依赖的制度。个人的生活和福利以及他的权利的定在,都同众人的生活、福利和权利交织在一起,它们只能建立在这种制度的基础上,同时也只有在这种联系中才是现实的和可能的。这种制度首先可以看成外部的国家,即需要和理智的国家"。① 人与人的之间的这种相互关系在市民社会具有必然性和普遍性,这种关系的内容就是生活、福利和权利的相互依赖性,而这种相互依赖关系的实现需要建立一种制度来保障,这种制度就是国家的外在特征,国家就是一种普遍性的东西。黑格尔认为只有国家才能实现这一原则,而且促使个人特殊利益与社会整体利益实现统一也是国家的职责,"把利己心同普遍物即国家结合起来,而国家则必须关心这一结合,使之成为结实和坚固的东西"。② 国家既要克服那种纯粹的利己性,同时又把个人正当需要之特殊性纳入到国家普遍性中,实现利己心与利国心的完善结合。

四、国家的哲学理据:特殊性与普遍性的统一

国家是什么?国家不是单纯形式的、抽象的、机械的外壳,而是一种活的、有机的高级精神制品,"国家是有自我意识的伦理实体,家庭原则和市民社会原则的结合;在家庭里作为爱的情感的这同一个统一性就是国家的本质"。③ 黑格尔强调,爱是国家的本质,同时把法律和宪法作为国家的普遍精神的体现和实现手段,国家是爱和法的结合。

国家是家庭和市民社会的一种超越,是为了克服家庭和市民社会的弱点,使自由真正现实化,使个人特殊利益与社会整体利益统一起来;要注意的是,国家也仍是以家庭和市民社会这两个环节都得以持存并且个人法权人格意识形成为前提,而不是要消灭这两个国家的组成因素。因此必须明确国家的本质、原则和职能,而且从中领悟到个人独立自由人格与国家普遍物的统一。"国家

---

① [德]黑格尔:《法哲学原理》,范扬、张企泰译,商务印书馆1979年版,第198页。
② 同上书,第212页。
③ [德]黑格尔:《精神哲学》,杨祖陶译,人民出版社2006年版,第341页。

是具体自由和现实;但具体自由在于,个人的单一性及其特殊利益不但获得它们的完全发展,以及它们的权利获得明白承认(如在家庭和市民社会那样)。""现代国家的原则具有这样一种惊人的力量和深度,即它使主观性原则完美起来,成为独立的个人特殊性的极端,而同时又使它回复到实体性的统一,于是在主观性的原则本身中保存着这个统一。"① 当时流行过所谓个人权利神圣不可侵犯的个人自由信念,黑格尔反对个人权利可以对抗国家普遍性。"家庭和市民社会的利益必须集中于国家",② 国家并不拒斥家庭和市民社会,而是要把二者纳入到自己之内,国家同时又是对于二者的一种超越,国家要反家庭之爱与市民社会之法律结合起来,克服那种纯粹的主观爱之无私性,又要克服纯粹法律关系的冷冰冰的法个人自私性,并把无私与自私结合起来,因而国家是爱与法律合一的共同体,是互利互助的团结共同体。这也许就是所谓的依法治国与以德治国相结合的伦理依据。

  黑格尔国家理论的最大贡献,就是提出了个人特殊性与社会普遍性相统一法则。国家的使命,就是把个人自由与国家整体利益得到完善结合,使个人自由权利最大限度地得以发展,同时又要使国家整体利益最大限度地得以保障,如何使个人自由最大化与国家利益最大化都得以实现是一个成熟国家所必须面对的根本问题。个人的目的是一种特殊性的东西,而相互交织的普遍性制度与国家就是普遍物,普遍性与特殊性之间既相互依赖又相互转化,"我在促进我的目的的同时,也促进了普遍物,而普遍物反过来又促进了我的目的"。③ 我的目的与国家的目的是统一的、相互促进的。普遍性与特殊性二者都有其存在的合理性,国家普遍性必须尊重个体的特殊性需要和权利,个人特殊性是国家普遍性的基础,没有个人特殊性的尊重和承认,国家就会失去既有的活力和根基。黑格尔针对此问题,多次批评柏拉图的理想国理论中的普遍性绝对化思想,"柏拉图的理想国要把特殊性排除出去,但这是徒然的,因为这种办法与解放特殊性的这种观念的无限权利相矛盾"。④ 国家的使命,是解放个体特殊性,但不能通过消灭特殊性的手段,而应该通过限制特殊性中不理性的方面,调和特殊性与普遍性的矛盾,使特殊性符合普遍性。国家的功能,就是控制个体的任性,使其与普遍性相一致,特殊性本身是没有节制的,并把欲望引入无

---

① [德] 黑格尔:《法哲学原理》,范扬、张企泰译,商务印书馆1979年版,第260页。
② [德] 黑格尔:《精神哲学》,杨祖陶译,人民出版社2006年版,第361页。
③ [德] 黑格尔:《法哲学原理》,范扬、张企泰译,商务印书馆1979年版,第199页。
④ 同上书,第200~201页。

限，而匮乏与贫困也是没有尺度的，"这种混乱状态只有通过有权控制它的国家才能达到调和"。① 这是国家的意义所在。国家如果不对那些与国家整体利益相冲突的个人任性进行必要约束，那么国家稳定与长远利益就会遭到破坏，最终造成社会的混乱和国家的败落，因而不能把纯粹个人主义奉为国家的唯一宗旨。国家必须首先要承认与全面保护个人的自由权利，同时国家还要充分重视和保护社会总体利益。作为个人来讲，个人只有符合普遍性法则才会是自由的，这种个人自由观念就必须通过良好的教育来培育，因为教育的使命就是把个人从自然特殊性中解放出来。

个人的自由权利利益必须与国家普遍利益相一致，如何达到这种一致和统一是国家的理念所在，"现代国家的本质在于，普遍物是同特殊性的完全自由和私人福利相结合的"。"国家的力量在于它的普遍的最终目的和个人的特殊利益的统一。"② 黑格尔反复强调个人特殊利益与国家普遍利益的统一，体现着个别与一般、特殊性与普遍性、个体与整体的辩证统一原理；这种统一的理论意义，正是黑格尔意欲克服洛克的国家只是为了私人权利的国家职能的狭隘性，弥补康德的主观自律自由观和费希特的相互限制的客观自由观的不足。普遍性原则要求，只有在国家里，个人的自由权利利益才具有现实性，因而家庭和市民社会必须纳入国家之中；这意味着，首先国家是个人自由权利的保障，其次个人自由不能与国家整体普遍性相冲突。特殊性原则要求，个人作为法权人格及其特殊利益必须得到尊重，并在国家里得到充分发展并使个体特殊法权意识得以保持。普遍性原则与特殊性原则统一的总原则，这意味着，国家普遍性包含着个人特殊性利益，"国家无非就是自由的概念的组织"，③ "国家的目的在谋人民的幸福"。④ 同时，个人特殊利益以国家普遍利益为前提，黑格尔要把单子式自由人格纳入到共同体的国家中，同时又要在国家中保持原来那种个体自由人格特性，从而实现个人与国家的统一。

五、国家的伦理法则：法律与爱的合一

黑格尔在市民社会里也谈到法律，而在国家概念里也谈到法律，又大谈宪法。市民社会的法律主要是所有权的法律，显然属于私人权利的法律，主要是

---

① [德]黑格尔：《法哲学原理》，范扬、张企泰译，商务印书馆1979年版，第200页。
② 同上书，第261页。
③ 同上书，第263页。
④ 同上书，第266页。

个人的占有物和人格的法律形式上的承认。而国家概念里的法，除了法律，主要是宪法。法律表达客观自由的内容规定。"首先，对于主体独立的任性和特殊的利益来说，法律是限制。但是，其次，法律是绝对的最后目的和共同的作品。""第三，法律是各个人因之而有的自由的意志活动和他们意向的实体，而这么一来法律就表现为通行的社会风气。"① 法律的总体本性，是客观自由内容的一种具体表达。法律的本质和特征主要体现为，第一，法律对于个人的任性和特殊利益来讲，是一种限制，限制个人的为所欲为，对个人虚假自由的限制。当然这种限制的目的，也是对个人正当权利的保障。第二，法律是绝对的最后目的和共同作品。法律是普遍性东西的表达，是共同的目的的体现，又是共同意志的表述，因而法律具有整体性和绝对性。第三，法律在实践中又通过一个个主体的活动显现为通行的社会风气。社会风气，是法律的现实化产物，是法律生命的彰显。第四，法律是外在法，不具有直接和道德性。法律作为一种人定的法，是一种外在的形式法，"法律的实定形式，即作为被宣布和被知晓，是它们的外在拘束力的条件，它们作为严格的法的法律只涉及抽象的（即自身外在的）意志，而不涉及道德的或伦理的意志"。② 这是否就证明，黑格尔法律概念内含着法律实证主义思想呢？不过可以肯定，黑格尔不可能苟同法律就是主权者的命令的法律概念，也不会从根本上否定法律本身的道德性，恰恰相反，黑格尔法律是民族共同意志的作品，是普遍自由的规定，这就是法律道德性的体现。"无论法的东西和道德的东西都不能自为地存在，而必须以伦理的东西为其承担者和基础，因为法欠缺主观性的环节，而道德则仅仅具有主观性的环节，所以法和道德本身都缺乏现实性。"③ 黑格尔要说的，只是法律的外在性上不直接涉及道德和伦理，法律只对外在行为进行约束，并不直接关注人的内在自由，这既是法律的特征，又是法律局限性的一种表现。

六、宪法原则：自由且平等的正义

国家是被区分为多种权力系统，根据功能不同进行权力区分就是宪法的功能，但宪法作为国家权力的划分功能却要体现一定的原则。这种宪法原则，通常被视为自由和平等。"宪法是实存着的正义，即自由在一切合理规定的发展中实现。自由和平等是一些简单的范畴，应当构成宪法的基本规定和最后目的

---

① ［德］黑格尔：《精神哲学》，杨祖陶译，人民出版社2006年版，第342页。
② 同上书，第337页。
③ ［德］黑格尔：《法哲学原理》，范扬、张企泰译，商务印书馆1979年版，第162~163页。

和结果的那些东西常常被总括在这些范畴里。"① 正义是宪法的基本精神,自由和平等是宪法的原则。平等作为宪法的一个基本原则却有不同的理解,而通行的平等原则是一种天生的平等,黑格尔对此提出了异议。黑格尔认为,人天生其实是不平等的,自然天赋和能力是不可能平等的,而平等的概念是普遍意识长期发展的结果。真正的平等,是人格意义上的平等,而法律上的平等也只不过是同语反复。人格上的平等,就是自由原则,因而自由原则包含着平等,"平等,所有人都是天生平等的这个熟悉推理命题就包含着把天生的(自然的)东西和概念相混淆的误解;必须说的正是:人天生只是不平等的。自由,就是作为能够有所有权的人的抽象主体性;人格的这个唯一抽象的规定构成人的现实的平等"。② 黑格尔批判自然法理论的天生平等思想,认为人天生的自然属性是不平等的,平等只是一种法律上的人格平等,是占有权上的平等,而不是实际占有能力的平等。现代国家的发展促使了个人的现实不平等,而自由作为财产权利的保障和发展个人才能等的权利,也倾向于个人之间的具体不平等,"教育会变得更加不平等的特殊性的极大发展";这里黑格尔分析产生现实不平等的主要原因,这与罗尔斯的天赋和后天所致的不平等理论极为一致。因此,黑格尔认为,国家的基本原则,就是自由原则,就是人格平等的自由原则,隐含着人格至上理念。自由有两种含义,否定和肯定意义的自由,即部分地被理解为否定意义的"反对他人的专横和不法的对待,部分地在肯定的意义上的被理解为主观的自由"。③ 法律上规定的权利往往被视为具体的自由,但个人的自由在涉及他人的自由时就是一种限制,因而法律既是一种自由,又是一种对自由的限制。但是,黑格尔认为宪法必须被理解为权利,而不是限制,"宪法必须理解为对权利,即一般自由权利的规定和实现它们的体制,而政治自由无论如何只能是宪法的一部分"。④ 而那种只把参与政治的个人自由视为现代宪法标志的观点是片面的,而宪法的实质是权利而非权力。

总之,正义是宪法制度的基本精神,正义是人人享有平等的自由权利,每个人的自由人格都得到了宪法意义的普遍承认与保障,因而宪法的实质是人的权利体系,是人在法上的最为基本的存在形式。

---

① [德] 黑格尔:《精神哲学》,杨祖陶译,人民出版社2006年版,第343页。
② 同上。
③ 同上书,第344页。
④ 同上书,第345页。

七、宪法之根：民族精神

宪法是国家的根本使命与人民基本权利的展示，是这个民族自我本质意识的集中展现，是民族精神的法治化，"宪法的保证，就是说法律是合理的和法律的实现是可靠的这种必然性在于集中起来的民族精神，即在于民族据以拥有对其理性的自我意识的那种规定性，于是也就同时在于与这种自我意识相符合的作为那个原则之发展的现实的体制"。① 宪法的正义程度如何，主要是由这个民族自我精神的自我把握程度来决定的。宪法是民族整体的一种共同意识的集中体现，是民族精神的整体外貌，而只有这种民族精神的宪法才是真正合理的法律，是良法，并能够得到现实的执行。因而，黑格尔认为，民族意识与宪法二者互为前提，二者相互转化和促进，"宪法以对精神的那种意识为前提，而反过来精神也以宪法为前提"。② 民族精神是一种精神自由的一种体现，也是一种自知着自己本质的自由意识，是以普遍精神为其内容的，是对民族自我偶然东西的一种超越，是国家整体的长远利益的体现，"民族精神是在伦理中思维着的精神，这个精神在自身内扬弃它作为民族精神其国家的暂时利益、在法律和风俗习惯的体系里所具有的那种有限性，并把自己提高到对在其本质中的它自己的知"。③ 宪法被视为民族精神的显现，是超越了法律和民族习俗局限性之上的民族本质东西的体现，体现着民族最为本质的东西，体现着这个民族的特质。"伦理是存在在作为一个民族及其诸个体而现实在场的自我意识中的神圣精神；这个自我意识在从其经验的现实性进入到自身里并意识到它的真理时，其信念和良心中所有的只是它在自身中，即在其精神现实性中所有的。"④ 一个民族的文化、信仰、伦理和法的东西，都会集中反映于宪法中，个人自由和民族使命是宪法的两个主题。伦理是知着自己本质的内在理念良知和外在宪法法律的综合体系，伦理既是民族和国家的自由精神，也是这个民族和国家中诸个体的自由精神，是从外在客观到内在观念、又从内在观念到外在客观的反复转化的动态演进，是民族风气与民族信念的统一、个体习惯与个体良知的统一，是主体的主观性与客观性的统一，是宪法法律的合理性及其实现的统一。

---

① ［德］黑格尔：《精神哲学》，杨祖陶译，人民出版社 2006 年版，第 345～346 页。
② 同上书，第 346 页。
③ 同上书，第 360 页。
④ 同上书，第 362 页。

国家是现实的伦理，伦理是神圣的精神，国家、伦理和宗教是三位一体的。但黑格尔与众不同之处在于，他不是从宗教中寻求国家伦理的神圣性，而是从伦理中来探求宗教的神圣性，并最终证明国家的神圣性，"真正的宗教和真正的宗教性只从伦理中产生并且是思维着的、即对其具体本质的自由普遍性有自我意识的伦理。只有根据伦理和从伦理出发，上帝的理念才被知晓是自由的精神；因此，在伦理精神之外去寻找真实的宗教和宗教性是徒劳的"。[①] 是思维制造了上帝的理念，而不是相反，但上帝的理念从伦理中产生之后，它就成为伦理的神圣性依据，成为国家神圣性的一种证明，因而黑格尔把国家比作地上行走着的神，是人间的上帝。

本章小结

客观精神的人，就是人的自由本质的外化，主要体现为主观自由、客观自由和伦理自由，呈现为三种法的形态。（1）客观法，是人的自由在法上的显现，这就是法权。所有权是自由的最初现实显现，人只有在所有权里才作为独立自由的法权人格来对待，才被承认为自由存在者；契约是法权人格的相互承认。对于所有权的侵犯就是不法，对于不法的惩罚是基于维护权利与自由秩序的正义理念。（2）主观法，就是主观道德法。道德是一种主观自由，是关于善恶的知。道德自由意味着责任，而意图与故意是承担责任的伦理依据，良心是内心的善恶法则。（3）伦理法，就是客观法与主观法的合一。法欠缺主观性的环节，而道德则仅仅具有主观性的环节，所以法和道德本身都需要伦理作为结合体。家庭、市民社会和国家是基本三种伦理实体，是人由自然到精神转变的三个生成环节，与此相应的三种伦理法则就是爱、法和团结，"国家是有自我意识的伦理实体，家庭原则和市民社会原则的结合；在家庭里作为爱的情感的这同一个统一性就是国家的本质。"

[①] ［德］黑格尔：《精神哲学》，杨祖陶译，人民出版社2006年版，第361~362页。

第七章 黑格尔历史哲学中的人

历史哲学,就是研究人在历史演进的不同形态,从历史角度探讨人的存在状态。黑格尔认为人的历史本质上是人的精神理论史,是人自我认识与自我解放的历史,是人创造自我和发展自我的历史,道德、伦理、法和宗教等都是人自我认识与自我创造的精神结晶。

第一节 概 述

一、人的历史:理性与思想的"交往"史

黑格尔把人类历史划分为三个阶段,原始的、反思的和哲学的历史。而哲学的历史,才是人类真正的思想史,理性是历史哲学中的核心理念,思想是把理性纳入到人之内,人成为思想存在者。理性是支配世界万物的根本法则,"哲学用以观察世界的唯一的'思想'便是理性这一简单的概念。'理性'是世界的主宰,世界历史因此是一种合理的过程。这一种信念和见识,在历史的领域中是一个假定,但是它在哲学中,便不是一个假定了"。"'理性'是万物的无限的内容,是万物的精华和真相。"[①] 理性是万物生存理由,是万物成为现实的根据,也当然是人的存在与发展的最终根据。世界分为自然理性的自然世界和精神统治的精神世界,人类的思想是对自然理性和精神理性的一种综合把握,人"精通一切自然的法则和精神的真谛"。人的本质在于人有思想,动物是没有思想的,而思想是对于理性的认识和把握。理性支配世界,理性与神产生一种联系,神在支配世界,这种支配就是统治;而思想却要不断地揭示世界真相之理性。

二、历史哲学:自由生长史的思想把握

精神是人作为人的本质,而精神是自由的,是人与自然的根本区别。

---

① [德]黑格尔:《历史哲学》,王造时译,上海书店出版社2006年版,第8页。

"'自由'是'精神'的唯一的真理,乃是思辨的哲学的一种结论。""'精神'——人之所以为人的本质——是自由",① 自由是精神的内核,是人作为人存在的理性东西。精神与物质不同之处,就是精神依靠自己,是自己知道自己的本质,具有自我认识的东西,这就是人的自由。"'物质'的实体是它的自身之外,'精神'却是依靠自身的存在,这就是'自由'。因为如果我是依附于他物而生存的,那我就同这个非我的外物相连,并且不能离开这个外物而独立生存。'精神'的这种依靠自己的存在,就是自我意识——意识到自己的存在。"只有人意识到自己的自由本质和目的,知道把握自己,自己改造自己、自己实现自己。如果人还没有达到这种普遍的自由理念认识,那就不会真正地实现真正的自由,而人的历史就是对于自由本质的逐步认识和实现的过程。人的历史是从不自由中生长出来的,东方人不知道这种普遍自由,只知道自由是一个人的,这个所谓自由的人就是皇帝。而由于这个人的所谓自由就只是偶然的放纵、粗野,或者柔和驯服,"所以这一个人只是一个专制君主,不是一个自由人"。② 自由的意识,作为一种狭义的自由的意识,首先在希腊人那里产生,但是他们还只是把自由视为一种少数才拥有的人的本质,并不认为每个人都应当是自由的;"但是他们,还有罗马人也是这样,只知道少数人是自由的,而不是人人是自由的。就是柏拉图和亚里士多德也不知道这个"。③ "上面已经大略说过'自由'意识的各种不同程度:第一,例如东方各国只知道一个人是自由的,希腊和罗马世界只知道一部分人是自由的,至于我们知道一切人们(人类之为人类)绝对是自由的——这种说法给予我们以世界历史之自然的划分,并且暗示了它的探讨的方式。"④ 自由是一种客观的东西,自由本身是潜在于作为精神存在者的人之内的,而人并非一开始就知道自己的本质,而人类获得和提示自己的本性的过程,就是人的生成和演进过程,也是人对于自己本质的认识的过程,这个过程就构成了人的历史。"自由虽然是内在的观念,它所用的手段却是外在的和现象的,它们在历史上直接显现在我们的眼前。"⑤ 自由往往是通过它的反面现象来展现自己的,热情、自私、暴力等却是自由的现实展现;善的、恶的行为与情感,都是自由实现过程中的现象和

---

① [德]黑格尔:《历史哲学》,王造时译,上海书店出版社2006年版,第16页。
② 同上。
③ 同上书,第17页。
④ 同上。
⑤ 同上书,第18页。

动力。自由的理念是单一的，但现实的历史展现却是复杂的。

第二节 自由的基本法则

一、自由精神：理念与热情

自由，是精神的原则，是精神的最终目的，是世界精神的使命。人类的所有活动，所有的牺牲努力都是为自由这一目的而展开的。自由作为抽象普遍的东西，体现为一种原则、公理、目的、使命或者法律，只存在于我们的思想当中，只能为我们的思想所把握，而并不直接展现为现实的东西。自由要成为现实，就必须具有两个因素，"第一是那个'理念'，第二是人类的热情，这两者交织成为世界历史的经纬线。这两者具体的中和就是国家中的'道德自由'。我们已经把'自由的观念'当作是'精神'的本性和历史的最终目的"。[①] 离开理念，热情就会成为偏执的狂热，而没有热情，任何伟大的事业也不会完成。只有当把个人的私利与国家的公利得以结合时，这种热情才是自由得以现实化的主观要素。因此，真正的热情，能够把抽象的公理、法和原则与其私人利益相结合，并将普遍公理纳入到其个人事业的目的和使命中去。热情是特殊的个人追求自己特殊目的的最初情感，而这种特殊私利中也包含着自由的最终目的，热情是实现目的的必要手段和工具。总之，人的历史就是人探索自由理念的热情史，本质上是人的自由理念观念化的生成与演进史，是人追求自由理想的精神运动史。

二、自由总则：公私合一

公益与私利的矛盾，是人类自由精神历史的基本矛盾。主观与合理的合一，就是道德、自由和国家。自由的总法则，就是自由的最高法则，就是公私合一法则，即人民私利与国家公益的相互一致，因而自由王国就是个人自由与国家整体利益完全统一的自由理想国。"我们顺便再考察一下国家制度，我们可以推断，假如人民的私利与国家的公益恰好是相互一致的时候，这个国家便是组织得法，内部健全。因为在这个时候人民私利与国家的公益能够互相找到满足和实现——这是一个本身极重要的命题"。[②] 私利是个人的、主观的，因

[①] ［德］黑格尔：《历史哲学》，王造时译，上海书店出版社2006年版，第21页。
[②] 同上书，第22页。

而是个别的,而国家公利却是公共的、客观的,是普遍的东西。普遍与特殊的恰当结合,是一个哲学问题,是有关真理的问题,而制度的问题也是要达到一种真理的状态,那就是要实现个人私利与国家公利的统一问题。如果一个国家的制度,不能使个人私利与国家公利恰当地结合起来,那么这个国家的制度就是有缺陷的,这个国家内容就不会得以完好的治理,就不会形成一个良好的社会秩序。而一个国家的制度设计,也要处理好个人私利与国家公益的关系,使二者能够得以完善的结合,但这种结合只能在理性思辨中得以证成,但在现实中公利与私利却往往处在冲突之中。人类的历史,只是国家的形成与演进的过程,是国家制度由不完善向完善逐步演化的漫长历程,是个人利益与国家公益之间的斗争史。人类的一切活动,都只是对于国家公益与个人私利的如何完美结合的一种认识,并自觉或不完全自觉地把这种完美理念得以现实化、客观化。"这里好比一个三段论,活动是它的中间名词,它的一端是普遍的东西,就是'观念',它休息在'精神'的内部中;另一端,就是客观的物质。活动是中心,普遍的、内在的东西从而过渡到'客观'的领域"。① 理念向客观的转化,是通过人的活动这一中介的。国家是普遍理性的客观化、现实化,是普遍意志与个人意志的结合,是人类神圣目的之所在,这也正是国家神圣性的体现。因此,国家是道德的全部内容,因为国家是个人自由的真正领地,国家公益包括个人的正当私利,人只有在国家中才能实现其自由。而人要在国家内实现其自由,那么他就必须首先已确认和服从国家公益,服从全体的道德和公共的法律,亦即他要使自己的主观意志服从普遍性。作为个人的我,之所以服从国家意志,正是因为国家普遍性原则也是我的正当意志的体现,这就激起我的热情,促使着个体的我去努力实现这种普遍原则;"主观的意志——热情——是推动人们行动的东西,促成实现的东西。'观念'是内在的东西,国家是存在的、现实的道德生活。因为它是普遍的主要的'意志'同个人的意志的'统一',这就是'道德'"。② 个人的道德与国家的道德,在这里形成了一种统一,并且也形成了一种道德总体。因此,道德的真谛就在于国家公益与个人私利的和谐结合,真理就是自由与必然的统一,个人特殊性与国家普遍性的有机统一,呈现着我与国家的相互承认和相互尊重。道德的根本在于,自由与必须的合一,在于我的自由与普遍的法律的一致性,在于我的服从正是我的主观欲求。"当国家或者祖国形成一种共同存在的时候,当人类主观的意志服

---

① [德] 黑格尔:《历史哲学》,王造时译,上海书店出版社2006年版,第24~25页。
② 同上书,第36页。

从法律的时候,——'自由'和'必然'间的矛盾便消失了"。① 道德的本质,是个人的特殊性与国家的普遍性的统一,在于个人自由与普遍理性的统一,个体符合了全体,是一种合理性状态。黑格尔把自由在形式上分为两种,积极和消极的自由。积极的自由,就是个人的特殊性符合了国家的普遍性,是知着自己本质的自由。消极自由,就是一种纯粹自我的任意,是与普遍性相背离的所谓自由,这种任性的自由,是一种限制的自由,这种自由不是真正的自由。

三、自由现实化：法律与国家

没有法律和国家,自由就不可能成为现实的东西。自由是法律和国家的总精神法则,法律和国家是自由的现实客观化,自由精神的基本显现,人只有在自由的法律和国家里才会作为自由存在者存在。法律是国家普遍性的产物,是与个人自由本质一致的,因此,个人只有服从国家,只有服从法律,他才会是自由的;"在国家里面,'自由'获得了客观性,而且生活在这种客观性的享受之中。因为'法律'是'精神'的客观性,乃是精神真正的意志。只有服从法律,意志才是自由的"。② 因此,自由就是个人主观意志与作为普遍性的法律和国家的统一,这种统一是自由的道德合理性依据,也是自由的现实化。"'自由'只是这样普遍的实体的对象——如像'公理'和'法律'——的理解和要求,以及适合它们的一种——'国家'——的产生"。③ 因此,现实的自由就是服从法律,就是使个人的特殊利益与国家共同利益相统一。国家是实现了的自由,是一种限制,是出于合理性而对于那些自然的任性、野蛮性的必要限制。国家不能被误解为天赋的自然状态的承认,而是对于自然状态的一种否定,是对于自然状态的为所欲为的一种限制。

四、自由能力与道德责任

自由是人的道德基础,人由于有了自由能力,他才负有对于自己行为负责的前提,这种自由能力就是善恶判断能力、善恶选择能力和自我意志决定能力。一个人要为他的行为负责任,"人类绝对的和崇高的使命,就在于他知道什么是善和什么是恶,他的使命便是他的鉴别善恶的能力。总而言之,人类对

---

① [德] 黑格尔:《历史哲学》,王造时译,上海书店出版社2006年版,第36~37页。
② 同上书,第36页。
③ 同上书,第55页。

于道德是要负责任的,不但对恶负责,对善也要负责;不仅仅对于一个特殊事物负责,对于一切事物负责,而且对于附属于他的个人自由的善和恶也要负责"。① 人是具有道德能力和责任能力的道德主体,既是拥有能够辨明善恶是非的道德认识能力,又是应该为自己的善恶行为负责任的责任主体,不仅一个人是一个道德主体,而且一个民族也是一个道德主体;而且推而广之,整个人类要也"在他们的自由限度内,对于道德和宗教的败坏和衰微,是负有责任的"。② 道德是个人主观的意志与普遍的意志的统一,道德败坏是个人意志对于普遍法则的一种背离。自由是一种尽善尽美的最终目的和使命,但自由必须通过热情等主观自然东西表现和发展,自由往往被现实的自然所遮蔽,自然的东西是实现自由的一种手段。自由,通过自然展现为公理和法律,并实现于国家。一个人,一个民族、国家,乃至人类都要为自己的善恶选择承担其应有的责任,要为自己的善恶行为付出代价,这就是善恶规律,是人所特有的精神法则。

五、自由运动:自然遮蔽与精神解蔽

自由是对于自然、外界、偶然和必然的一种超越。在国家里,存在着两个相互关联的基本要素,自由观念及其实现手段。"我们在前面提出了两个因素:第一,自由的观念是绝对的、最后的目的;第二,实现'自由'手段,就是知识和意志的主观方面,以及'自由'的生动、运动和活动。我们于是认为'国家'是道德的'全体'和'自由'的'现实',同时也就是这两个因素客观的统一"。③ 自由的实现,关键在于对于自由的自觉。对于自由观念的知识和意欲,就是一种自我意识,是对于自由的认知,这种认知和意志就会形成精神意识,会体现在宗教、艺术、道德和科学体系中,形成一个民族的精神原则;这些都是人的主观精神运动,是自由观念及其实现在国家中的体现。哲学也是对于这种自由原则的一种最高级形态的把握,"哲学是最高的、最自由的和最智慧的形态"。④ 自由观念的普遍认知就构成一国的基本文化,形成稳定的民族精神,而个人的自由意识只是这种民族意识的基础和体现。但这并不能理解为国家精神是个人同意的结果,不能认为国家宪政制度原则是多数人

---

① [德] 黑格尔:《历史哲学》,王造时译,上海书店出版社 2006 年版,第 31 页。
② 同上。
③ 同上书,第 45 页。
④ 同上书,第 46 页。

意志体现，不能把国家当作多数人对于少数人的统治工具。"'精神'真正欲望的便是要达到它自己的概念。但是它自己把那个概念遮蔽起来，而且傲然以与概念的隔绝为得意。"① 自由作为精神的实质，起初并不是一种完善的正义和自由，而是被自然所遮蔽；自由的第二阶段就是个别的自由认识，特殊自由或主观自由，而后才会出现普遍自由的抽象认识，尽善尽美的自由并不会达到。自由作为精神运动是一个逐步进步的演进过程。"自然的，同时也就是宗教的道德，便是家庭的孝悌。在这一种社会中，各分子对于相互间的道德行为，并不像独立的人格，并不像具有独立意识的个人，所以家庭便从'历史'发端所经过的那个发展过程中被排斥出来了。"② 这里的家庭包括家族和部落，这种社会是一种纯粹爱的和自然情感的封闭组织，人们只有走出了这个圈子才会获取独立人格的自觉意识。从家庭走向国家，就是从自然走向自由。

第三节 自由思想与宪政制度

一、人格意识与国家信念

思想是自由的前提，思想本身就是自由的体现，自由是自我本质的自知和对于普遍性的自觉。"禽兽没有思想，只有人类才有思想，所以只有人类——而且就因为它是一个有思想的动物——才有'自由'。他的意识含有下述的意思：个人理解他自己为一个人格，这便是已确认他自己在个体的生存中具有普遍性——能够从一切特殊性里演绎出抽象观念，并且能够排除一切特殊性，所以也就是理解他自己在本身中是无限的。"③ 人作为人格，必须是有思想和自由的，如果没有思想和自由，那么就不是真正的人，只是一种禽兽的东西。思想是人格的前提要素之一，人作为人格他必须具有自我抽象思维的能力，能够从特殊性中抽象出普遍性的能力，而不是盲目接受外界权威的支配。人格的自由要素，就是人作为人应该具有的自我支配能力，由自我认定的普遍性来决定自己的行为，由普遍正义法则来决定自己的权利与义务。而这种思想和自由，都是基于自我的本质认识，认识到自己人格只有在普遍性中才具有自我人格的生成。道德与法律是自我理解自己人格的结果，是我认可的人格普遍存在方

---

① [德]黑格尔：《历史哲学》，王造时译，上海书店出版社2006年版，第51页。
② 同上书，第55页。
③ 同上书，第65页。

式，是自我思想的结果，也是自我自由的领域和界限。这种道德和法律不是外界强迫我服从的，不是一种我盲目顺从的外在异己之强加物，而是自我人格的本质所在，是自我的东西。道德和法律，是人作为人的主观作品和客观显现，因而，人只有通过他所思想到的道德和法律来展示人格存在；失去道德和法律，人也就失去了现实的自由，人就会沦为受外界奴役的自然物。

中国古代没有独立人格的概念和现实，中国人归属两个伦理实体，家庭和国家，"在家庭之内，他们不是人格，因为他们是在里面生活的那个团结的单位，乃是血统关系和天然义务。在国家之内，他们一样缺乏独立的人格；因为国家内大家长的关系最为显著，皇帝犹如严父，为政府的基础，治理国家的一切部门"。① 天下都属于一个人，这个皇帝的意志就是国家的意志，而家庭里父亲就是法律的制定者和执行者，家长式的专制是古代中国的人格状态。在这种家长式的制度里，个人只有无条件服从家长和皇帝，没有个人的主观自由，个人的事也没有权利自我决定，自己的命运完全由家长和皇帝支配，人们也没有真正的独立人格理念。黑格尔对中国的评价，不能说没有道理，但这种专制奴役却并非中国的专有，法国大革命前的专制程度比中国要高得多，孟德斯鸠和卢梭对于法国不平等的社会制度进行了系统批判。而德国在黑格尔时代也是一个没落的封建专制国家，黑格尔却仅仅把专制视为东方特有现象，这确实是有失公允。黑格尔又通过雅典与斯巴达的比较得出一个基本结论，即国家稳定的根基是民主政治，是国家普遍性得到个人的道德认可与支持。雅典的民主，是建立在对于个人人格承认和尊重基础上的，个人的道德意见能够得到尊重，个人的热情和参与能够得以施展。而斯巴达政体是以国家至上理念为特征的，个人意见和热情得不到任何重视，国家利益就是一切，个人只有为国家做贡献的义务，个人缺乏雅典人的道德真与美。"斯巴达的道德完全以国家的保持为主，雅典虽然有相同的道德关系，但是更有一种修养的意识和无限的活动力，来产生美和真"。② 雅典人主观性道德素养，是可贵的，而斯巴达就缺乏这种个体的道德自觉修养。斯巴达没有遵守法律的自觉，缺乏一种正常的个人正义观念，比如斯巴达人并不把偷窃视为一种犯罪，只要偷窃没有被发现就可以了。而且雅典和斯巴达在腐化方面的形态也不相同，"在雅典表现的是公共措施的废弛纲纪，在斯巴达表现为私人道德的堕落。当雅典人灭亡的时候，不但显得温和可亲，而且显得伟大和高贵，使我们不能不为它感伤；相反地，斯巴

---

① ［德］黑格尔：《历史哲学》，王造时译，上海书店出版社2006年版，第114页。
② 同上书，第246页。

达人就不同了,其主观性的原则,展开在下贱的贪欲之中,造成了一种下贱的灭亡"。[①] 雅典与斯巴达历史启示在于,单纯的个人至上或者国家至上理念与制度,都是有缺陷的,只有个人尊严自由与国家整体利益有机结合起来,一个国家才会是一个完善且稳定的理想国家。个人与国家、主观性与客观性、特殊性和普遍性之间关系,是法哲学中的核心问题;纯粹的个人主观性,或纯粹的客观性,纯粹的特殊性,或纯粹的普遍性,纯粹的民主主义原则,或纯粹的国家主义原则,都是会导致政体的腐化和最终堕落的,因而只有将二者有机地结合起来,政体才会更好地运行。

法律是人对于自我独立人格的一种意识自觉,知道自己的行为和需要的界限,"只有在对于'法律'有自觉的国家里,才能有明白的行为发生,同时对于这些行为也才能有一种清楚的自觉,这种自觉才会产生保存这些行为的能力和需要"。[②] 没有法律和道德,一个民族就不会有自己的历史,就只能生存在自然状态,就会存在着阶层的等级区别,就会有特权阶层,"社会的联系自然一定是野性的专横"。民族是由家庭、家族、部落发展而来,每一个民族都具有自己的精神原则,都有其民族特质,这种特质就是民族精神。这种民族精神体现在各个具体文化方面,"民族的宗教、民族的政体、民族的伦理、民族的立法、民族的风俗,甚至民族的科学、艺术和机械的技术,都具有民族精神的标记"。[③] 民族精神是一种普遍性东西,体现着一个民族的基本精神法则,宗教、政体、网络等都是民族精神的基本显现,体现着一个民族的精神特质。

二、民族精神:信仰、宪政、风俗

自由精神要成为客观的东西,成为法律,同时精神又要获得理解,要成为思想,最终通过客观化与观念化精神达到了现实的和解与统一。民族精神是特殊的自由,是自由的精神活动,是普遍性的具体化。民族精神是一种特殊制度的形成与变化的过程,构成了这个民族的使命和历史的基本原则。"一个民族的'精神'便是如此,它是具有严格规定的一种特殊的精神,它把自己建筑在一个客观的世界里,它生存和持续在一种特殊方式的信仰、风俗、宪法和政治法律里——它的全部制度的范围里——和作成它的历史的许多事变和行动

[①] [德]黑格尔:《历史哲学》,王造时译,上海书店出版社2006年版,第247页。
[②] 同上书,第57页。
[③] 同上书,第59页。

里。这就是它的工作——这就是这个民族。各民族都是从它的事业造成的"。①民族精神，是一个民族的生存的基本原则，它体现为这个民族特殊的法律、习俗，是民族把自己的事业作为自己的活动目的。民族的历史，就是这个民族精神的形成史，就是这种民族精神客观化的演进史，就是这个民族精神的运动史，也是民族的自我本质特性的认识史。民族文字，民族法制现象，制度改革，经济政治大事件，等等，都是民族精神和民族存在的自我敞开和自我展示。一个民族的精神，也会经历从壮年到老年的过程，也需要有新的民族精神来修正或代替那种已经失去活力的民族精神，要更新这种民族精神，使这个民族能够继续充满活力。"在一个民族的发展中，最高点便是它对于自己的生活和状况已经获有一个思想——它已经将它的法律、正义、道德归为科学，因为这种（客观的和主观的）统一里含有'精神'自身所能达到的最深切的统一。"② 没有思想就不会有客观现实性，这种民族思想是对于一个民族根本特质的普遍揭示和深层把握，是一个民族对于自己的目的和使命的自我反思和系统解蔽，是一个民族理想的一种科学归纳和理论展示。一个民族的发展变化，首先要体现为一种民族思想原则体系的深层变更，或者叫作思想革新。具体的宪政法律制度的变革，只是民族思想意识改进的一种结果。民族思想只是在理想层面上来设计的，而民族生活是一种现实的东西，二者是完美理想与现实效果的关系，因而一个民族的思想意识与这个民族的现实生活状况是不完全一致的。"东方从古到今知道只有'一个'是自由的；在希腊和罗马世界知道'有些'是自由的；日耳曼世界知道'全体'是自由的。所以我们从历史上看到的第一种形式是专制政体，第二种是民主政体和贵族政体，第三种是君主政体。"③ 民族精神有其性格，这种个性可以通过他的民族意识、民族观念、民族风气和法律制度、政治结构等来进行考证，同时民族精神又是发展着、完善着的精神自我展现过程。

"'公理'必须变为'风俗'——'习惯'；实践的活动必须提高到合理的行为；国家必须具有一种合理的组织，然后个人的意志才能够成为真正的意志。"④ 理性的公理，作为抽象普遍性的东西，必须现实化为人们的活动，形成人们的自觉行为，都有现实效用性，这种现实效力就是通过风俗习惯信仰等

---

① [德] 黑格尔：《历史哲学》，王造时译，上海书店出版社 2006 年版，第 68 页。
② 同上书，第 70 页。
③ 同上书，第 96 页。
④ 同上书，第 316 页。

来具体体现的。风俗习惯信仰的背后必然蕴藏着一种精神的东西，风俗习惯信仰必然是一个民族精神的现实展示，绝不是一种偶然的外在现象。"'精神的东西'之为'精神的东西'，是寄托在人类的活动和发明以及法律制度里面，获得一种生存；而在这样自身有一定、有限制的方式里，'精神的东西'变成了意识的一种对象。"① 精神的东西，本身是一种自在物，但如果它离开人的活动和制度，那么它就只是一种抽象的东西而我具有现实性，因此可以得出第一个结论，即精神必须由人的活动与制度来呈现。其次，精神的东西，还要成为人的意识对象，否则精神的制度也就难以生成。

自由只有从人本身中去寻找，而不能从外在表象中求得。自由意识形成的两个典型例子，一是宗教狂热，一是宗教改革。十字军东征的启示，这是一种宗教狂热。这种狂热，使人们自愿为基督神圣而做出牺牲，然而最初的圣战发起者却是一些地痞、失意或无业者，但到后来就连一些小孩也都参加进去。十字军东征，其本来目的是夺回其"圣地"，追求圣洁的道德精神境界，但其手段却是杀人抢劫的暴虐方式，这是第一个悖论问题；当他们经过长期多次圣战，虽然最后取得了一定成功，但他们却并没有得到精神上的满足，反倒是被当地人的文明风俗所感染，最终使圣战者得到了一场精神洗礼，把这种文明带回到了西方。暴虐者被受暴虐者所感动而变成谦卑者，这是第二个悖论。十字军东征的最大启示是，仅仅从外在表象中去追求精神自由是不可能达到目的的，真正的自由只能从人的内在精神中去寻找。其另一层启示是，神圣的事业要想成功，不仅要求目的是神圣的，而且手段也一定是神圣的，否则神圣的事业也会变成其反面的东西，成为一种恶的东西。路德的宗教改革史例，也有同样的启示意义，腐败来自外在表象的过分追求，腐败使神圣的东西异化为外在的东西，腐败必然引起革命或改革。

因此，真正的自由，是目的与手段的统一，不仅要求人的目的是善的，而且也要求手段也是善而非恶的，不仅要求内存的善，而且也要求外在行为风俗也是善的，而这种目的与手段、内存与外在的统一就是完整的善，才可以称为完满或完美；这种完整的善之实质，就是人格尊严的承认与尊重，不仅是一种抽象的尊重，而且更要求主体间性的相互承认与尊重，不仅要求道德上而且也要求法律上的人格尊重，而这种相互尊重就是自由的全部要义，自由的全面实现只有在法治国家里才会得以现实化。

---

① ［德］黑格尔：《历史哲学》，王造时译，上海书店出版社2006年版，第194页。

本章小结

　　人的历史是精神思想的变迁史，历史哲学是自由生长史的一种思想把握。人的自由主要有两个基本法则，一是，理念与热情相统一法则；二是，个人私利与国家公共利益相统一法则。自由的问题，是人类历史发展的核心问题，道德、法律都是由此而生。法律是自由在国家中的现实化，人的使命与责任的道德基础是自由，而自由的观念运动展示为：自然到自由、家庭到国家的发展过程。一个民族的精神具有严格规定的一种特殊的精神，它把自己建筑在自己的信仰、风俗、宪法和政治法律等全部制度里，体现于民族历史的许多事变和行动里，这就是一个民族创造自己的精神史。自由的思想与活动，是人的历史基本内容，它展示为两个方面，其一，人的自我认识：人格意识与国家信念；其二，自由理念的现实化：个人教养、民族精神、宪政制度。人的历史是自我思想与自我创造的产物，道德、法律、宗教、国家都是人的自我创造之圣物，也是人自身的存在展示。

第八章　黑格尔宗教哲学中的人学思想

第一节　宗教、哲学与人

一、宗教的人目的论

黑格尔宗教理论总特征是人、神、法三位一体。宗教是人所特有的精神现象，宗教的核心是人，人是宗教的真正目的。宗教是有关人神关系的理论与实证原则，真正完善的宗教是人神合一的完善宗教。宗教的最高形式是宗教哲学，宗教的最高级形式是基于法和伦理的自由精神，哲学要为宗教作证明，宗教自身并不能自己证明自己，而只有通过哲学之思，通过精神来为精神作证。完善的宗教是善、真理与自由的统一，是个别自由与普遍精神的统一，是人、神、法的合一。黑格尔宗教哲学的核心问题，是证明人如何成为自由者，如何摆脱纯粹自然性的束缚并使得自然与精神的统一，神只是在启示人如何实现自己的精神本质。而精神的本质是思、知，只有精神能够自知自己的本质，这种知就是自我意识，神是思的对象并借助于思而现实化。精神是人与神共同的本质属性，人与神的统一只有通过普遍精神属性之实证化，这种实证化形式就是法与伦理。

黑格尔把宗教视为精神的最高阶段，是人神关系的最高境界。在真正的宗教中，人与神是合一的，人是神的人，神也必然是人的神；人只有在神中才会作为纯粹精神而存在，才会摆脱自然外在的任何束缚，从外在局限中得到解放，才会成为真正的普遍性而获得真正的自由。黑格尔把宗教视为一个不断发展完善的精神生长过程，宗教一开始也是不完善的，宗教的生长过程显现着不同的宗教形态，依次显现为自然的宗教、实证的宗教、启示的宗教和哲学的宗教。宗教的本质是精神，精神的本性是自由，是依靠自身的知和生产而生长着的，是自为、自治和自足的普遍性，是依据思想来把握和展现的，因而宗教天生就是人的，动物没有宗教。人与神相通之处，在于二者的本质都是精神的，是自由的。人与神的相异之处在于，人是无完全的精神存在，而神本身并不具有现实性，这种相异性迫使二者要统一起来，而二者统一的基础上基于二者的共同属性，即自由。人还拥有自然的属性，人是逐步克服其自然属性而接近神的自由境界，因而在精神自由方面，神是人的榜样和理想图式。人需要神来指引，神也需要人来体现自己，因而人与神天然地是一体的。宗教是精神最完美的状态，是精神理想实现的状态，宗教把一切精神之谜都给破解了，一切冲突、痛苦和偏见都消失了，只剩下理想、真理、宁静与和平。而人也是精神，也是具有思想和自由，人的目的也是幸福、和平和理想的实现，因而宗教是精神的最佳存在，是人的最佳目的，人与宗教在理想这一点上是一致的。人的所有梦想都在宗教中能够找到，宗教是人的梦想的一种寄托和表达，人想从神中找到自己的尊严和价值，因此说，宗教就是人的最美的圣像。

在宗教中，不仅存在着神，而且也存在着人，宗教是有着神与人的种种关联，人神关系是宗教的永恒主题。精神在宗教中是绝对自由的，自己是最终的目的，精神作为这种绝对自由不再受到他者的支配，摆脱了对于他者的信赖关系，不再是局限性的东西，"摆脱了一切有限性，并赢得最后的满足与解脱"。[1]

二、宗教的哲学依托

黑格尔宗教哲学被误解最大的，就是认为黑格尔把哲学当作了宗教的婢女。黑格尔的宗教哲学并非是有意来贬低哲学的地位，相反他是在提升哲学的精神品性。通过对黑格尔宗教哲学的整体分析就会发现，黑格尔是把宗教和艺术都归于哲学门下，宗教需要哲学来证明与阐释，否则宗教就会失去其存在，宗教必须借助于哲学之思想才能得以体系化和现实化。"因此，哲学首先把绝对作为逻辑理念来考察；这样的理念就是在思想中那样的理念，就是由各个思想规定构成它的内容本身那样的理念。接着哲学在绝对的活动中，在它的创造中展示它；这就是绝对变成自己本身，变成精神的道路，而且神就是哲学的结果；由哲学认识到：这结果不仅是结果，而且永远创造自己，是先行者。这结果的片面性被扬弃于这结果的本身之中。"[2] 哲学只把存在着的东西作为其思想的对象，同时哲学并不思考那些看得见的纯粹自然的东西。黑格尔的宗教，不是某种具体特殊的宗教，更不是那种假的宗教，而是真正的宗教，是作为绝

---

[1] [德]黑格尔：《宗教哲学讲座·导论》，长河译，山东大学出版社1988年版，第2页。
[2] 同上书，第23页。

对精神的宗教。

"一般说来,宗教乃是人类意识最终、最高的境地——无论这意识是见解、意才、想象、知,还是认识——即绝对的结局,人转到这个领域,就像转到绝对真理的领域一样。"① 宗教是一种精神的理想化,是绝对精神,人在宗教中得到了升华,同时也从宗教理念中得到了精神的启示和指导。在宗教中神作为精神自由与真理实现了绝对的统一,而人作为精神也应当具有这种自由的本质和能力,也能最终达到绝对的自由与真理的统一,达到主观性与普遍性的统一。神是一种理想化了的精神,而这种精神理性是通过人的思想来把握和展现的,而且神也需要展现为现象而成为客观外在的东西,无限性也需要有限性来体现。普遍且最高的精神,最终要显现于人的自身,显现为人的善良、正义和法律制度等。这样,宗教与哲学、神与人就实现了理念与现实的统一,这也意味着人的神化与神的人化之合一,即人神一体化,神只不过是人的最高境界,是人自身理想的思想化。"神乃是自然界和精神王国之主,他乃是这二者的绝对和谐与这和谐的创造者和实现者。此中既不缺乏思想和概念,又不缺乏其显示,其定在。可是,这定在方面本身还必须(在这儿我们处在哲学之中)在思想中加以理解。"② 神是自然与精神的主宰,但神也需要哲学加以思想化和实证化,显然哲学与宗教并不是对立的。"思想就是从局限事物,提高到绝对普遍者,而宗教就是仅仅凭借思想,并在思想之中。神并不是最高的感受,而是最高的思想;即使他被降到表象,但这表象的内容仍属于思想的王国。我们的时代最愚蠢的偏见就是认为:思想对于宗教是有害的,而且放弃的思想越多,就越可靠地坚持了宗教。这种曲解是由于根本误解了较高的精神关系。因此,关于正义,人们把自认为的善良意志当作某种跟智力相对立的东西,而且对一个人的信赖,较多由于真正善良意志,较少由于他所思维的东西。然而,恰恰相反,正义和伦理仅仅在于我是一个思维者,就是说,我并不把我的自由视为我的经验的人格,这人格作为特殊者属于我,于是我凭借它,能够运用诡计或者强力压服别人;同时我把这自由看作一个自在自为的存在者、普遍者。"③ 宗教与人的思维不是对立关系,相反宗教需要思维来理解与领悟,宗教与法、道德也不是不相容的,法与道德可以从宗教中推导而来,但这里的宗教不是那种假冒的宗教,而是作为绝对精神的宗教。自然法学就从宗教中得到

---

① [德]黑格尔:《宗教哲学讲座·导论》,长河译,山东大学出版社1988年版,第47页。
② 同上书,第23页。
③ 同上书,第55页。

启示，把自然法的来源视为上帝的理性；因而传统自然法学把自然视为理性法、道德法，这种理性法、道德法就是上帝的法，这样自然法也就是一种永恒法，并获得了不言自明的客观性、神圣性和至上性，成为现实法的标准。

自我是宗教中的核心主体，自我是作为目的而出现的，同时又是作为一种抗争着的主体而存在着。在宗教中，自我是神所关注的对象，宗教的使命就是把有限的自我改进为无限的存在者，因而自我是宗教的目的，宗教是为我而存在的，如果没有我作为目的，宗教就会失去存在的前提和意义。在宗教中，我又是能动者，我是思想的主体，而神是无限的，是通过思想才会显现出来的，因而我的思想是宗教的外在化载体，神的意志要通过我的思想来领悟与把握，并得以现实的展现。我既是神的目的，又是神的手段，因而我与神是相互融合的，我既是有限的，又是无限的，是主观意识与普遍思想的对立统一体；"我就是这抗争和这统一，而且这二者正是在我之中，正是为我的，在我本身之中，我作为无限者同作为有限者的我相对立，而我作为有限的意识同作为无限者的我之思想相对立"。① 精神的最高规定就是实现我与他的统一，主观意识与客观普遍性的统一，实现主体与客体的理论与现实的统一，"精神的最高规定就是把这客观性包含在自身之中的自我意识。神作为理念，对于一客体来说是一主体，对于一主体来说是一客体"。② 神既是客体，又是主体，是主客体的统一，这种统一的根基是人。

自然神学把神仅仅当作意识的对象来理解，这是片面的，同时"把宗教仪式仅理解为某种主观的东西，从而使主观方面成为唯一的方面，这同样是片面的"。③ 人的本质是精神的理性存在者，但并非是人一开始就显现为理性人格，而是非理性人格逐步成长为现实的理性存在者，"孩子还不是符合理性的人，仅仅具有天赋，初始不过自在地是理性，精神，凭借其教养和发展，才成为精神"。④ "自然，有限精神，即意识、智力和意志之世界，乃是神圣理念的各种具体表现，然而这些乃是理念显现的确定形态，特殊方式；在这些形态之中，理念还没有深入于自己本身之中，从而作为绝对精神而存在"。⑤ 精神并不与自然绝对对立或分离，而是以自然感性东西为基础并由自然发展为自由的

---

① ［德］黑格尔：《宗教哲学讲座·导论》，长河译，山东大学出版社1988年版，第56页。
② 同上书，第60页。
③ 同上。
④ 同上书，第66页。
⑤ 同上书，第23页。

精神,"绝对的目标,就是它认识自己、理解自己、成为自己,如同在自己本身之中的对象,达到对于它本身的完全认识,这目标最初就是它真实的存在。于是,精神生产自己的这个过程,它的这道路,包含各个有差别的环节"。① 精神要达到绝对的目的,就必然要经过一个自我生成与生长的历程,而道路并不同于目标,而且精神必须经历这个生长的过程,才能最终达到目标。神是人的神,黑格尔的神学也暗含着这样一个真理,即神的本质就是人本身,是人自己创造了人自己,也同时创造了自己的神,这个神就是人的最高形态,是最为理想的人的境像。

从绝对精神的真宗教开始,到现实的宗教,再到现实的人,到现实的法律和国家,这是一个精神思维活动的完整轨迹;而精神的现实活动轨迹却是从自然精神开始的,然后经过人的精神思维到现实法律与国家,再上升到绝对精神的宗教。"真宗教跟伪宗教的和解",并非所有的宗教都是真正的宗教,因此要把真假宗教加以区分,又要加以和解。同时,又要把理想的宗教与现实历史的宗教与实证的宗教加以区分。宗教的本质是普遍性,而宗教也是一个生长的精神,也要经历从不完善到逐步成熟的成长过程,在达到最终绝对精神状态之前,宗教是一种特殊性的东西,因此宗教作为思想把握与展示的精神,必然要经过低级到高级阶段的发展演进过程。这样就存在着两种宗教状态,一种作为绝对本质的宗教,和作为实证现象的宗教,前者是绝对无限的精神,而后者是有限的精神;二者存在着差别,同时二者又具有同一性,绝对精神必须经过有限精神来显现,有限精神是潜在的绝对精神,是绝对精神的生长阶段。而其他精神领域也存在着同样的精神发展环节,作为绝对精神的国家必须要通过有限的法律来体现,法律不过是国家的一个生长环节,同时国家也离不开法律来展示自己的本质。

人在神中观察到自己的本质,通过神来理解自己的真相,神就是人的一面镜子,"一个人关于神的表象对应于他关于自己本身的,关于其自由的表象"。"当一个人真正知道神的时候,他也就真正知道自己,两方面互相对应。"② 人神是共生的、一致的、互动的,人神具有本质的同一性。神的本质是精神,神是被人所理解和规定的,人理解神也就是在理解自己。神作为精神是自由的,人通过摆脱了一切外在的局限和依赖,从而可以达到自为的绝对自由境界,达到绝对精神状态。精神是知道自己本质的绝对自由,"精神就是知,然而为了

---

① [德]黑格尔:《宗教哲学讲座·导论》,长河译,山东大学出版社1988年版,第65页。
② 同上书,第70页。

使知存在，就必须使精神所知的东西之内容，取得这理想的形式，并且被用这方式来加以否定，只要是成为精神的东西，就必须以这样的方式变成它自己的，它必须经历这圆圈，而且这些形式、差别、规定、有限必须存在过，以便精神使它们成为它自己的"。① 精神是自知着的东西，这种知必须通过一定形式，又要打破这种形式，最终达到完全自由。天启的宗教，就是完全被自我意识所揭示了的宗教，宗教作为精神，在人的意识中不同于神秘的东西，已经从过去的遮蔽状态过渡到完全敞开的状态。

泛神论把一切世界万物都视为神，最终必然导致无神论，同时也导致精神的虚无性。而真正的宗教主要是调整人与神的作为精神存在者之间的关系。我与神的关系，是宗教核心内容。宗教的直觉状态、反思的表象状态和知的状态。我在感觉状态，存在着一个与我相对立的非我，一个否定我的他者，我与他者处于冲突状态。反思是把我与他者进行区分，对他者进行抽象的思，思就是把他者作为对象进行抽象思维。在思中，我把神作为一个普遍者和无限者，把我作为一个有限者，不仅把神作为我的意识对象，同时我开始又从神的思想中返回自身。通过思，神已经成为一种思想，"宗教、法、伦理，一切精神者，无非是萌发于人。他是自在的精神，真在于其中，——只是应将真导致其意识"。"精神是精神的见证；这一见证便是精神本质的、内在的自然。其中包孕一重要的规定系数并非外界加之于人，它实则在于其身，在于其理性，在于其自由。"② 人是一切精神的精神基地，是一切精神的体验者、见证者和阐释者。精神的人，要为精神的神作证明，而这种证明不仅反映在宗教思想中，而且不要通过人的精神产品的法、伦理来为神作证，这种证明也具有双重意义的目的，人既为神、也为自己。人是一切精神者的根源，法律、伦理、宗教都来自于人，人是精神之根，只有从人的角度，以人为视角，才能真正理解法律、伦理和宗教的本质。一切精神作品，包括道德、伦理、法律和宗教，都是源自于人，又是为了人而存在，而且又是人所创造的，是人创造自己的副产品。

神只有借助于人才能来显现其自身，并在人中成了有限者；人作为有限者把神纳入其中，在人之中也就有了无限者的神，因而人借助于神而成为无限者。"有限者是无限者在神之自然中的本质环节；可以说，神本身使自身成为有限者，将诸规定设定了自身。"③ 神在创造世界时就把自身设定为一种规定

---

① [德] 黑格尔：《宗教哲学讲座·导论》，长河译，山东大学出版社1988年版，第74页。
② [德] 黑格尔：《宗教哲学》（上），魏庆征译，中国社会出版社2005年版，第99页。
③ 同上书，第119页。

的有限者。我本来把我设定为有限者,神是作为无限者来认知的,而现在神成了有限者而我反而成了无限者,这样就形成了一个角色对换。"在'我'中,在扬弃作为有限者的自身之有限者中,神复返自身,神无非是作为这样的复返而存在。没有世界,神也就不成其为神。"① 人作为有限者,在克服了其自身的有限性,也就会成为一种作为神的无限者。这样,人也就克服了自身的主观虚妄性,不再把神视为一种与自身相对立的他者,而是与自身相一致的普遍者。"理性是宗教赖以存在其自身之土壤。基本规定为意识的确认态度;它无非是否定之否定,作为借助于对立的诸规定对自身之扬弃而存在——在反思中,这些规定被视为恒定的。由此可见,宗教的土壤便是这一理性者,更确切地说,便是这一思辨者。"② 宗教离不开人的理性,离不开理性者的思辨,只有通过理性者的理性思辨,才能构筑起宗教的理论体系,因此宗教的根基在于人的思维,没有理性者的思辨,宗教就不会生成,离开人的理性宗教就不会存续。同理,宗教离不开人的理性,神也当然需要人的理性,神也离不开人。人与神的关系具有同一性,神也离不开人,人也需要神,人也因此而具有了神性,神也由此而具有了人性。

神是作为意识而存在的,同时又是作为显现者而存在的,"由此可见,神在此被规定为意识而存在者,规定为作为显现之对象;然而,作为其实体性中的精神的统一,他实质上不仅被规定为显现者,而且被规定为向自身显现者;由此可见,他向他者显现,在这一举动中又向自身显现"③。神的显现方式,主要是通过意识的对象,通过向自身的显现和向他者的显现,因而神是人的意识之产物,意识才是神生成的中介或根源,因此神也是一种精神现象。

三、崇拜与信仰

崇拜是主体与客体的分离,是我与神的相对而立的实践关系,是我与神在现实上的一种合一,"在理论范畴,尚存在这一直接的统一,存在直接的知;而在崇拜中,我处于此方,神处于彼方,而规定在于:我在神中,而神在我中,并使这一具体的统一得以形成"④。神实质上为自我意识,是他者在我的意识上的一种特殊显现。崇拜是我与神在表象中作为两个相对独立者,而崇拜

---

① [德] 黑格尔:《宗教哲学》(上),魏庆征译,中国社会出版社2005年版,第120页。
② 同上书,第122页。
③ 同上书,第125页。
④ 同上书,第126页。

也意味着，在精神上我与神又是合一的，我与神相互融合为一，神中有我、我中有神。

"信仰的内容，只有通过教诲、奇迹、威望等始可领悟，——这可成为作为主观信仰的信仰之基础；然而，如果内容对我说来应成为基础，这一途径则不可能；在信仰中，这些外在的特征不复存在，——信仰之，我使我所接受者成为自己的，而它对我说来不再是他者。对直接的信仰可作如下的规定：它是精神对于精神的见证。"① 信仰是高于崇拜的一种自我意识，是对神的进一步确认与接受，是神被我纳入到自我内心深处，内在地把神视为真正的神圣绝对的普遍者。崇拜还只是外在地对于神的一种确认，在崇拜中我与神还是表象上的二元关系，我与神还没有形成精神上的合一，而信仰则不再只是外在的确认，而且是一种内心的承认与接受。"应信仰者，应当具有纯宗教的、精神的内容。"② 只有真正的宗教才是应当信仰的宗教，而真正的宗教必然是包涵着永恒真理的普遍精神。"独一的精神实则乃是实体的基础；这便是民族的精神，犹如其在世界历史的不同时期之被规定的那样，——这确是民族精神：它是构成个体之实体的基础。每个人出生于世间，无不置身于民族之中，并从属于其精神。此精神一般说来是实体的，似为来自自然的等同者：它是信仰的绝对的基础。"③ 信仰的初始基地是民族精神，人一出生就受到父辈们的教导，就把父辈的教导视为一种绝对真的东西，而这种父辈训导的实质是民族精神，因而信仰不是个别人的特殊主观意识，而是一个民族的共同精神，因此信仰又具有民族性。对于神的崇拜到信仰，由个人精神变成民族精神，最终就形成普遍性的法、伦理的东西，从而实现了人、神、法的一体化。

第二节　人、神与法

一、宗教：精神律法

人与动物相通之处，在于二者都具有感觉的形式，而人高于动物之处就在于人的精神性，在于人的思想，人是拥有创造精神的精神，"一切基于人之思想者，均可被赋予感觉的形式。然而，法、自由、伦理等，植根于人之较高级

---

① ［德］黑格尔：《宗教哲学》（上），魏庆征译，中国社会出版社2005年版，第131页。
② 同上书，第132页。
③ 同上书，第134页。

的功能；这一功能亦使人并非成为动物，而成为精神"。① 法、自由和伦理的东西，都是思想所创造的精神产品，它们虽然也显现出感觉的形式，但其本质是精神的。这是人的神圣之处，人拥有神圣的自我意识，具有自我本质的认识能力和自我塑造自我的能力。思是知道自身是自由的，不是被他人强迫的，但思并非没有权威和规则，思必须依据自身的规则。神只有在人中才会显现为精神，神只有经过我的思才会成为我心中的精神，因此神是为我的，我的目的、神圣和精神是统一的，统一于我的精神中，体现于我的行为上，体现为我对于神的崇拜和信仰。"我应使自身处于这样的状态：精神生存于我中，以便我成为精神的。这便是我的，人的职责，神从他的角度亦予以实施，他向人接近，并凭借人之扬弃存在于人中。作为我之举动而现者，因而是神之举动；反之亦然"。② 神与我是内在统一的，神在我心中，神并非是一个外在于我的限制物或另类物。

"教会的惩罚的本质的目的在于：被惩罚者之改正和皈依。惩罚之这种伦理的，特别是宗教的意义，在这一阶段势必未见之于世。就此说来，民事的和国家的法律，一般说来，等同于宗教律法。国家的法律是自由的法律、以人性和人之尊严为前提，实则从属于意志；同时，这里依然保留对偶然的、模棱两可的事态随意处置的范畴。"③ 宗教与法、伦理具有同一的功能，都是为了教化人，也是通过对过错行为进行相应惩罚来矫正过错，并促使过错者弃恶扬善。而且法与伦理是以人的本质与尊严为核心的，而宗教的本质也是使人成为自我尊严的主体，而这种人的尊严的前提就是人之为善之自由。法律借助于神而成为一种神圣的东西，而神也需要法律来转化为人的现实存在，因而宗教往往比法律的作用更为持久、更为深广，宗教通过人神法合一性而成为一种人的精神法则，宗教不仅要借助于道德伦理，而且也借助于法律来显示其效力，因此宗教具有道德与法律双重效力，是最高级的法。

二、自由法则：民族精神、宗教与法

"自由的主观性产生于宗教中以及这些宗教赖以产生的诸民族，我们对其辨识的主要依据：普遍的律法、自由的律法、法和伦理，是否成为基本规定，是否左右民族的生活。被理解为主体的神，乃是他将自身规定而成的样态，亦

---

① ［德］黑格尔：《宗教哲学》（上），魏庆征译，中国社会出版社2005年版，第79页。
② 同上书，第137页。
③ 同上书，第142页。

即其自我规定是自由的律法，它们是自我规定之规定。于是，内涵无非是属于自由的自我规定的形式，——然而，与此相关联者必然是：自由为律法的内涵。"① 当人们脱离了自然宗教，人们就把人的所有精神的东西都视为神的创造，就连人自身也是安度晚年作品，这样就会导致多神论，而实际上的律法和人的自由，是人借助于神而自我认识与自我规律的普遍性东西。民族、宗教与法是在神的意义得以精神上的统一，真正的自由是民族自我意识到的普遍法则，一个民族也只有在神圣的普遍性中才会得以自由。真正的宗教，必然是基于人的自由，一个民族也必须把其宗教信仰建立在民族自由精神上，自由是宗教、法律和民族精神的唯一法则。违背了自由法则的法律不是真正的法律，而脱离了自由法则的宗教就必然是一种伪宗教，自由是宗教、法律的根本宗旨与使命，一个成熟的民族必然会用宗教、法律、伦理来展示自由，用自由的宗教、法律和伦理来彰显这个民族的精神特质。

三、教育：培育自由人格

"人应当成为自由的，亦即法和伦理之人；人应借助于教育成为这样的人。在上述表象中，这种教育被规定为恶之克服，从而被纳入意识范畴，而教育的完成则是无意识的。"② 法与伦理，是精神的普遍性的东西，而非是自然的东西。自由是人的本质，这种本质是克服了其自然属性而达到的，因为人的自然属性只有使人成为纯粹自私的人，甚至导致人之恶性。而宗教崇拜也有助于扬弃自然之恶，但不能盲目崇拜，人只有借助于教育才能达到自由，而自由只有在法和伦理中才能实现。要克服盲目崇拜之迷信状态，就必须把人对于神的崇拜纳入到伦理和法律的环节，纳入到普遍性的共相之中，而这种纳入不是自动的或自然生成的，而是经过教育塑造出来的。因此，教育的宗教意义，就是培育人成为真正拥有宗教观念的人，培养人学会在伦理和法的范围内去崇拜神圣之神，克服虚假宗教的宗教狂热或愚昧迷信，并最终使人培养成为自由、法和伦理之理性人。

第三节　宗教的自身运动

"数千年来，精神致力于确定宗教的概念，并使之成为意识的对象。就此

---

① ［德］黑格尔：《宗教哲学》（上），魏庆征译，中国社会出版社2005年版，第283页。
② 同上书，第146页。

而言，精神从直接性和自然性出发；而这些应被克服。直接性是自然的，意识则是对自然的超越。自然的意识是感性的意识，犹如自然的意志是欲望；而个体渴望自身处于其自然性、特殊性中，乃是感性的知和感性的愿望。然而，宗教是精神与精神的关系、精神对精神之知，——在其真中，而非在其直接性、自然性中。"① 宗教是一种精神的东西，是内在于人的意识的。宗教是为了人的，同时又是由人的意识所构建和显现的，因而宗教是人的宗教，宗教并非外在于人而与人完全不相干的纯粹客观之物，宗教既是客观的又是主观的。宗教作为精神是一个发展生长着的东西，宗教只有借助于意识才能得以展现自己，因而意识的生长就与宗教的生长具有同步性。宗教并非一开始就是一种完美无缺的绝对精神，而是由自然的宗教这一原初状态为始基的。意识始于自然的状态，即自我尚处在自然性与本质性对立状态，还没有认识到自己的本质，只有通过扬弃这种自然性与本质的冲突，人才会超越其自然性而达到作为精神的宗教意识。

"就其本质说来，人是精神；而精神之存在并非直接，其本质在于其自为存在，在于自由，在于：使自然者与自身相对立，使自身摆脱对自然的沉溺，与自然分离，并借助于或基于这一分裂与自然和解，不仅与自然，而且与其本质，与其真和解。"②自然与精神的对立，这是精神的初次显现，只有人超越了自然并把自然纳入到自身，人才是作为精神存在者而出现的；因为精神的本质是自由，是自己支配自己、超越自己和把握自己，克服自己自然本质的奴役并自我设定自己的命运。这种自我设定自我，就是把自我设定为有限者，限定自己是人成为人的首要环节，但这种自我限定并非是完全的自我局限，而是把我限定为无限者的对立面，在这种对立中自我也就成了无限者的显现者，因此人是神的显现者，人在神中也就具有了神的无限性特征。

一、自然宗教

把自然的某一物类作为一种神灵的普遍性东西进行礼拜，把自己的命运与这种偶然东西捆绑在一起，如将某种或某棵大树，或把某种动物当作神灵，来保护自己免于自然灾害的侵袭，护佑自己拥有好的未来，这就是人最初的宗教意识。"自然宗教的探考表明：善在其中是普遍的，犹如力，而善实则具有与神圣本质之实体的、直接的同一的意义，因此，万物皆为善，并充满光明。"

---

① ［德］黑格尔：《宗教哲学》（上），魏庆征译，中国社会出版社 2005 年版，第 156 页。
② 同上书，第 164 页。

"自然宗教已显露直接外在者与内在者的不相适应。"[1] 自然宗教的特征，是万物皆善，神是一种有限的精神。这种精神有限性主要体现在目的与手段的关系上，人的目的被人当作神的规定，把神仅仅视为人实现自己特定目的的一种手段。

目的与手段构成生命的运动，力是目的与手段的一种相互作用，"中介的另一环节为：两方面的相互关系是力，亦即力正是这一关系，——这一关系规定：一些是目的，另一些是手段；这样一来，它便是目的之保持"[2]。手段为目的服务，但手段与目的同样重要。目的的规定，手段的设定，都是一种智慧之力，是一种创造。创造就是为目的而设定其手段的具体活动，就是创造形成了差别。存在者只是作为创造的结果而显现为外在的定在。在创造中，智慧把目的视为高于必然性的东西，必然性为目的而存在，但被创造物的一部分仍然受到必然性的左右而显现出偶然性。

"神之内容、活动，无非是可发现于存在中之有限的目的，绝对至高的目的是伦理、自由；伦理的善应成为自身的目的，以使这样的绝对目的在世界上同样达到。而就此说来，我们实则只是有依据目的的行为，观察中所提出者乃是有限的、有限制的目的。依据目的而行动之力，只能是生命，尚非精神，尚非神之个体。"[3] 自然宗教就是把人自己的目的视为一种神的目的，这样就把神自然化和人化了，神也就失去了其应有的普遍性属性，因而，神也就成了我们实现自己特殊目的的手段，这与宗教的普遍性是相冲突的。自然宗教的神是一种具体有限的东西，这与普遍性的法律、伦理是相冲突的，因为自然宗教缺乏普遍性。

真正的神是一种精神，是一种思想、一种自我意识、一种智慧，而神作为精神的基础也只能是精神，一种具有自我意识的能思的精神，这就是人，人是精神的精神，"问题在于：如果说智慧应有所作用，目的应实在化，那么，这一切的基础何在呢？就此说来，基础不可能是别的，实则只能是精神，或者，更确切地说，是人"[4]。人作为自我意识的精神，是有限的精神，人不仅是神得以实在化的有限精神，同时也是神实在化的目的，因此人不仅是神客观化的手段，也同时是神客观化的目的。因而人是神的基础，神只有在人中才得以显

---

[1] [德] 黑格尔：《宗教哲学》（上），魏庆征译，中国社会出版社2005年版，第286页。
[2] 同上书，第300页。
[3] 同上书，第303页。
[4] 同上书，第305页。

现其全目的性,"于是,人被设定为本质的目的,被设定为神圣之力、智慧的基础"。"人从而为自身而呈现为自我目的,他的意识在神中是自由的,在神中是被证实的,实质上趋向于自身,趋向于神。"① 自然宗教是人作为精神存在者的一种显现,在自然宗教中,人是目的,而神只是人所需要的成为其自己的精神支柱。从自然宗教中可以看出,人是神的基础和神的最终目的,神的目的就是让人成为走向于完美的神之境界,成为一种完美的自由存在者。人是神的唯一根基,也是神的唯一目的,因为作为精神的神只有通过作为精神的人才能得以客观化和现实化,人通过思辨来认识神和敬重神,把神视为自己成为普遍性的自由存在者的精神支撑。

二、崇高宗教:合目的化

(一)崇高的宗教

"精神使自身升高,居于自然者、有限者之上;这便是崇高的宗教。"② 无限者作为崇高者,超越了自然有限性的普遍者,但这种无限的精神,也需要自然的有限者来显现自己。崇高的目的,需要展现为实在的目的,而实在的目的是多,因而作为普遍的精神在现实中就体现为诸多实在目的,这就需要一种总体的原则,这就是一与多的共存原则,即一种友好的包容原则。不仅绝对精神与诸多自然或有限精神要友好相处,而且诸有限目的之间也需要友好相处。

"就此说来,实在的目的不再是排他的,它允许众多、一切与自身共同具有意义;就此说来,基本规定在此是快乐的容忍精神。存在众多主体,——它们均具有意义;存在众多统一,——定在从其中为自身导出手段;定在的友善从而被设定。"③ 多与一的关系,是个体目的特殊性与共同目的的普遍性的关系,而在这种多与一关系中,多作为个人的多,也就显现为普遍性,多就是一。因为普遍性尚未被人所把握,人就把特殊的样态作为普遍性东西,把自己的目的与美、友好直接统一,把自己的命运视为一种天命。因此,这种崇高的宗教还只是一种具有特殊性的善恶智慧特征,是一种自然者的理想,是一种主观的、思的伦理之力,而美的宗教还只是作为一种感性的伦理之力。这里的崇高是神的崇高,而非人的崇高,"自由之运用(尽管并非最高的),最后者在

---

① [德]黑格尔:《宗教哲学》(上),魏庆征译,中国社会出版社2005年版,第305页。
② 同上书,第306页。
③ 同上书,第307页。

于：知善并向善"。①

人吃了智慧树上的果子，也就拥有知善与恶的能力，而这种善恶智慧就是精神的实质，"是精神的特征：精神之为精神只是由于意识，而最高的意识正是在于知善与恶"。②"认识、知是两面的、危险的馈赠：精神是自由的，这一自由，既向善，又向恶敞开，其中同样存在作恶之随意，——这便是自由之肯定方面的否定方面。"③知善知恶是智慧的两个方面，因而作为精神的自由也就具有两面性。人既拥有为善的自由，同样也就有作恶的自由，这就是自由的双重性。这里的善恶知识并非理性，并非是人的真正自由，也不是自我意识，而是完全由外在的精神给予的，因而这种智慧还不是具有普遍的伦理和法的意义。上帝外加人的只是一种绝对服从的律令，这就是十戒。这种律令有两个方面，一是规定神的唯一性，人只能够绝对服从上帝为唯一的神；二是人必须不得作恶，不能杀人、偷窃、奸淫等。不准作恶，这就是早期宗教的基本教义，其伦理原则就是绝对服从上帝的训令。对于违反这种律令的人，就必然要进行惩罚，这种惩罚并不是基于人的理性自由，而是出于宗教的惩罚，是外在精神所加于人的一种神力的审判与惩罚。人在神的面前只是一个罪犯，只是一个有限的精神，是一种半自然与半精神之物，是低等的精神；神是高于人的绝对精神，对于人具有立法权和审判惩罚权，而人本身并没有自我立法和自我控制的自由能力。这就形成了人与神二元对立的早期宗教范式，人与神还没有真正达到合一的完美境界，人还没有把神纳入到自我意识当中，没有意识到人也同样具有自我立法和自我管束能力，也还不具有精神的自由。"惩罚被外在规定，而且，犹如顺服，不具有精神的、伦理的自然，而是伦理上非自由的人之被规定的、盲目的顺服。律法、诫命，应当仆人式地恪守奉行。"④人只是神训诫的对象，人在神面前只是显现为一种奴隶式的主体，只是被动地服从和接受惩罚，这意味着人还不是精神主体，而只是一种自然之物，只能接受外在的支配。这就是"仆人式的屈从"，在这种屈从中任何自在存在者都会失去其主观自由。

崇高宗教的神，被家庭和民族当作自己的神，是这种特殊主体所崇拜的神，因而崇高的宗教就显现为民族性特征。不同民族所信奉的神并非完全同一，尽管有时形式上是同样的。崇高的宗教，是维系家庭或民族共同体的律令

---

① ［德］黑格尔：《宗教哲学》（上），魏庆征译，中国社会出版社2005年版，第327页。
② 同上书，第326页。
③ 同上。
④ 同上书，第335页。

与精神根基,而这种律令与占有制度是相应的,因为个人并不拥有自主占有和转让占有的权利,个人还不具有独立人格地位,个人只有为共同体奉献的义务。个人不仅要服从家庭或民族共同体,而且还要服从神的训令,个人要顺从和服侍两个主人。

上帝是人的神,人把神纳入到其自身,使其与自身实现和解,并最终认识到人自身也是神圣的主体。"既然属上帝本身之规定者为:他在自身是自身的他者,而这一他者是在于其自身的规定;在其中,他复返于自身,人者与其和解,'人者在于上帝本身'——这一规定从而被设定;这样一来,人知人者为神圣者本身的环节,并在其与上帝的关系中如今成为自由者"。① 人与神互为中介,人是神的载体,神是人的创造者,而人也同样在自我意识中显现着神,二者在相互显现中都是精神。"如今纳入宗教精神之这一关系的全部,便是如此:神在自身是中介,人也是这一中介,人知己在神中;人和神述及对方皆声言:此乃是来自我的精神之精神。人犹如神亦为精神;尽管他在自身具有有限性和分离;而在宗教中,他则扬弃其有限性,因为他是对己在神中之知"。② 这就是人神关系的全部真相,但这一真相问题通过自然的有限性显现出来的,崇高的宗教是家庭、民族所崇拜的宗教,还缺乏精神的个体主观性。

(二) 美的宗教

美的宗教,是主观化着的宗教,这是宗教由自然向精神转变的精神化过程;美的宗教的样式是希腊宗教。"宙斯则是政治之神,法、统治、现存之法(而非良心之法)的创始者。良心不同于法,在国家内无法律效力;须知人若诉诸自己的良心,那么,此者与彼者的良心可能截然不同。要使良心是公正的,需使它承认公正者客观上如此,符合客观的法,亦即不仅是某种内在者。倘若良心是正确的,它便是某种为国家所认可者,而国家又是伦理的体制。"③ 古希腊的宗教,是人、神、法合一的政治之神,是个人良心的主宰,神是最为公正的化身,是一种公理性客观法的创造者。

希腊人认为,宙斯拥有战胜自然之神力,从此,世界归精神之力统辖。自然宗教被精神所战胜,自然之神被精神之神所替代,从此世界就成了精神的了,精神成为统治自然之力,这样一来,自然本原也就置换为精神本原。但这里的精神还不是一种绝对自由的,还不是完全普遍的精神,还是包含着自然直

---

① [德]黑格尔:《宗教哲学》(上),魏庆征译,中国社会出版社2005年版,第338页。
② 同上书,第339页。
③ 同上书,第345页。

观的主观精神。正如普罗米修斯只是用种种技艺来救助人，却并不能给予人以法的、伦理的东西，希腊诸神仍然是一种半神的英雄形象，"诸神源出于自然之力，而英雄则源出于神"。① 精神之神虽然战胜了自然之神，但仍然带有自然宗教的胎记。

美的宗教，追求一种理念，一种人性化的完美的神。美的宗教是个性化、伦理化和现实化的宗教，人的本质在神中得以显现，人性在宗教理念里得到了确认。"因此，希腊人是最注重人性的民族，一切人性者，在此被确立、被证实、被发展并具有度。""这一宗教实则为人性的宗教，亦即具体的人存在于其神中，存在于其所是者，存在于其需求、志趣、情感、习惯。存在于其伦理的和政治的规定，存在于对其说来有价值的和本质的一切。换言之，其神具有高尚者、真者的内涵，而高尚者、真者同时又是具体的人之内涵。"② 美的宗教就是追求善伦理的宗教，希腊宗教是这一类宗教的典型。希腊宗教是一个易于感知与理解的宗教，在这里，人与神得到了同一化，人与神处于相互信赖的美好状态中。希腊人借助于具体的神之美好形象，来表达其美好理念与精神原则，表达具有普遍性的理念与法则，如某个神是仁慈的或正义的，人应该崇拜正义之神，人应当如何拥有良心。但这种人性的宗教，并非是真正意义上的伦理与法，并未达到人的完全自由的自我意识，普遍的人的概念还没有形成，奴隶制度仍然被视为理所当然。"然而，就此说来，尚不存在人的无限主观性的意识，尚不存在这样的意识；即伦理的关系和绝对的法属于人本身，而且，由于他是自我意识，他便在其形式的无限性中具有类属的法和义务。自由、伦理是人之实体的本原；人的价值和尊严便在于：对这一本原之知，以及其实体性之设定于其中"。③ 显然，希腊的宗教是融合着人、法与神之精神理念的伦理法则，神的美好理念就是人自身的美好伦理与法的根本精神与原则，人在神中、在法中得到了确认与尊重，当然这种人与神的呼应仍然显现为一种特殊的伦理与法。

（三）合目的的或知性的宗教

"在前一阶段，在美的宗教中，敬拜的对象为自由的、普遍的和伦理的力量。尽管它们是有限制的，他们却是自在自为存在的、客观的内容；正是在它

---

① ［德］黑格尔：《宗教哲学》（上），魏庆征译，中国社会出版社2005年版，第348页。
② 同上书，第360页。
③ 同上书，第361页。

们的直观下,个体性的目的被扬弃,个体则从其需要和需求中解脱。"① 在美的宗教里,个体并不是目的,个体要符合神的目的和共同体的目的之要求,个体唯一的选择是克服自我特殊性。而在合目的性的宗教里,个体与神一样都是目的,"这一内在者、至高者、普遍者,同时又无非是形式;此力之内容、目的,乃是人之目的——人所提出的目的。罗马人敬拜诸神,因为需要他们,而且敬拜他们之际,也正是需要他们之时,特别是交战期间"。② 个人具有自我独立意识,但同时又对生活冷漠,人只是作为财产的占有者而存在,也并不存在着一种较高的道德法,"这也就是罗马人的特征:抽象的人占有极大的比重。抽象的人即是法定的人。因此,其重要的特征为:法的订立、财产的规定。此法仅限于司法、财产法。然而,亦不无较高的法:人之良心有其法,这也是法;然而,尤为高者为道德的、伦理的法。就其具体的、真正的意义说来,此法在罗马人那里并不存在;而抽象的法、人之法,只是在于财产的规定。从这个意义上说来,主观性、人性,只不过是抽象的,保持崇高的地位。这便是这一合目的性的宗教的基本特点"。③ 古罗马的宗教,是一种合目的的宗教,其本质是抽象法,宗教有两个主题内容,一是占有法,二是良心道德法,这两个法的核心是人,是抽象的法定的人,显然罗马宗教是一种合人之目的的宗教,是基于人的需要和权利的律法式宗教。

三、绝对的宗教:真理和自由合一

绝对精神的现实路径是:神成为人;绝对精神的最高宗旨是:人成为神。"绝对的宗教是真理和自由的宗教。因为真理在于:勿将对象性者视为某种异己者。自由所表达的与真理毫无二致,并不无否定的规定。"④ 宗教的真理性,就在于宗教是为人的,是为我们而存在的,而我们始终是精神主体,精神为精神而存在是人与神合一的最高原则。在宗教的真理性中,人与人自身是同一的,又与精神之神相一致,人即是主体又是客体。真正的宗教又是自由的宗教,它并不与自由相冲突,自由是宗教的基本法则,这种自由体现为神与其外界的和解,"自由即是勿将对象性者视为某种异己者","由此可见,和解(调和)即是自由,它并非某种稳定者或存在者,而是活动。所有这些——和解、

---

① [德] 黑格尔:《宗教哲学》(上),魏庆征译,中国社会出版社2005年版,第388页。
② 同上书,第392页。
③ 同上书,第395页。
④ [德] 黑格尔:《宗教哲学》(下),魏庆征译,中国社会出版社2005年版,第412页。

真理、自由，乃是普遍的过程；因此，在基本原理中予以表达，不可能不陷入片面性。主要的表象，为关于神之自然与人之自然相统一的表象：神成为人"。① 因此，真理与自由的统一，就是神与人的合一，是人与神的和解，是精神自我产生、发展的最终结局，是绝对精神的最终现实化。宗教的三种形态，自然宗教、精神宗教和自由的宗教。自然宗教，是一种外在的神，神显现为他者，神只是一种意识。精神宗教，是把神视为一种必然性的自我意识，一种绝对统治的力。自由的宗教是外在的神与内在的神的统一，是自我意识的精神，是真理与自由的和解与统一。自然通过精神上升为自由，自由又通过精神复返为自然，这后一种自然是概念了的自然，"神的自然与人的自然之统一则是精神的理念。然而，神的自然本身在于：成为绝对的精神；因此，神的自然与人的自然之统一本身也就是绝对的精神"。"因此，精神是生动的过程；在其中，神的自然与人的自然之自在存在的统一得以产生，并成为自为者。"② 神与人在两个维度都是统一的：自然和自由，人与神不仅在理念是一致的，而且在现实上也是一致的，这就是绝对精神。精神的运动轨迹显现为：自然、自由到自由的自然；宗教运动轨迹显现为相应的图式：自然的宗教、精神的宗教到自由的宗教，最终实现为神与人的合一，绝对精神显现为实证的现实伦理。

黑格尔在完满的宗教哲学里设置了以下命题：真神与真人的完满结合。完满的宗教，就是真正的作为精神而显现的神，是通过意识而客观化了的精神自身，是知的精神，是普遍精神与有限精神、普遍者与个别的同一，"这是完满的宗教，是作为精神为自身之存在的宗教，是为自身而成为客观者的宗教，亦即基督教。在这一宗教中，普遍者与个别的精神，无限的精神与有限的精神是不可分的；它们的绝对同一，是这一宗教及其内容"。③ 宗教是自我显现的神，是通过创造他者而作为他者而展示自己，但神不是一次性地创造世界，神创造世界是一个永恒的过程。神是永恒的，神创造世界的自我展示也就是永恒的，神的存在就是创造，而这种创造是通过知和启示来展示为精神的。"展示自身的宗教，为精神之精神，乃是名副其实的精神的宗教，它并非为只是暂时作为他者的他者而展示。神设定他者，并在其永恒的运动中予以扬弃。其精神在于：向自身显示自身，——这是他的行为和生命，这是他的唯一的行为，他本

---

① ［德］黑格尔：《宗教哲学》（下），魏庆征译，中国社会出版社2005年版，第412页。
② 同上书，第413页。
③ 同上书，第403页。

身无非是其行为。"①

宗教是最高级的精神样式,但宗教的公理性精神则需要某种中介显现为现实的普遍性东西,这种普遍性精神现实化的显现就是法和伦理。法和伦理是精神的结晶,而宗教对于法和伦理的影响就是通过宗教启示,同时法和伦理借助于宗教启示,使神的理念世俗化为人的自由。完满的神之显现,即是"实证的启示宗教""这是为自身而展现的宗教,它不仅自身昭然若揭,而且是人们称之为启示宗教者。对此可作这样的理解:一方面,它是神的启示,神使自身为世人所认识;另一方面,它是启示的结果,是这样的意义之实证的宗教,它是自外部赋予世人,是来自外部"。② 神要与人结合就必然要实证化,神通过实证化而现实地外在显示于世人。完满的宗教就是绝对的宗教,是人的精神自由的最高形式,是一种最为高级的意识形态,因为人只有在这种完满的宗教中才是真正自由的。神的本质是精神,这种精神的实证化最为重要的显现是法与伦理,神通过人的精神而实证化为现实的法与伦理,为人的精神自由而设置普遍精神法则,"尤为高级、尤为纯粹的精神者,是伦理者、自由的律法。而按其自然说来,这并非外在的精神者,并非某种外在者、偶然者,而是最纯粹的精神的自然;然而,它同样自外部呈现与我们,首先是通过教授、培育、学习,——于是,向我们显示、表明:它具有意义"。法与伦理是神的实证化、外在化,这是通过神的启示,通过人的领悟、认识而获得的普遍性认识,因而法与伦理不仅是实证的、又同时是主观精神的。"民法、国家的法,同样是某种实证者;它们呈现与我们,为我们而存在,具有意义;它们之存在,并非作为我们可舍弃、可置之不顾者,而是犹如以下所述:它们在其这一外在性中亦应为我们而存在,应成为某种主观的本质者、主观的必需者。""自由的律法始终有其实证的方面,其表现中之实在性、外在性、偶然性的方面。"③ 法律在外在形式上是实证的法则,但这种实证法则却包含着普遍性意义,一种神圣的精神元素,这就是法的精神。法的精神,也需要实证的民法和国家宪政来体现,否则它就不会显现为生动的现实,不会成为人的自由现实。而联结法的精神与法律实证的桥梁是人的思想,是教育,教育的目的就是使人成为人,使人成为拥有法的理念精神的人,使人成为具有自我立法与自觉守法的普遍理性人。

---

① [德] 黑格尔:《宗教哲学》(下),魏庆征译,中国社会出版社2005年版,第405页。
② 同上书,第406页。
③ 同上。

我思故我在，我思故神在，而且还应该说，我思故法在，我思故伦理在；因而我的本质是思，是精神，我才是一切精神的本源，一切精神现象都是我思的结果，倘若没有我，则一切精神都会失去其根基。"只有人始有宗教，宗教在思中有其地位、土壤。"宗教的外在化，主要体现为奇迹与同情等，也展现为具体的思与律法，对《圣经》的理解与解释就成为思的任务。圣经就是宗教的外在化，是神的实证化，而各种学说与哲学家、神学家也都源于圣经，并逐步地超越于圣经之范围，进行引证、注释与传承。"任何法，一切合理者，实则一切有作用者，皆具有这一形态；它是某种存在者，而且对每个人说来是至关重要的、具有作用的。而这无非是实证者的形态，内容则应当是真的精神。"① 法与合理性、效用是同一的，法是实证与精神自由的统一，作为实证的法内含着自由精神，是思之果，也是行之则。"通过对神圣者的，对自在自为存在者的这一有限的认识，通过这一有限的思的方式，绝对的内容则在于：基督教学说的基本原理在很大程度上从教义中消失。实质上，哲学如今是正统的，——不仅是哲学，而主要是哲学；正是它确立和维护基督教那些永远具有力量的原理、基本真理。"② 神学家对基督教的各种注解往往是从实证角度进行的，而只有哲学家才是从概念理念上来阐释基督教的内在精神，由此看来，黑格尔把神学归于哲学之下，而不是把哲学归于神学门下，并不是把哲学视为神学的婢女。因而黑格尔的神学之实质是哲学，而哲学和神学的本质都同样是人的思、是人学。总之，黑格尔宗教思想的核心是人，"黑格尔不是把宗教视为一种外在于人且强加于人的异在之物，而是把宗教视为人的内在精神，人离不开神，神也需要人来展示自己。真正的宗教，是人绝对精神的体现，是建立于善、正义之上的普遍性东西，宗教的使命就是使人成为理性的自由存在者。宗教与法律、伦理一样，都是人的精神产品，又都是为了人的自由，因而人才是宗教、法律和伦理的出发点和最终归宿，国家是人、神、法的现实一体化，是现实自由之神"。③ 黑格尔宗教理论研究的目的，就是要阐明人、神、法的合一性，真正宗教的目的就是使人成为具有神性的人，使人成为自由的理性人格，成为向善避恶的道德人格和遵从普遍法则的法权人格。

---

① ［德］黑格尔：《宗教哲学》（下），魏庆征译，中国社会出版社2005年版，第410页。
② 同上书，第411页。
③ 张君平："人、神与法：基于黑格尔宗教哲学解读"，载《理论与现代化》2015年第4期。

本章小结

黑格尔把宗教视为人的绝对精神自由之体现，宗教是纯粹的精神东西，是精神自由的绝对化、神圣化。在宗教与哲学的关系上，人需要宗教，宗教是人精神的最高阶段，人在宗教中才是真正自由的，才是自由与真理的完全统一，人离不开宗教；同时，宗教需要哲学为依托，宗教需要哲学为其作证明神也离不开人。宗教的自身运动，是由自然宗教、个体主观化宗教到绝对宗教，经历了自然神崇拜、个体英雄崇拜、绝对精神信仰三个阶段：第一是自然宗教，是对于自然物的神灵崇拜，具有外在性、多样性、偶然性、盲目性和依赖性。第二是个体主观化宗教阶段，人以人自己的目的来塑造出一种崇高而完美的英雄式神灵，因而宗教的个体主观化具有崇高的、美的与合目的化的特征。第三是绝对宗教阶段，绝对的宗教是真理和自由的宗教。绝对宗教是人的精神自由的最高境界，是人在宗教上的最为完善的存在。宗教的核心问题是神与人的关系问题，神是为了人而存在的，因而宗教以人为目的，其根本宗旨就是让人成为具有精神性的人，实现人神合一。人、神与法是合一的，人之自由、伦理与法的统一在宗教中得到了真正实现，而与人的自由、普遍性法则相对立的宗教，都是假宗教，甚或是邪教。

第九章　黑格尔与现当代经典的人学比较

第一节　黑格尔与马克思恩格斯人学思想的比较

一、人本思想

人的本质是什么以及如何成为人，这是黑格尔与马克思共同关注的核心问题。黑格尔的主观精神、客观精神与绝对精神都是探讨人的各种存在形态，尤其是黑格尔的精神哲学、法哲学、宗教哲学更是探讨人的自由精神本质的经典之作，因此，人是黑格尔所有哲学思想的唯一主题。而马克思全部思想的主旨，就是探索人的本质是什么以及人如何实现自己的解放。

私人权利是人格的权利，但马克思批判黑格尔的法权人格的抽象性，"黑格尔把私人权利看成抽象人格的权利，或抽象的权利。而实际上这种权利也应该看作权利的抽象，因而应该看作抽象人格的虚幻权利，这就像道德（按照黑格尔的解释）是抽象呈现性的虚幻存在一样"。[①] 人格的权利不能像道德那样只停留在应该的虚幻中，而是应建立在具体的历史条件之上的。人格和人格权利，是法律的真正来源；应该说，是人创造了法律，而不是法律创造了人，而且法律是为人服务的，是以人格权利的保证为目的，而不是法律是人的目的，"在民主制中，不是人为法律而存在，而是法律为人而存在"。"不是国家制度创造人民，而是人民创造国家制度。"[②] 马克思把这种理想性人格放在法律和国家的现实关系中去考察，认为法律和国家是人造的，应该以人为目的。黑格尔把人的自由理想之实现放置于抽象的国家，而马克思把黑格尔的抽象国家修改为民主制度国家，马克思认为民主制才能使特殊性和普遍性得以统一，人只有在民主制国家里才会成为一种自由的人。

[①] ［德］马克思：《黑格尔法哲学批判》，中共中央马克思等著作编译局，人民出版社1962年版，第144页。

[②] 同上书，第50页。

"如果在考察家庭、市民社会、国家等等时把人的存在的这些社会形式看作人的本质的实现,看作人的本质的客体化,那么家庭等等就是主体内部所固有的质。人永远是这一切社会组织的本质,但是这些组织也表现为人的现实普遍性,因而也就是一切人所共有的。"[①] 马克思继承了黑格尔的法与国家的人本思想,认为人才是法和国家的根本目的,法律和国家都是人所创造的,只不过黑格尔把法、伦理、国家视为人的思想之结果,是人对于自身本质自由的认识。马克思也继承了黑格尔的伦理实体理论体系,认为人是家庭、市民社会和国家等一切组织的本质和基础,国家只能从人的本质中引出,把人视为国家根基,家族、市民社会和国家都只是人的具体存在形式。

二、人格平等原则

平等是人作为人格的现实法则,人要以人格的面目出现,人与人之间的存在法则就一定是平等。只要是人,就应该享有平等的人格地位,这就是人格平等的精神实质。"从人就他们是人而言的这种平等中,引申出这样的要求:一切人,或至少是一个国家的一切公民,或一个社会的一切成员,都应当有平等的政治地位和社会地位。"[②] 人就是人,这就是人格;人格平等,指只要是人,他就应当享有人的资格,就应当享有平等的政治地位和社会地位。值得注意的是,这里适用了三个主词,一切人、一个国家的一切公民或一个社会的一切成员,这种平等是普遍抽象的也是具体的,是绝对的也是相对的,是世界意义的也是国家或民族意义上的人格平等。平等是法权人格的基本原则,而这种平等是现代意义上的平等,是指人人作为人而享有的平等的社会地位和政治地位。这种现代意义的法权人格平等理念,是经过了几千年的演进才得以形成的,是经历了漫长历史的人类理性的积淀,是人类长期认识的结果,"要从这种相对平等的原始观念中得出国家和社会中的平等权利的结论,要使这个结论甚至能够成为某种自然而然的不言而喻的东西,那就必然要经过而且确实已经经过了几千年"。[③] 黑格尔也用了相近语言阐述了人格平等思想,他认为人只是抽象地是人,而不管他是哪个国家的人,都是人,人在本质上都是自由,而那种种族思想还只是把人视为自然之物,是从人的外在现象上来区分和评价人的。而

---

① [德]马克思:《黑格尔法哲学批判》,中共中央马克思等著作编译局,人民出版社1962年版,第61页。
② 《马克思恩格斯全集》(第20卷),人民出版社1971年版,第113页。
③ 同上。

且黑格尔认为，人并非一开始就认识到自己的自由本质的，即使是柏拉图和亚里士多德也并没有认识人的自由本质，他们把奴隶视为一种物，认为人天生就分为自由人和奴隶，而且坚称奴隶不是人。而对于人的自由本质的认识，只是近代欧洲启蒙思想家所首先提出的，因而黑格尔也曾经说过，人对于自己本质的认识是经过了几千年的历程。

奴隶和自由民的对立是第一个不平等阶段，而基督教则是第一个宣称平等原则的一种理论。基督教的平等原则，不是无条件的而是一种狭义上的人的平等，"基督教只承认一切人的一种平等，即原罪的平等""此外，基督教至多还承认上帝的选民的平等，但是这种平等只是在开始时才被强调过"。但是，"僧侣和俗人对立的确立，很快就使这种基督教平等的萌芽也归于消失。"① 中世纪的社会和政治关系是等级制度，形成了公开的不平等的理念并由法律确认。黑格尔也有同样观点，认为人格平等最早是由基督教的前身斯多亚学派提出来的，人在上帝面前是平等的。不过，恩格斯认为，中世纪在不平等的等级制度中也同时孕育着现代平等理念，尤其是市民社会的出现，"在封建的中世纪的内部孕育了这样一个阶级，这个阶级在它进一步的发展中，注定成为现代平等要求的代表者，这就是市民等级"。② 生产与交换规模的逐渐扩大，这客观上要求产品的生产、交换和消费的各方都要承认平等原则，"可是社会的政治结构绝不是紧跟着社会的经济生活条件的这种剧烈的变革发生相应的改变。当社会日益成为资产阶级社会的时候，国家制度仍然是封建的。大规模的贸易，特别是国际贸易，尤其是世界贸易，要求有自由的、在行动上不受限制的商品所有者，他们作为商品所有者来说是有平等权利的，他们根据对他们来说全部平等的权利进行交换"。③ 社会经济结构在中世纪后期发生了重大变化，商品交换要求按照平等互惠原则进行，而这里的政治结构却仍然是专制等级制度；这就存在着经济结构与政治结构的严重冲突，专制政体已经成了经济主体自我发展的严重障碍。因此，新生的资产阶级联合农民等阶层与封建专制势力进行不同形式的斗争，并最终取得了胜利，如早期的英国宪政运动、法国大革命和美国独立。这种胜利的结果，就是用宪法形式确立了人格自由平等原则和人格基本权利法治化制度。恩格斯认为，这种现代法权人格上的平等理念是由资产阶级提出的，这种平等只能是资产阶级的平等理念，但是，这种平等理念

---

① 《马克思恩格斯全集》（第20卷），人民出版社1971年版，第114页。
② 同上。
③ 同上书，第115页。

也可以为无产阶级所应用,"无产阶级抓住了资产阶级的话柄:平等应当不仅是表面的,不仅在国家的领域中实行,它还应当是实际的,还应当在社会的、经济的领域中实行"。无产阶级要求的平等是一种真实的、全面的平等,而资产阶级的平等是表面上的或形式上平等而且不是全方位的平等;但是,这两种平等并非是根本不相容的。恰恰相反,无产阶级也需要平等,只是要把资产阶级的表面平等变成真实的全面的平等,使平等原则在社会的、经济的领域都得以实行,这就是所谓社会平等和经济平等。

"社会的经济进步,把摆脱封建桎梏和通过消除封建不平等来确立权利平等的要求提到日程上来,这种要求就必定迅速地获得更大的规模。虽然这一要求是为了工业和商业的利益提出的,可是也必须为广大农民要求同样的平等权利,农民受着各种程度的奴役,直到完全成为奴隶,他们必须把自己极大部分的劳动时间无偿地献给仁慈的封建领主,此外,还得向领主和国家缴付无数的代役租。另一方面,也不能不要求废除封建特惠、贵族免税权以及个别等级的政治特权。"① 经济基础决定上层建筑,但后者总是落后于前者,因此必须废除封建等级制度,以适合社会经济结构的新变化。封建不平等主要表现在两个方面,一是农民承担着各种劳役赋税,承受着种种奴役,无偿为封建领主和国家做牺牲;这实际上就等于,农民的劳动应得的财产被他人无偿占有,或者说是被合法地剥夺。二是封建领主贵族们享有法律豁免权等政治特权。这是严重的权利不对称,但在法律上却被确认为公平,因此必须废除封建专制法律制度,订立人格权利平等的新型法律制度。"可以表明这种人权的特殊资产阶级性质的是美国宪法,它最先承认了人权。"② 而法国宪法却更突出普遍意义上的人格与权利的平等,"从法国资产阶级自大革命开始把公民的平等提到首位以来,法国无产阶级就针锋相对地提出社会的、经济的平等的要求,这种平等成了法国无产阶级所特有的战斗口号"。平等有两种,一种是资产阶级的平等,二是无产阶级的平等,这两种平等显然是有着根本区别的,但两者又是有着内在联系;前者在先且是可以成为后者的前提,后者可以利用前者来扬弃前者,把形式平等转化为实质平等。"平等的观念,无论以资产阶级的形式出现,还是以无产阶级的形式出现,本身都是一种历史的产物,这一观念的形成,需要一定的历史关系,而这种历史关系本身又以长期已往的历史为前

---

① 《马克思恩格斯全集》(第20卷),人民出版社1971年版,第116页。
② 同上书,第117页。

提。"① 现实中的平等是复杂的,是形式平等与实质平等的对立与统一,而平等有资产阶级的平等和无产阶级的平等之分,两者的联系是:无产阶级也可以借助于资产阶级的平等来争取自己的平等,从而把形式平等推向实质平等。

三、人的解放

人的本质就是人本身,人作为人对待就是人的最高原则。人不能作为物来对待,不能作为被他人支配的工具,因为一旦将人作为他人工具,他就不是作为人来对待了,就会沦为他人的附庸,就会成为屈从于他人的奴隶。人的解放,就是要把被他人奴役下的工具之人解放出来,使其成为自主的人,恢复其作为自由的人之本性。人是最为伟大的神物,这与黑格尔的人概念有相同之处,黑格尔也把成为人视为人间最为高贵的事,"人之所以为人,正因为他是人的缘故,而并不是他是犹太人、天主教徒、基督教徒、德国人、意大利人等等不一"。② "德国人的解放就是人的解放。""德国唯一实际可能的解放是从宣布人本身是人的最高本质这个理论出发的解放。"③ 马克思认为,人的解放要从思想上和制度上来进行。

思想上的解放。"理论只要说服人,就能掌握群众;而理论只要彻底,就能说服人。所谓彻底,就是抓住事物的根本。但人的根本就是人本身。"④ 从人思想上解放人,就是要进行理论工作,理论的核心是让人知道人自己的本质;要从理论上来说服群众,让他人明白自己的根本,知道自己是人而非奴隶。这与黑格尔的自由理论具有相通之处,黑格尔认为真正的自由是自知着其自由本性的自由,那种没有认识到自己自由本质的个人或民族就还是处于奴隶状态的。

制度上的解放。人的异化,不是一种个别的现象,而是一种制度性的人格否定,要使人成为人,要解放人,就必须从制度的改造开始;不消灭这种奴役人的制度,人就不会消除其人格异化现象,因此,人的解放,在根本上属于制度上的解放。因此,把人宣布为人,这就是人格,反过来说,人格也就是人的最高本质。人的本质是人本身,并非指单个的人,而是指现实性上的人,是处于一定社会关系中的具体的人,"人的本质并不是单个人所固有的抽象物。在

---

① 《马克思恩格斯全集》(第20卷),人民出版社1971年版,第117页。
② [德] 黑格尔:《法哲学原理》,范扬、张企泰译,商务印书馆1979年版,第217页。
③ "《黑格尔法哲学批判》导言",见《马克思恩格斯选集》(第1卷),人民出版社1972年版,第15页。
④ 同上书,第9页。

其现实性上,它是一切社会关系的总和"。① 这种社会关系,可以理解为财产关系和人身关系,也可理解为经济关系和政治关系,但根本上应该是由社会制度来决定的。人的解放,也就是改变那种不把人当作人来对待的社会制度,而这种制度就是一种奴役人的制度;因此,不消灭一切奴役制,任何一种奴役制都不可能消灭。

第二节 别尔嘉耶夫人学思想:与黑格尔比较

别尔嘉耶夫始终把人的自由及其实现作为其思想体系大厦的根基,包括他的伦理学、哲学和宗教理论,因而我们也可以把他的自由理论称为"人学"。把别尔嘉耶夫与黑格尔的人学思想进行相应对比,以反思和揭示人学的真谛与使命:揭开人的自由及其实现的奥秘。

别尔嘉耶夫的思想,从文化渊源上受到陀思妥耶夫斯基、列昂季耶夫、索洛维耶夫神人思想的影响,系统总结了神人思想的人学体系;其思想的现实渊源是对俄罗斯革命现实创伤的理性反思。这与黑格尔等人具有相似之处,黑格尔是对于法国大革命的理论反思和对于德国本国现状的一种哲学检讨,并试图寻求拯救本国乃至全人类走出精神困境之道,实现人的自由与解放。有人说,别尔嘉耶夫是"二十世纪的黑格尔",也有人说他是"俄罗斯的黑格尔",但这两位大师的人学思想到底有何相近之处?别尔嘉耶夫在十几岁时就开始阅读黑格尔的著作,其作品里多处表述了他对于黑格尔的敬重和评价,认为黑格尔是最为伟大的哲学家。别尔嘉耶夫认为他是在黑格尔的视野里理解了黑格尔的全部思想,那么反过来,我们也可以从黑格尔人学角度来理解别尔嘉耶夫的全部思想的要旨。人的自由及其实现,人的困境与解放,是别尔嘉耶夫思想的主题,因而其思想本质是"人学",因此,我们可以从人学的视角来透视别尔嘉耶夫的思想体系。

一、别尔嘉耶夫与黑格尔宗教学之人学比较

近年国内对于别尔嘉耶夫思想研究渐次增多,但很少有人把他的思想与黑格尔的宗教哲学进行对比研究,而实际上二人在人神关系理解上有着诸多相通之处,对于这些相通之处进行粗浅对比,会更有益于对黑格尔人学理论精髓的

---

① "关于费尔巴哈的提纲",见《马克思恩格斯选集》(第1卷),人民出版社1972年版,第18页。

把握。总体上，二者都是通过人与神的关系，来探讨人的自由和解放问题，这主要体现在如下几个方面。

第一，二人都把人作为人与上帝关系的核心主题。上帝与人的存在之间的关系问题，是别尔嘉耶夫思想的一个核心论题。人为什么会走向自己的困境，人是否能和如何才能拯救自己，这就引入了上帝的概念。而这种上帝概念，是建立在人的概念之下的。在别尔嘉耶夫的思想中，人是第一位的，上帝是人的上帝，是第二位的，或者说，是与人并列的。同时，也只有在上帝的理念之下，人的神性控制了人的为所欲为的虚假自由本性时，人本身也就是上帝本身，才会真正获得自由，才能从奴役和悲剧中走向自主和光明，重新回到自己的精神家园。神人的状态，是人的理想存在方式。

第二，人要获得解放，就必须从客观的物质方面回到精神层面。人不能只受到外界的控制，沦为行为法则或伪善的一种盲从工具，人要有自己的自由。这种自由是要摆脱客观控制并从内心里获得自由，人的异化就是人对于自己的本质的否定，从而最终必然走向毁灭自由、毁灭人格本身，这不仅是对俄罗斯革命偏执的反思结果，也具有一定的规律性意义。

第三，是人创造人自己，人拯救自己。从伦理学角度，别尔嘉耶夫认为只有创造伦理学才能最终拯救人本身，而传统伦理学，不论是法律伦理学还是救赎伦理学都不能从根本上解决人的困境问题，而创造的意义，就是自由。创造就意味着不盲从外界的强制，意味着人要超越自己，摆脱奴役，回复人的本真状态。人的自由与解放问题，具有当代研究价值。我们要从积极意义，要从别尔嘉耶夫思想的实质意义出发，而不受其形式文字的影响，就会对于当前人类所面对的重重困境的反思产生诸多启示。这也是黑格尔的人的存在以及如何实现的问题的另外一种反思。

第四，关于别尔嘉耶夫与黑格尔思想关系问题。一方面，相同之处在于二人都探求人的解放之路，但黑格尔却把人的自由置于理性之神统治之下，使人成为理性的奴隶，而别尔嘉耶夫更着重于个性的解放；另一方面，别尔嘉耶夫思想总体上对黑格尔思想的一种传承与拓展的成分较多，二人在人的自由理论和人神理论上都存在着诸多相通之处。

别尔嘉耶夫和黑格尔的思想体系都具有宏大宽阔的研究视角，主要由其伦理学、哲学和宗教学理论构成，而这些理论的共同基石是"人"，这才是别尔嘉耶夫思想的总根。别尔嘉耶夫以他独特的研究，来探寻人的本质及其实现问题，这与黑格尔精神哲学思想体系形成了一个对照，因而就有必要探讨二位大师在"人学"上的共同之处,求得一些有益的启示。

二、善恶问题与人的使命

别尔嘉耶夫认为,伦理学是关于探讨善恶问题和人的使命问题的学说。善恶问题就是如何区分和对待善与恶的问题;而人的使命问题,就是人如何摆脱恶的奴役,把恶转化为善,使所有的人都成为好人。因而,伦理学的使命就是探讨善恶问题和人的使命问题这两大主题。

(一)伦理学的基本问题之一:善恶问题

在别尔嘉耶夫看来,伦理学的基本问题,不是自由意志问题,不是幸福问题,甚至不是社会规范或社会习俗问题,也不是仅关于善的问题,而是善和恶的问题;伦理学不仅研究善和实现善的问题,而且更要研究恶与如何对待恶的问题。"伦理学的基本问题是关于善和恶标准的问题,是关于道德的起源问题,也就是区分和评价的产生。"[①] 人自从认识了善恶区分,品尝了善恶之树上的果实,人的悲剧就开始了,人不仅因为认识了善恶知识而被逐出天堂,而且善人也往往因为去惩罚恶人也变成为恶人。伦理学不仅仅探求善以及如何成就善的问题,而且也把恶作为自己的研究对象。"伦理学不应该成为关于善的规范的学说,而应该成为关于善和恶的学说。对伦理学来说,恶的问题和善的问题一样,都是核心问题。"[②] 善恶问题是伦理学的基本研究对象,不仅要研究善,更要研究恶。诸多伦理学都仅仅把善或至善作为伦理学的研究对象,忽视了对于恶的问题的研究,而恶的问题也应该是伦理学研究的基本课题之一。因而只研究善而不研究恶的问题,只研究如何至善而不探讨如何去恶,这样伦理学的概念是不完整的。在善恶问题上,黑格尔也持有与别尔嘉耶夫相近的观点,黑格尔认为,道德不仅包括善,也还应该包括恶的问题,"道德的东西必须在广义上来理解,在这种意义上它就不只是意味着道德上的善。它还应包括有故意和意图,以及道德上的恶"。[③]

同时,善恶问题是一个极为复杂的问题,善与恶、善人与恶人在现实中的区分是极其困难的,这正是"悲剧"产生的根本症结所在,"最大的悲剧是由善导致的痛苦,而不是由恶导致的痛苦。最大的悲剧就是不能根据对善恶的区

[①] [俄]别尔嘉耶夫:《论人的使命:神与人的生存辩证法》,张百春译,上海人民出版社2007年版,第21页。
[②] 同上书,第44页。
[③] [德]黑格尔:《精神哲学》,杨祖陶译,人民出版社2006年版,第324页。

分来为生命辩护"。"道德生命的悖论性、悲剧性的复杂性在于,不仅恶和恶人是不好的,而且善和善人也有低劣的。'善人'常常是恶人,是为了善的名义的恶人。恶仿佛是对低劣的善的惩罚。悲剧就从这里开始。建造地狱并把恶人推下地狱的善人,已经是悲剧人物。这比通常对善恶的区分还要深刻。"① 如果悲剧是由恶所导致的,那么这种悲剧也就不是所谓的悲剧,而如果悲剧是由善造成的,而不是由恶直接导致的;这就是悲剧的可悲之处。因此,悲剧的启示是多方面的,第一,善恶同源性。不仅善都自于人的自由,恶也同样来源于人的自由,人自从有了自由,人的悲剧就开始了。善以恶为必要条件,而且善恶是可以相互转化的。在善恶问题上,别尔嘉耶夫与黑格尔的思想也具有相近之处,两人都认为善恶具有同源性,黑格尔认为,善恶不可分割且都是意志的功能,"善恶是不可分割的""恶也同善一样,都是导源于意志的,而意志在它的概念中既是善的又是恶的"。"自然的意志自在地是一种矛盾。"② 第二,不能简单地去看待善和恶,不能仅仅从形式上而应从实质上去区分和评价善恶问题。实际上,善与恶的区分不是绝对的,而往往是善中有恶,恶中也有善的因素,而且善人常常就是恶人,恶人又常常是善人。这里的恶人之善就是一种伪善,这与黑格尔思想有相近之处,"把善曲解为恶,善曲解为恶这种高深莫测的恶的形式,以及自我为实行这种曲解的力量从而是绝对者的这种意识,乃是道德观点中的主观性的最高峰,它是在我们时代邪恶猖獗泛滥的形式,这是哲学造成的恶果"。这种伪善如果成为一种权威,就会把其恶也当作善而成为一种绝对的东西,从而强制他人遵从。这实际上就把善恶的区分消灭了,这个权威者必然成为专制者,"这等于说好恶与任性变成了善恶的裁判员,其结果伦理和宗教心都遭到毁灭"。③ 这也正是绝对权威者一旦成为伪善者,或者相反,那么"为所欲为"也就成为伪善的必然后果,"什么是绝对的善和绝对的恶都消失了,它就可随心所欲,装成各种样子"。④ 第三,在对待和处理恶的态度和方法上,不能采用恶的手段去惩罚恶,而要用善的手段来对待恶的问题。第四,"伦理学的悲剧首先就在于,'善'不能战胜'恶'。"⑤ 第五,伦

---

① [俄]别尔嘉耶夫:《论人的使命:神与人的生存辩证法》,张百春译,上海人民出版社2007年版,第37页。
② [德]黑格尔:《法哲学原理》,范扬、张企泰译,商务印书馆1979年版,第144~155页。
③ 同上书,第149页。
④ 同上书,第159页。
⑤ [俄]别尔嘉耶夫:《论人的使命:神与人的生存辩证法》,张百春译,上海人民出版社2007年版,第46页。

理学的最大难题是如何消除悲剧的根源,完善的伦理学试图要求人们善待恶,要求超越传统的善恶观念,不要采用复仇或其他恶的手段来处理恶的问题。这种善恶的区分与评价的根本意义在于"人",善恶问题的实质就是人的使命问题。

(二) 伦理学的基本问题之二:人的使命问题

"伦理学也应该成为关于人的使命的学说",[①] 人和人的自由是伦理学研究的出发点和终点,个性拥有绝对的精神价值,"在很大程度上,伦理学就是关于个性的学说。道德生命的核心在个性里,而不在共性里"。[②] 精神是个性的生命本源,个性的解放就是爱的觉醒,是个性的道德觉醒,"个性道德责任的觉醒是人类基本的道德过程",[③] 所有种类的伦理学都与人有关,都是探求如何使人成为某种类型的人的问题。决定着伦理学种类倾向的因素主要表现在两个方面,一是如何看待恶人的问题,二是如何对待恶人的问题;据此,将伦理学分为三种,法律伦理学、救赎伦理学和创造伦理学。法律伦理学,又叫规范伦理学,它只是使人成为一种服从和遵守普遍规范的理性人,是命令人不得为恶的行为伦理学。救赎伦理学,是依靠恩赐而获得救赎的伦理学,是福音书式的伦理学特征,是规劝人为善的伦理学。创造伦理学,是一种真正自由的伦理学,是一种超越善恶之上并使人成为好人的伦理学。法律伦理学和救赎伦理学都是现实社会不可或缺的,但二者都有其局限性,都不能真正解放人自身,而只有创造伦理学才能从根本上来拯救人,因此三种伦理学各有其职责意义。"有三种伦理学:法律伦理学,救赎伦理学,创造伦理学。在深层的意义上,伦理学应该是关于人的精神觉醒的学说,而不是关于意识觉醒的学说,是关于创造的精神力量觉醒的学说,而不是关于法律和规范觉醒的学说。"[④] 创造伦理学,才是别尔嘉耶夫所试图构建的一种深度意义的伦理学理论,是关于人的内在精神觉醒的伦理学,也可以理解为"如何成为人"的伦理学。

因此,伦理学的概念,可以概括为:关于善恶问题以及人的使命问题的学说。完善的伦理学是创造伦理学,而法律伦理学和救赎伦理学都有其各自的局限性和缺陷,但二者也都有着不同的使命和功能,不能简单地加以否定,而要辩证地去看待。

---

① [俄] 别尔嘉耶夫:《论人的使命:神与人的生存辩证法》,张百春译,上海人民出版社 2007 年版,第 27 页。
② 同上书,第 60 页。
③ 同上书,第 64 页。
④ 同上书,第 82 页。

三、法律的两面性与人的改造问题

法律伦理学是人现实中需要的一种伦理学,它关注的是人应该遵守和服从规范体系。法律伦理学虽然有其应有的使命,但它是一个悖论式的伦理学。法律伦理学的悖论性在于,一方面,法律在现实中确有其肯定的使命,它要保护人们免于侵害,要求人们遵守法律规范;另一方面,法律也有其局限性,甚至具有"作恶"的危险。

(一) 法律伦理悖论或难题之一:法律之善恶同在性

法律在揭露罪与恶方面具有不可替代的作用,这是法律"善"的一面;同时法律又可能变成恶,这就是法律"恶"的一面。"法律有其源自于罪的恶劣的来源,法律揭露罪,它在进行区分和审判,但是法律却无力战胜罪和恶,甚至在揭露罪的时候,法律很容易成为恶的。同时,法律在世界上也有肯定的使命。所以,法律伦理学不能被简单地否定和抛弃。"① "在这个日常性里个性不但遭到法制的强迫,而且也获得它们的保护。"② 法律在保护人和限制恶方面确实有其独特功能,这是法律伦理上的肯定的和积极的方面。"法律揭露罪,给罪的显现设置限制,但是法律拥有退化为恶的能力。"③ 法律有其特定的使命,要限制恶,但法律又可能成为一种新的恶。这就是法律的伦理悖论或伦理难题之一。人的自由,不总是在恩赐的意义上获得保护的,这个自由常常在法律上获得保护。"法律保护个性不遭受其他个性的侵害和暴力,这个保护不依赖于其他个性所处的地位和精神状态如何。这就是法律和法制的伟大而永恒的真理。"④ 法律的使命与其局限性都是极为突出的,法律的伟大之处和法律的困境是同时存在着的,"法律在人类道德生活中的根本的分裂性被展现出来:法律抑制本能,建立秩序,但它也制造本能,后者阻碍新秩序的建立。这就展示了法律的无力"。⑤ 法律的"伟大"与"无力"同时存在,法律的伟大在于它是惩治恶必不可少的一种强制手段,这是道德不能直接替代的,这一点别尔嘉耶夫并不否定,反而给以特别强调。别尔嘉耶夫对于法律积极一面的肯

---

① [俄] 别尔嘉耶夫:《论人的使命:神与人的生存辩证法》,张百春译,上海人民出版社 2007 年版,第 90 页。
② 同上书,第 97 页。
③ 同上。
④ 同上书,第 105 页。
⑤ 同上书,第 95 页。

定态度，却被别尔嘉耶夫的当代研究者们所忽视甚至曲解了，其认为他完全否定法律，把法律当作外在客观东西而不论其有积极的一面。别尔嘉耶夫只是在肯定现实界不可缺少法律的前提下，发现了法律的局限性或先天不足。因此，在善恶问题上和改变人的问题上，法律是一个伦理悖论或伦理难题，法律在改造恶和塑造善的同时也在制造着新的恶，而且并不能从根本上战胜恶。这与黑格尔有着相通之处，黑格尔也同样认为法律作为客观法有其片面性和局限性，法律并不能深入到人的内心，法律不能改变和惩罚人的良心，不能对于道德良知进行强制，而它只能限制人的外在行为。

（二）法律的伦理局限性或伦理难题之二：法律无力于人的内在精神之拯救

"法律伦理学不可能是个性的和人格主义的，它永远也不能深入到个性道德生活秘密深处，不能深入到道德体验和道德斗争的深处。"[①] 法律只是从外在形式上惩罚恶和恶人，却不能改变人内在的恶。法律只注重人的外在行为的合法性，而不关注人本身；只关心普遍性规范的执行问题，而不关心个性问题。"单独地看，法律伦理学只关心善和公正，而不关心生命、人和世界。这就是法律伦理学的局限。"[②] 法律的局限性，就在于法律不能解决个性的道德觉醒问题，不能也不关注人的内在生活，不关心内在的人之改变问题。法律上的善恶问题与精神道德上的善恶问题存在着一定的鸿沟，二者很难达成一个一致的善恶理念和善恶处理方式，"法律无力改变人的本质，也不能解决任何个性的道德问题，应该说这是公理。生活中道德冲突的最大困难完全不在于明显的善与明显的恶的冲突，而在于缺少一个由法律赋予的、在道德上获得认可的解决方案，在于每一次都不可避免地要完成个性的创造行动"。[③] "法律伦理学是可以实现的，但它没有能力同人的意念作斗争，没有能力改变人的内在精神状态。"[④] 这与黑格尔的法权伦理思想有相通之处，黑格尔认为法律是一种客观法，法律能够使人成为一种独立的法权人格，把人格理念与法的关系视为表里关系或目的和手段的关系，"人格一般包含着权利能力，并且构成抽象的从而是形式的法的概念、和这种法的其本身也是抽象的基础。所以法的命令是：

---

① ［俄］别尔嘉耶夫：《论人的使命：神与人的生存辩证法》，张百春译，上海人民出版社2007年版，第91页。
② 同上书，第98页。
③ 同上书，第80页。
④ 同上书，第104页。

'成为一个人,并尊敬他人为人'"。① 法的精神就是法权人格的形成,每个人与每个人之间是相互作为人来对待和尊敬的。法防止对人格和人格因素的侵犯,"不得侵害人格和从人格中所产生的东西"。但黑格尔也提示了法的先天缺陷,法律缺乏一种"家"之主观精神的"爱",不能深入到人的内心,只有限制我的外在性。

总之,法律在现实中具有肯定的使命,限制恶是法律的伟大之处,但法律也有其突出的局限性和天然的缺陷,它易于导致新的恶,也不能深入到人的内在道德精神深处并最终战胜恶。因此,既要看到法律的善的一面,也不能忽视法律恶的一面;既有其存在的必要性,也有其先天的不足,因而仅仅靠法律手段并不能完全解放好善恶问题。法律这种伦理缺陷,需要一种爱的伦理学来补足,这就是救赎伦理学。

四、救赎与人的命运

救赎意味着解放,把人从恶与罪的奴役中解放出来,使人成为真正的人,因而救赎伦理学有其独特之处。

(一) 爱人:救赎伦理学的最高原则

人在伦理价值上高于善,善不是最高原则,"福音书的善就在于,不把善当作生命的最高原则,而是把人当作最高原则。福音书指明,出于对善的爱,人们常常是卑鄙和伪善的,人们常常出于对善的爱而残害人"。② "任何道德行为都应该建立在对人的无限关怀的基础上,道德行为从人出发,针对人,指向人"。③ 爱是对人的爱,而非对善的爱。爱是伦理学的基本原则,缺乏爱的关怀与探讨的伦理学就不是真正的伦理学,而爱就是对于人的尊重,道德的最高境界就是爱,不仅要爱自己,而且更要爱他人。爱是对于残害人的否定,残害人就是一种极为不道德的行为,因为残害行为并不把人当作人来尊重。这与黑格尔的人格承认有相通之处,黑格尔把爱视为家的伦理核心,爱是对于人的一种承认与关怀,但黑格尔认为这种家庭之爱还是一种狭隘的,只是家庭成员之间的小范围的,不是一种普遍的爱,而且家庭之爱是建立在失去独立法权人格基础上的;而只有在国家里,爱与法律才能结合起来,并构成国家的两个基本

---

① [德]黑格尔:《法哲学原理》,范扬、张企泰译,商务印书馆1979年版,第46页。
② [俄]别尔嘉耶夫:《论人的使命:神与人的生存辩证法》,张百春译,上海人民出版社2007年版,第110页。
③ 同上书,第111页。

治理手段，依法治国与以德治国相结合的治理理政方略，而人是法、道德、国家的根基。

(二) 救赎：对于恶人的关怀与改造

救赎伦理学的核心价值是爱，对人的爱，对个性的爱，"这就是爱的伦理学。爱只能是指向活生生的存在物，指向个性，而不是指向抽象的善"。[①] 不仅要爱近人，还要爱远人，爱所有的人，而且不仅善人应该受到关爱，恶人也应当受到关爱，爱犹如太阳应该普照每个人。爱的重要作用还在于，爱能够把恶和恶人转化为善和善人，这是法律伦理学所不能做到的。基督教不轻易界定好人和坏人，不承认世俗所认定的所谓好坏人之评定，不能把人永久地定为好人或坏人，因为不仅好人和坏人的划分与评定本身就带有诸多主观因素，而且即使是真正的坏人，那么坏人也会变成好人的。基督教的使命之一，就是要转变那种所谓的坏人，使其摆脱奴役并走向善，转变为好人，"基督教不承认坏人的僵化类型，或者是义人的僵化类型。坏人可以转变为义人，而义人也可以转变为坏人"。[②] 世人常常习惯于把人划分为严格的两个阵营：好人和坏人。其实生活中的好人和坏人往往是由少数人或习俗来评判的，好人也可能就是真正的坏人，伪善之人就是如此。而所谓的坏人，也往往是真实的善人，好人往往会被伪善者所陷害，或者好人或义人对于真正的恶者进行了必要的抗争，却反而被恶者所报复，因而现实中的好人和坏人的评判并非是一种真相，"真正的基督教不允许把人分成两个阵营：'善人'和'恶人'，'义人'和'罪人'。所有的恶人和罪人都可以成为善人和义人"。[③] 在基督教的视界里，世上没有绝对的、永恒的恶人，而是人人皆可成善。善人与恶人的区分不是绝对的，"因为'善人'经常是'凶恶的人'，'恶人'常常是'善良的人'"。[④] 基督教要求用爱来对待恶人，要求人们不能把别人当作罪人，而把自己当作义人。"只有基督才能把我们从恶和罪恶欲望的统治之下解放出来，使我们摆脱恶无限和束缚着我们的枷锁。只有基督恩赐的爱才是这个绝境的出路。"[⑤] 基督教不仅要解救一般的人，更背负着那些误入歧途的人，帮助那些处于道德困

---

① [俄] 别尔嘉耶夫：《论人的使命：神与人的生存辩证法》，张百春译，上海人民出版社2007年版，第111页。
② 同上书，第113页。
③ 同上书，第118页。
④ 同上书，第119页。
⑤ 同上书，第127页。

境中的人，通过启示等来让所谓的恶人改造成为好人。改造恶人成为善良之人，这是基督教的高尚之处，上帝并不把恶人简单地推进地狱了事。人的解放，根本上是精神的解放，是人从精神困境中出来，从恶念、恶欲中醒悟出来，摆脱自然欲望的奴役。首先要帮助恶人认识到善恶区分，其次要让其弃恶从善、弃暗投明。犹如"破除心中之贼"，把罪恶之欲望从内心中连根拔起，从精神深处摆脱恶的困扰，用爱来驱除恶，"世界历史的任务就是战胜恶的意志，战胜恶的根源，而不是机械地去安排幸福"。① 从根源上消除恶，是法律所不能做到的事情，因为只有内在的爱才能使我们摆脱恶的困扰，并最终战胜恶。福音书启示的救赎伦理学，只是教导人们如何对待恶，如何摆脱恶的各种欲望的束缚，但这种启示只是一种隐秘的，它并不能独自使人们解决现实中的所有重大问题；因而，人就必须自己创造性地探求解决这些问题的途径。这就需要创造伦理学，一种关于人的使命的伦理学。黑格尔也认为，爱是道德的重要内容，爱与良心是人格完善不可缺少的主观要素，但道德具有主观性和个别性特点，仅仅依靠道德还不能使人成为一个真正的自由人，不能成为一个完善的人。一个完善的人，首先是公正的人，然后再成为一个仁爱之士，这就要求道德救赎与法治规制相结合，这种结合就是一种创造。

五、创造与人的完善

创造是人的使命，是生命的真正意义和最大秘密所在，是人所具有的真正自由，是对自我之自然必然性和纯粹主观性的超越。创造伦理学，是对法律伦理学和救赎伦理学的统合与超越。

首先，创造伦理学，是关于如何改恶为善的学说。创造伦理学，不是用法律来惩罚恶和恶人，也不是仅仅靠救赎来拯救自己，而是创造性地把恶改造为善，把恶人转化为好人。这种创造，不只是个别人自己的改造和救赎，而是使所有人都得到改造与救赎。"法律不谈人的使命，救赎伦理学也不谈这个。""所以才必须要过渡到创造伦理学，过渡到人的真正志向和使命的伦理学。"②"与法律伦理学不同，创造的唯能论伦理学完全以另外一种方式看待与恶的斗争。对创造伦理学而言，与恶斗争不是制止和消除恶，而是创造性地

---

① ［俄］别尔嘉耶夫：《自由的哲学》，董友译，广西师范大学出版社2001年版，第166页。
② ［俄］别尔嘉耶夫：《论人的使命：神与人的生存辩证法》，张百春译，上海人民出版社2007年版，第136页。

实现善，把恶创造性地改变成善。"① 人能够创造性地摆脱恶并把恶转化为善；这种转化需要创造，是创造伦理学的本质特性，也是创造伦理学的根本使命。因而，创造的本质，就是要摆脱无聊、强制、权威、恐惧和贪欲，就是要追求生命的真、善、美，而不是让人去做一些象征性和程式化的修炼、善事。创造也意味着爱，意味着奉献，"只有赋予和奉献的人才能获得满足，索取和贪婪的人无法获得满足，这就是生命的最大秘密"。"生命的肯定的秘密就隐藏在爱之中，隐藏在奉献的、赋予的、创造的爱之中。""一切爱都是创造，一切爱都是创造。"② 创造意味着一种无私的爱，这种爱是人的牺牲和奉献，而非恩赐或外在救赎的爱。

其次，创造伦理学，是人摆脱奴性的自我解放学说。创造就是精神自由，而非贪欲，因为贪欲是对人的奴役，贪欲也是对正常欲望的歪曲。"人首先应该意识到自己内在地是自由的，然后再外在地为自由而斗争。内在地战胜奴性是道德生活的基本任务。这里所说的是对一切奴性的胜利：面对过去统治的奴性，面对未来统治的奴性，面对外在世界的奴性，面对自己、自己的低级的'我'的奴性。人的创造能量的复苏是内在的解放，并伴有自由的感觉。"③ 改造内在的自我，改造内在的人的奴性，从生命深处摆脱恶的奴役，这是人自己的使命，是从生命本源上的自我拯救。因此，创造伦理学，就是使人成为人的学说，是人如何摆脱各种奴役的自由学说，而这种自由的实现就是一种人自己的自我创造，是人的精神自由的自我塑造。黑格尔也有类似的思想，他认为真正的自由是对于自己本质的知，知道自己是不依赖于他人的独立人格，自由是对于自然感觉的超越，是对普遍性的法、伦理的服从，摆脱外在物的奴役。

最后，创造伦理学，是追求"完美"的美学伦理学。假如说法律伦理学只强调"真"，只要求人服从规范，不关心人追求美好的生活，救赎伦理学只追求"善"，而创造伦理学则强调人的美好和完善的道德生活，强调真善合一之"美"，一种和谐的美，"存在的最终目的在本体论和宇宙论意义上应该是美，而不是善。完善的、完满的、和谐的存在就是美"。④ 创造伦理学要求的

---

① ［俄］别尔嘉耶夫：《论人的使命：神与人的生存辩证法》，张百春译，上海人民出版社 2007 年版，第 138 页。
② 同上书，第 145 页。
③ 同上书，第 152 页。
④ 同上书，第 149 页。

这种"完美"主要体现在：一是，善人恶人要受到同等对待，所有的人都成为善人，都得到同等的爱的关注，不仅包括善人也包括恶人；二是，手段与目的都须是善的，手段之善与目的之善的统一才是真正的伦理之"美"。"伦理学主要任务之一就是克服手段与目的的二元论，也就是使手段越来越适合目的。"① 这就要求，对恶或恶人的改造手段也必须是善的，不能用恶的方式来对待恶，不仅要追求目的的善，还要求手段的善。"人们甚至为了上帝，为了正义，为了真理而残酷迫害和消灭人，实施暴力，否定精神自由。而那些把消灭他人身上的恶当作自己的目的的人，自己常常被恶所充满。"② 如果手段是恶的，无论目的是多么高尚而伟大的善，那么这种目的的善也会变质成伪善。伦理学上的美，要求手段与目的都要善，只有和谐的善才是美，因而可以说，美是善的升华，是多重善的和谐系统，是一种活着的善。

总之，创造就是要为人的自由而奋斗，要与奴役人的一切东西进行抗争，创造也意味着要对于旧宗教或伪神学进行创新，创造一种真正的人的神人宗教。这些创造的目的，就是要使人从一切奴役中解放出来。

六、人的自由及其实现

人的问题，是一个复杂而又充满悖论的伦理难题，自从苏格拉底喊出关注你自己这一命题以来，人类就一直在寻找着这个难题的答案。人是伦理学的核心问题，"伦理学的基本原则可以这样来制定：你应该这样行事，无论在什么地方，无论在什么方面，无论对待谁，无论对待什么事情，都要肯定永恒的和永生的生命，战胜死亡"。③ 人的生命就是目的，是一切人的一切行为的目的。人的历史，就是在自我寻找自我之精神生命之源的行程，在寻找自我精神家园之所在，寻找走出黑暗洞穴的自我解放。"人是寻找解脱和解放的存在物，不但是外部的解放，而且还有内部的解放，不但是社会的解放，而且还有精神的解放。"④ 人的解放，不论是内在解放还是外在解放，都是为了人的尊严得以充分尊重，因为对于人的尊严的贬损就是恶，而把恶改造为善也是一种解放。"需要确立的不是每个人的幸福权利，而是每个人的尊严，不可能转化成手段

---

① ［俄］别尔嘉耶夫：《论人的使命：神与人的生存辩证法》，张百春译，上海人民出版社2007年版，第168页。
② 同上书，第169页。
③ 同上书，第257页。
④ ［俄］别尔嘉耶夫：《美是自由的呼唤》，方珊等选编，山东友谊出版社2005年版，第10页。

的每个人之最高价值。""我内心总是把主要精力放在对抗贬损人的尊严的言行上。"① 人的尊严问题,是伦理学的价值根基,也是别尔嘉耶夫一生所寻求的答案,为了这个答案他倾注了自己的一生精力,正如他自己所说的,每个人都应该背负起基督为人们所预设的十字架,为人的使命而作出奉献和牺牲。法律伦理学、救赎伦理学和创造伦理学各有其研究对象和功能,但其共同使命都是探讨如何保护人的生命和尊严免于贬损。人的问题才是伦理学的核心问题,也是困扰人类的历史课题,"困扰陀思妥耶夫斯基的与其说是上帝的问题,不如说是人和人的命运的问题,困扰他的是人的精神之谜"。② 人的命运往往受到自然力的控制,从而常常造成人的悲剧命运,人自己只有从精神深层来寻求自我救赎,自我解放。人的通向自由之路,往往起始于人的自私自利、自由放任,"人从地面转入地下。出现地下人、有失体面的丑陋人,揭示出自身的辩证法"。③ 这种无限制的自由最终导致人的折磨和毁灭。这就是人的最初本性,无论谁都愿意随心所欲、放任自己、为所欲为,这是一种无理性的本性,是一种近乎疯狂的人格分裂,其实质是一种人的本质的异化。"这种为所欲为和反叛导致人丧失自由,并使人格分化瓦解。""自由之路或者导致人神化,让人归于自己的终结和毁灭,或者走向神人化,找到自身拯救的对自己形象的彻底肯定。"④ 为所欲为的自由,是一种假象的自由,不是真正的自由,黑格尔认为最为通常的自由观点就是为所欲为的自由,而这种自由是最为粗浅的看法,是一种假的自由;这与别尔嘉耶夫的所谓虚假自由概念具有相通之处。这样,人就成了二维向度的存在者,我们也可以说:人是虚假自由和真实自由、魔鬼自由和上帝自由的二元悖论主体。"人神毁灭人,而神人保全人。"⑤ 自由是人和人的命运的核心问题。自由有两种,一种是起初自由,即人有选择善与恶的自由,非理性的自由;二是最终的自由,指人从善的自由,理性的自由和上帝的自由。"如果人可以随心所欲,人的自由就会成为对自己的奴役。自我奴役就是人自我毁灭。"⑥ 人把自己当作神,当作绝对的权威时,可以为所欲为时,使自己变成狂人,最终被魔鬼所控制,其后果就是只能最终导致人自我的毁灭。这是一种极其有害的虚假自由,是追求英雄自我的自由,最终会导致专制

---

① [俄]别尔嘉耶夫:《自我认识》,汪剑钊译,上海人民出版社2007年版,第54页。
② [俄]别尔嘉耶夫:《文化的哲学》,于培才译,上海人民出版社2007年版,第12页。
③ 同上书,第26页。
④ 同上书,第29页。
⑤ 同上书,第34页。
⑥ [俄]别尔嘉耶夫:《文化的哲学》,于培才译,上海人民出版社2007年版,第41页。

社会。尽管恶者往往会以善的名义出现,"既然虚伪的自由变成'无限专制',毁灭自由,那么虚伪的平等也必然导致空前的不平等,导致少数特权阶层对多数人的暴政"。① 虚假自由的后果必然是毁灭自由,最终导致人格的毁灭,是人的悲剧命运的始因,"一走上恶的道路,人们就不是上帝,而是野兽,不是自由人,而是奴隶,受死亡和苦难规律的控制"。② 如果人不进行道德净化和精神解放,也就不再受到道德的规约,就会失去道德自律,这样也就没有什么可以约束自己的神圣东西,自以为自己就是神圣的上帝了,自己就成了"人神",也就自然不再受到上帝的约束,自己就自然会"为所欲为"。这正是虚假自由的根本原因,"自由一旦变成放纵就再不想要任何神圣的东西、任何界限。如果没有上帝,如果人自己是上帝,就可以为所欲为"。③ 别尔嘉耶夫严格地区分了"人神"与"神人",第一,"人神"是人把人自己奉为至高无上的神,人可以替代神,人就是神本身了,人也就可以不受真正的神的约束,也就不需要受到任何约束,人也最终变成了为所欲为的"魔鬼"。第二,"神人",可以保全人,人在神的引导下来拯救自己,使自己真正地拥有神的理性,使自己成为真正的自由者。

黑格尔认为,为所欲为的任性,会导致人格分裂,明显的例子就是狂热,宗教狂热或革命狂热就往往会导致人格的否定和毁灭;这与别尔嘉耶夫有相通之处,黑格尔主要是对法国革命的抽象体验,而别尔嘉耶夫不仅体验到法国大革命,也亲身体验到俄国革命的偏执与狂热现实,体验到革命对于人格与道德的践踏。黑格尔也认为,家庭和市民社会的根本区别就是爱与法律之别,爱是家庭成员联系的纽带,市民社会中人与人之间是外在的法律关系,二者都具有其片面性。爱作为人的道德自律却缺乏外在的客观性,而法律外在的限制却缺乏主观的爱,只有国家才能超越二者,不仅能克服二者的缺陷,而且还能够把二者的优势统一起来;因而,黑格尔把国家称为地上行走着的"神"。这样看来,别尔嘉耶夫的人学与黑格尔的人学,在整个体系上具有内在的暗合性。

别尔嘉耶夫的哲学,始终把人的自由及其实现视为第一位的东西。"对我来说,自由是第一位的存在。我的哲学的特点首先在于,我确立为哲学基础

---

① [俄] 别尔嘉耶夫:《文化的哲学》,于培才译,上海人民出版社2007年版,第45页。
② [俄] 别尔嘉耶夫:《自由的哲学》,董友译,广西师范大学出版社2001年版,第119~120页。
③ [俄] 别尔嘉耶夫:《文化的哲学》,于培才译,上海人民出版社2007年版,第51页。

的，不是存在，而是自由。"① 他认为不论哲学还是宗教，如果不是探寻自由及其人的实现这一根本问题的，那么就不是真正的哲学或宗教。别尔嘉耶夫把人作为主体视为世界的唯一真实，其他都是客体，是现象，"主体是本体，客体是现象。""主体的和人格的世界才是唯一真正的现实。"② 个性的解放问题是他终生探寻的终极课题，把人的自由视为高于存在的第一性东西，"对我来说，个性解放，个人位于社会之上的问题成了中心问题"。③ 这里隐含着个性高于社会，强调个体本位而非社会本体。黑格尔也把自由视为人的本质，自由是人作为主体与物的根本区别，如果人失去自由，人就会沦为物或奴隶，并认为成为人和人格是世界最伟大的事，"人间最高贵的事就是成为人"，④ 法哲学的使命就是关于人如何具有自由的法权人格，探求人的自由本质以及如何成为人的问题。

别尔嘉耶夫的宗教思想别具一格，他的上帝概念与人的概念具有同等重要的意义，认为上帝只有通过人才能显现自己，而人也只有在上帝精神之下才能获得人的本性，实现自己的自由。"我的基本理念是，只有在自由中上帝才能存在，只有经过自由上帝才能发挥作用。只有自由应当是神圣的，而所有充满于历史中的伪神圣是东西都是远离神圣的"。⑤ 创造也意味着人要摆脱那种伪神学、伪上帝的统治。他把上帝的神圣性与人的自由本性实现了一种直接的对接，人的本性就来自上帝的神圣性，人具有上帝的神性，而人一旦失去了人的自由神性，人就失去了人格。别尔嘉耶夫特别强调，如果人脱离了真正的上帝会失去自由，而且人如果受到统治人的伪上帝奴役，那么人也是会失去自己的自由的。"哲学应当是自由哲学，应当寻找真理，但正是自由哲学，自由的哲学都会得出结论：只有宗教地生活，只有完整精神生活才能揭示真理和存在。"⑥ 真、善与美，真理与自由，哲学与宗教，这些只有在人成为人的前提下才会统一起来，因而人的自由才是别尔嘉耶夫的哲学、宗教理论探索的最终归宿。

---

① ［俄］别尔嘉耶夫：《自我认识——思想自传》，雷永生译，广西师范大学出版社2002年版，第49页。
② 同上书，第100页。
③ 同上书，第130页。
④ ［德］黑格尔：《法哲学原理》，范扬、张企泰译，商务印书馆1979年版，第46页。
⑤ ［俄］别尔嘉耶夫：《自我认识——思想自传》，雷永生译，广西师范大学出版社2002年版，第50页。
⑥ ［俄］别尔嘉耶夫：《自由的哲学》，董友译，广西师范大学出版社2001年版，第23~24页。

在人与上帝的关系问题上，黑格尔也持有与别尔嘉耶夫相近的思想，"上帝只有就其知自己本身而言是上帝；进而上帝的自知就是上帝在人里面的自我意识和人对于上帝的知，而人对于上帝的知则进展到人在上帝中的自知"。① 上帝的自知是通过人的知来显现的，人对于上帝的知与人在上帝中的自知要实现合一，因而上帝的真谛只有在人的知中都会得以显现。人是上帝的见证，上帝的真理只有在人的精神里面得到见证，并因此才会有其应有的意义，上帝的真理性离开人就不会得以显现，"宗教对于一切人都是真理，这个信念是以精神的见证为根据的，而这个作为出来作证的精神就是在人里面的精神"。② 宗教作为精神上的真理，只有在人的精神里得到见证才会作为一种信念，这意味着人与宗教只在真理上才会达到精神上的一致，黑格尔也认为人与动物的区别在于人的精神属性，宗教是人所特有的精神现象。"动物没有宗教，但是有感觉；精神的东西只属于思维，只属于人"。宗教如果是真理，也只有通过人的精神才会有意义，宗教必须人化，宗教真理必须转化为人的精神信念；由此，黑格尔的宗教思想的根基是人学。黑格尔也认为人的本质是自由，但人要实现自己的自由，就必须在成熟的国家里才能实现；黑格尔把这种保护人的自由的国家称为神，地上行动着的神，因而认为把神视为人的自由保护者，把上帝直接拉到了人间，成为看得见的神，是人与神的合一，是神的客观化和现实化。显然，别尔嘉耶夫与黑格尔都把上帝与人的自由命运联系在一起，但二人的神都不再是与人对立或外在的神秘之物，神的本质是人成为人本身，是人的自由实现，是人的解放与自我救赎。

总之，别尔嘉耶夫与黑格尔在人学方面具有诸多相近之处。二者的宗教、伦理和哲学思想都以人的自由及其实现为根本宗旨，因此人学是二者思想体系的基石。二人的人学思想体系在整体上也具有相通之处，都从客观外在法开始论证，经过主观内在的人的自我救赎或自律，最后走向主观与客观相统一的人的解放路径。外在客观的法律只能禁止人不做恶行，在形式上承认和保护人的人格与权利不受外在的侵害，这是实在法或法律的积极一面，也是法律的伟大与应当肯定之处；二人都对此予以了肯定，认为法律是人成为人而必不可少的。但二人也同时发现，法律在实现人的自由上还存在着先天的不足之处，首先，法律只能约束人的外在行为，而不能深入到人的内在精神，不能从根本上消除恶；其次，法律往往会导致新的恶；最后，法律并不能改造恶成为善。这

---

① ［德］黑格尔：《精神哲学》，杨祖陶译，人民出版社 2006 年版，第 379 页。
② 同上书，第 384 页。

就要求人从外在的自由，回到人内在精神来寻求人的自由问题；别尔嘉耶夫从爱的救赎，而黑格尔从其主观道德的故意、良心、善和爱，来探寻人的自我救赎和解放。但二人都发现，主观的爱并不能解决一切问题，并不能单独完成救赎和解放人的使命。最终，二人在探求一种人的解放之新路径，寻求超越客观自由与主观自由之真正自由。在别尔嘉耶夫看来，这种新路径就是创造伦理学和神人的新宗教理论，而黑格尔也把家中之爱与市民社会的法律结合起来，这个结合物就是成熟的现代国家，爱与法结合的国家就成了地上保护人的神。

当然，二人的人学思想根本区别在于，别尔嘉耶夫更重视个体自由，而黑格尔更强调人的整体自由。别尔嘉耶夫更侧重于个人自由，对于外在客观的奴役统治的个人自由抗争，以及摆脱内在奴役的精神解放，因而他的思想更具战斗性和批判性；而黑格尔却着重于自我与他人、外在客体的关系中认证自我自由，侧重于在法和国家的体系上来表达人的自由独立人格的承认与保护，更强调人的自由意识与自由人格现实的统一，因而他的思想更具体系性和抽象性。别尔嘉耶夫把神与个人直接对接起来，认为人本身具有神性，上帝就是现实的人格，提出神人的人格图式；而黑格尔把神从天上拉回到国家层面，认为国家是人自由的世间保护之神，人只有在国家里才会实现真正的自由。

当代的我们面对着构建现代化中出现的种种突出问题，诸如司法不公、道德失位，物欲横流、人格异化，自然污染、人心扭曲，我们不得不从深层反思我们自己。我们既需要法治来惩治恶，也需要以爱为核心理念的道德救赎，更需要改恶为善的创造理念。这种创造，就是个人人格的塑造，就是一种对于自我和外界物的超越，就是对于统治奴役人、贬损人的一切现象作抗争，就是要从奴役中解放出来，实现真正的人的自由。创造也是人的整体自救，而不能仅从法律或道德或宗教等单向度救赎，要把法律与爱结合起来，这种结合的基础是个人的自由。一个完美和谐的国家，必然是人的尊严和自由得到善待的精神家园，必然要求法治与爱的统一；这就要我们始终把人的尊严和自由视为一切建设与发展的最终目的。

第三节　霍耐特对黑格尔法哲学的传承

黑格尔的法权思想在当代有很多传承者，而霍耐特是其中较为系统的传承者之一。霍耐特传承并发展了黑格尔"承认理论"，他归纳出三种承认形态和相对的三种承认的否定形态,前者包括爱、法律和团结,后者包括强暴、剥夺和侮辱。

一、人格承认与斗争

霍耐特认为,黑格尔在早期坚持为相互承认而斗争理论,但黑格尔其后并没有更好地将承认理论深入探究。在较早的耶拿时期,黑格尔综合了马基雅维利和霍布斯的斗争理论,把主体之间的承认斗争视为一种建立保障自由政治制度的先决条件。马基雅维利把个人利益视为人与人之间斗争的核心价值,认为人与人之间是互为敌对的紧张关系,而霍布斯认为在原初状态时人与人之间是狼与狼的关系,只有通过契约才结束了这种战争无序状态,但这种契约却以牺牲个人原初自由为代价。黑格尔接受了这种社会斗争理论,并把这种斗争发展为以相互承认为目的的斗争。黑格尔批判地吸收了英国的经验自然法理论之市民社会理论和康德、费希特的形式自然法理论之理性存在者理论,并借助柏拉图和亚里士多德的理想共同体理论,意图构建一种伦理共同体理论体系。不论经验的或形式的自然法理论,都最终是一种原子论的社会共同体,而不是一种一切自由者的团结共同体,只是一种相互限制的孤立的个人自由共同体。黑格尔吸取费希特的互动承认法权理论,同时"黑格尔首先剔除费希特模式的先验含义,然后将它运用于个人间各种不同的互动行为"。[1] 黑格尔用承认理论代替了霍布斯的斗争理论,"黑格尔以个人间的相互承认取代了一切人对一切人的斗争"。[2] 又应用亚里士多德的人的社会性理论和整体与部分互动关系理论,把承认理论提升为一种人的相互承认的运动过程理论。黑格尔的相互承认理论,是斗争与承认,冲突与和解相互交替的运动,这种承认运动先后经历三个不同的阶段,"在家庭的情感承认关系中,人类个体是作为有具体需要的存在而被承认的;在法律的形式——认知承认关系中,个体是作为抽象的法人而被承认的;最后,在国家这一具有情绪启蒙意义的承认关系中,个体是作为具体的普遍,即作为特殊的社会化主体而被承认的"。[3] 斗争是承认的必要环节,斗争使人认识到承认的意义,最终形成一种较为成熟的相互承认的共识,形成一种相互承认的风尚和民族精神,构筑着共存团结的伦理共同体。

---

[1] [德]霍耐特:《为承认而斗争》,胡建华译,上海人民出版社2005年版,第21页。
[2] 同上书,第23页。
[3] 同上书,第29页。

二、我与他的相互承认

精神的本质及其运动规律,是黑格尔精神哲学的研究主题。精神是由自我这一基本单元来展示的,每个人都是一个自我单元,而自我的精神本质,却不是孤独的,而是与他者相依存的。作为自然的我可以是孤立的存在者,但是自我作为精神的初步存在则必然发生在两个特殊主体之间。而且我与他的相互依存是通过斗争而相互承认为人的,这种承认还不是普遍的承认,仍然是特殊主体间的相互承认,不具有普遍法权的性质,自我的普遍承认问题并没有根本解决。只有在自我与所有他者都得以相互承认为自由存在者,自我才能够作为一个真正的自由主体而得到普遍的承认,这种承认就是我与我们的相互承认。因此,自我作为存在者就呈现出三种存在形态:自我、自我与他者、自我与我们。承认是主体间相互认识到对方的同等存在,承认由自我开始逐步扩展到他者、我们,这一承认深化的过程,不仅是承认主体的扩大,而且是承认内容的深化,也是承认的保障程度的加强。"在费希特的不断影响下,黑格尔将精神的规定性特征视为'作为自我又作为自我之他者'的能力:精神能使自身成为其自我之他者,又从那里回归其自身,在这个意义上,精神具有自我分化的特征。"① 自我的精神运动,是一个自我外化又自我回归的过程,是自我分化和自我认识的过程,是自我完成自我本质的实现过程。霍耐特继承了黑格尔的三位一体的伦理体系,认为家、市民社会和国家是自我存在的三种伦理实体,与此相应,爱、法律和团结是自我承认的三种形态。

三、家与爱的原则

霍耐特总结了黑格尔的家庭理论,也把爱视为家庭的核心价值,爱是家庭的基本伦理法则。家庭是以性为自然基础的自我承认的初次形式,家庭成员之间的精神原则是爱。爱还不是伦理本身,还只是伦理要素,但爱却是伦理的必要准备,内含着伦理的要素,因为家庭成员之间是一种互惠的承认关系。家庭之爱,并非是一种法权关系,家庭的使命就是把子女培养成为参与市民社会的独立人格,为市民社会准备着人格要件。家庭主体的承认,并非作为一种权利主体的普遍承认,因而家庭的爱的承认必然要过渡到社会中的主体承认,"由于主体在家庭承认关系中还不能把自己当作一个有权利的人,黑格尔就重新在

---

① [德]霍耐特:《为承认而斗争》,胡建华译,上海人民出版社2005年版,第38页。

理论上把主体安置在一种社会环境中,这种环境起码在外在表现形式上类似于自然状态学说所描述的情境"。[①] 人在家中并不具有独立的法权人格,个人作为家庭成员只有在为家庭做贡献中才显示出其意义,这种无私的贡献就是爱,爱不是市民社会的法律关系,不是对待交换关系。爱的本质是人的承认,是对于家庭成员的关怀与照顾,父母关心抚养子女,成年子女赡养年迈老人,这些都是基于家庭伦理关系,基于成员之间的爱。

四、法律:市民社会的基本法则

社会是一个由诸多"法人"汇聚成的陌生人组成的伦理实体,这里的法人是反映具有法权意识且享有法权资格的个人,或称作"法权人格"。霍耐特认为,当自我走出家庭而进入到一个法权社会领域,自我要面临着一种新的承认境遇。自我承认在市民社会经历两个阶段,斗争与承认。一是斗争与竞争环节,黑格尔用一种极端斗争形态的死亡体验,来证明斗争双方的相互承认的必要性。二是承认的相互性,自我与他者之间的承认是一种互惠的,是基于相互需要与法权人格的承认。这种承认具有诸多必然性,自我必然要被他者承认,自我也必然要承认他者为人,因而这种承认必然是相互的,而且这种相互承认必然是一种法权性质的承认,即相互把对方视为法权人格,这种承认必然已经成为双方的主观共识,也是双方共同创造法权共存法则的活动。因此,相互承认的深刻意义在于,承认是一种我与他者的人格共存的共识,也是创造法律的实践,是法权人格实现与法权共识的生成活动。劳动与交换是我与他者相互承认的初步形态,劳动成果的占有权利得到相互尊重,而不再是去互相抢夺财产,而是通过契约交换劳动成果,因此财产权和契约是双方都把对方视为独立的权利主体,而这种财产的相互承认就是一种法权人格的承认,这就是最初的法律规则。"主体必须彼此承认通过劳动创造和成为财产所有者的合法性,以至于有一种合法占有财产的合适份额可以用来交换他们所选择有产品。黑格尔在交换中看到了法人之间互惠行为的原型。"[②] 黑格尔的财产权和契约,是相互承认的典型现象,也是法律关系产生和抽象法生成的原初动因。相互承认是市民社会的主体间性的存在特征,市民社会也因而必然是一种有法律关系的社会,是由抽象法来构成的社会。随着社会的进展,偶然的特殊承认逐渐普遍化,独立人格和社会共同体信念就会初步形成,"承认的圆满发展往往伴随社会化的进程,因为每一个个体都能认识到自己既是独立法人又是建立于法律之

---

① [德]霍耐特:《为承认而斗争》,胡建华译,上海人民出版社2005年版,第47页。
② 同上书,第57页。

上的社会共同体成员"。① 法权人格的承认的普遍化结果就是普遍的法律承认，形成社会的普遍意志，这种普遍意志就成为人们凝聚为一个法律联合共同体，这个法律共同体就是国家。因此，法律是市民社会的基本形态，是市民社会人与人之间的基本伦理法则，其实质就是独立的法权人格之相互承认，相互承认对方为享有人格尊严和权利的法律主体。

五、团结：国家的伦理法则

国家是自由人的王国，是自由的现实化。国家是一种相互承认的成熟形态，每个人在国家里都被普遍承认为自由和平等法权人格，并得到国家法律的普遍有效保护。黑格尔把犯罪视为对于承认法则的违反，这样就把承认理论运用到了犯罪理论中。犯罪不仅是对于个人法权人格的冒犯，也是对于法律承认共同体集体的一种冒犯，是对于国家法律尊严的一种伤害；因为国家里的承认不再是个人与个人之间的承认关系，而是个人与共同体之间的相互承认，国家有责任来控制这种普遍承认关系。因此，国家作为"集体法律主体"，要代表受害者来对于犯罪者进行惩罚，而这种惩罚在逻辑上也是一种否定之否定，是对于伤害的伤害，因为犯罪是对于承认关系的否定，对于个人人格尊严和法律尊严的伤害，而惩罚就是对于这种犯罪的一种纠正。黑格尔把相互承认的社会普遍化作为普遍法律形成的理据，又把法律制度作为国家生成的伦理依据，"在黑格尔看来，正是精神在一种完善的法律现实媒介中的自我反思，才构成了国家形成和伦理建立的过程"。② 因而，国家是完善法律的伦理构建，是爱与法律的统一，是个人法权与国家公共利益的统一，团结是国家的基本伦理法则。

第四节 黑格尔与赫费之人学比较

一、国家正义理论的失落与重建

正义是国家的政治美德，是人民服从国家统治的道德根据。从柏拉图开始，"直到欧洲启蒙时代结束后的一段时间里，所有伟大的哲学家，往往都是重要的法和国家思想家。反过来，法和国家理论主要是由哲学家们写成的，其中，道德的观点，即政治的正义性，起到了核心的作用"。"然而，在19世纪

---

① ［德］霍耐特：《为承认而斗争》，胡建华译，上海人民出版社2005年版，第60页。
② 同上书，第63页。

下半叶，这一传统中断了。"① 国家正义美德论可以说是西方法哲学的核心价值理念，也是西方法哲学的一种传统标尺。到近现代社会转型期，出现了法哲学的伦理丢失问题，法哲学与正义美德伦理相分离，"哲学与法和国家相分离，也出现了法和国家科学与伦理学的分离，从而使法和国家伦理学也消失了"。出现了背离正义伦理的国家与法的实证主义，把法、国家与伦理人为地分割开了。"19世纪和20世纪初，有两种否定法和国家的正义性的理论，一种是法和国家实证主义，它怀疑把正义作为法和国家正当性合法性的标准；另一种是无政府主义，它从根本上否认法和国家的合法性。哲学与法和国家相分离，也出现了法和国家科学与伦理学的分离，从而使法和国家伦理学也消失了。"② 当代法哲学面临着重新恢复和改进传统法哲学之神圣使命。国家与正义如何统一的课题，是法哲学和伦理学的研究使命，要重新把国家和法建立在正义这一道德基石之上。这也是对于纯粹实证法哲学的反思与批判，对于所谓"恶法亦不法"的一种理论上的否定；同时更是一种理论上的重建，寻求一种个人权利与国家权力、正义与法律相统一的理论体系。赫费认为，长时间的国内战争是不能通过任意的国家权力来克服的，而真正的和平须建立在尊重最基本的正义权利基础上，而和平则并不鄙视这种权利要求。政治的正义性是道德的必然要求，是人类共同生活的必要条件：劳动、正义、和平。和平是正义的杰作，和平只有建立在正义基础之上才能得以真正实现。正义是法和国家的灵魂，法、正义和国家三位一体才是一种理想的法治状态，也是法哲学探索的真正目的。"(1) 国家对正义负责任；(2) 政治正义性构成法的规范批判尺度；(3) 公正的法是人类共同生活的合法形式。"③ 正义由三层意义构成一个系统，即正义的国家理念、正义的政治法制化、公正的公共守法环节，这就是公平正义的治国理念、正义宪政的法治体系、共同守法的社会理想。赫费的国家正义论思想，继承了黑格尔的国家理论，二人都把正义视为国家的基本伦理法则，强调国家的美德伦理性。黑格尔主要是为了克服自然法理论的个人中心论，提出国家是个人特殊利益与国家公共利益的结合，国家是爱与法律的合一，把人的自由共存视为国家宗旨，国家是保护自由之神，而赫费则主要是反对实证主义法哲学的非道德理论，把和平生存视为法、政治和国家的正义性，反对那种

---

① [德] 赫费：《政治的正义性——法和国家的批判哲学之基础》，庞学铨、李张林译，上海译文出版社2005年版，第2页。
② 同上书，第3页。
③ 同上书，第11页。

"恶法亦法"思想。由此看，赫费与黑格尔都强调，法与国家的正义伦理品性。

二、权利保障是治国之要

国家的和平保障，必须以个人基本权利得到法的保障为前提，否则国家的持久和平就难以保证。这既是历史经验的总结，也是未来法哲学和伦理学的研究方向。国家是一个几代人持续构建的共同体，是由许多人组成的，他们生活在一起而相互合作，同时也会有冲突。国家也是社会强制权力，它对个人的自由进行必要限制，而这种限制必须是出于保障权利才具有合法性。必须要把国家理念置于正义之上，这种正义观要求国家实行现代法治；集中体现着现代法治的正义国家理念的基本概念，就是个人基本权利法律保障，即法权人格，"在法规的情况下，切实实行正义的社会关系，在于权利保障"。[①] 权利保障是一种基本正义，国家正义必须建立在权利正义这一前提之下，没有权利的保障，也就谈不上国家的正义性，国家的长期稳定就不可能有保障。而法是国家正义性的一种体现与保障路径，国家必须通过法律来保障人的自由权利，国家正义属性也就得以现实化，因此正义不仅是个人的美德，也是法和国家的伦理品性，个人权利保障与国家和平保障二者是在正义的法这一中介基础上实现统一的，因而权利、法和国家三者在正义伦理维度上显现出三位一体的逻辑关系。

三、自由与限制的辩证统一

赫费对自然状态进行了探讨，得出其结论认为，自然状态下的每个人表面上看都是完全自由的，其实他的自由又是受到其他自由人的自由限制的；易言之，各个自由人主体之间的自由是相互冲突的，也就当然是不能共存的。"我们的原初自然状态思想实验的第一个结论是：共同生存于同一外部世界中的自由人，必须经常考虑到会发生冲突；一个人的行为自由必定总是因为别人的行为自由而受到限制。就是说：二者的行为自由不能并存。"[②] 只要是自由的人们共处时就必然存在着冲突，这种冲突也就是自由人的自由的相互限制。"无论是作为个体、家庭、部落，或作为民族，凡是自由主体聚焦的地方，那里的

[①] [德]赫费：《政治的正义性——法和国家的批判哲学之基础》，庞学铨、李张林译，上海译文出版社2005年版，第45页。

[②] 同上书，第234页。

人就得相互限制，他们的个人判断都会受到限制。"① 他认为，对自由的限制，其原因并不是来自于物品的匮乏、人的恶的本性或者法的强制，而是来自于自由本身；因此我们也可以推论出，只要有自由就一定会有对自由的限制，或者说，没有绝对的自由；凡是自由都是相对的，是受到限制的自由；或者说，自由本身就是相互限制，没有相互限制就不会有真正的自由。这种限制维度的自由人格理论，正是德国法哲学自由人格理论传统的特征之一，也就是所谓的"我他"统一的法权自由人格思维路径。自由的限制，有自我调节的自我限制和制度性约束；而制度本身就是对自由的一种外在强制性的限制，也可以说是一种限度。"制度设置了行为自由的界限，超越界限就会受到制裁。""任何制度化的共同生活都有社会调节的自由限制。"② 由此可见，制度就是对自由需要的需要。

法权人格能力与法权制度之间是互为条件、缺一不可的，在相互交往中必然会产生相互的冲突，"正义的原则既为自由的限制也为自由的保障确定了唯一合法的尺度"。③ 原初自然状态中，每个人都有完全的不受任何限制的自由，也都有权去掠夺他人的劳动成果并残杀他人，但这是一个霍布斯式的自然状态；到第二级的自然状态时，人们之间彼此放弃了残杀、掠夺或污辱，"一个人在放弃自己残杀别人的自由的同时也就获得了别人对残杀（自己）自由的放弃，从而彼此保障了生命的完整性，保障了财产、名誉和宗教自由等的完整性。自由的限制换得了自由的保障，对自由的放弃回报以对自由的权利要求"。④ 彼此放弃自由只是一种消极的不伤害，不是一种合作的积极状态。这种自由的限制，是相互的、平等的和彼此自愿的，起初还不具有强制性；但这种限制本身就是一种无强制的强制，只是这种强制是以对每个人都是有利的。

"'强制'一词主要是形式地中性地来自他人，也就是来自外部的对自由之限制。当然每个人都可以把这种限制变成自我限制，并自由地承认相互的限制，也出于正义而自发地遵守这种限制。"⑤ 强制也是与限制相联系的，而强制只适用于这样的目的，强制只有出于正当的理由，只能是为了自由才对他人的自由进行强制。充分的强制理由，只能是：为了防止不公正行为，为了不侵犯他人合法的自由空间。"局限于防止伤害人权的基本自由的强制，不是非正

---

① ［德］赫费：《政治的正义性——法和国家的批判哲学之基础》，庞学铨、李张林译，上海译文出版社 2005 年版，第 235 页。
② 同上书，第 255 页。
③ 同上书，第 270 页。
④ 同上书，第 272 页。
⑤ 同上书，第 286 页。

义的，而是道德所允许。"① 自发地自我调节式的自我限制和相互限制，是一种自然法状态法权人格形式，是一种无政府的乌托邦，因而这种自发调节是不具有现实性的；因为这种相互限制的界限是不确定的，不具有共识性，也不可能自发地达成共识的。只有在实证法的国家里，通过共识性的法的形式，才能使这种相互限制的自由成为现实，而在这种法的状态下，每个人都不再是自己的法官，而只能听从于共同的法，因而法和国家作为第三者成了共同的强制，进而也就告别了自然法社会进入了法权社会。公正原则是一视同仁，还应加上一个原则：拒绝任意性；正义的一个起码条件是：禁止任意性，限制与自由的辩证统一，正是国家与法正当性的哲学理据。限制只是对个人任意的自由的约束，把这种个人任意性限制在不侵害他人自由权利之内，限制的目的是为了法权人格的平等共存，是对个人真正自由的保障，而不是否定个人自由；但是，如果没有这种对任性的限制，那么个人真正的普遍自由就只能是一种空话。这种限制与自由的关系理论，是对费希特的相互限制的法权人格理论的继承和发展。因此，赫费的自由与黑格尔具有相通之处，都是对任性的限制下的自由，是所有人的自由共存式的自由概念，但赫费的自由证明理据却更多地采用了传统自然法的方法，并吸收了密尔的边界自由理论证明方法。客观上赫费承担了黑格尔法权思想当代化的重任，把黑格尔自由国家理论与现当代法哲学理论进行了恰当对接。

四、正义人格与法治制度

个人正义和国家制度，二者相互联系、相互影响，没有个人的正义品质，就不会有正义的国家；相反，没有正义的国家作保障，个人正义品质就不可能培育起来。个人的正义品格，主要体现为：不做任何破坏法律的事，不钻法律空子，不做有害于他人的事，不利用自己的优势贪图他人的便宜，总之要做一个正直守法的人，做一个思想与行为都正义的人。健全的个人正义意识与正义品格，是权力腐败的"防火墙"，是国家制度正义性的根本性保障。另外，国家制度对于个人法权人格意识的影响或培养也具有决定性意义，好的制度和法律可以塑造出的良好的国民；而远离正义的制度和法律，却很难说能够造就出一个尊重法律和尊重个人法权人格之尊严的守法国民。

这与黑格尔的思、行合一的自由理论具有相似之处，黑格尔认为仅仅做一个正直的人还不够，还要做到知道和愿意做一个正义和自由的人，不仅要守法

---

① ［德］赫费：《政治的正义性——法和国家的批判哲学之基础》，庞学铨、李张林译，上海译文出版社 2005 年版，第 287 页。

而且要知道法的意义和愿意守法。黑格尔认为，真正自由的人，不只是做一件善事，而是一生都愿意做善事的人，而且认为只有在国家的法律之内人是自由的，正义意味着做有益于他人和国家的事，因为我的自由和利益也在这种正义之中。因此，黑格尔认为，抽象法的命令就是，使人成为一个人，并尊重他人为人格；同时客观法的命令是，禁止侵害人格以及人格所生的权利，而只有在国家里所有人的法权人格才能得到法的普遍有效的保护。个人法权人格意识的健全，体现在个人的法权上的成熟正义感，而这种个人正义者的生成对于国家制度的健全和维护，对于抵制权力腐败和专制思想都是具有决定性意义。

第五节　黑格尔与海德格尔的人学比较

我是谁，我是什么？这是黑格尔与海德格尔哲学体系的共同主题：哲学的人学根基。自我是黑格尔哲学与法哲学的逻辑起点，海德格尔也是从自我出发来构建其哲学基点的。二者的自我概念都是从整体系统论角度来进行解蔽的，都把自我放置于我与他者的关系中去揭示我的本质面目。黑格尔把人理解为自由的存在者，自在与自为的自由存在者；海德格尔发展了黑格尔的存在论思想，突出了存在对于人的理解意义，而且海德格尔更为强调人作为生存方式的存在之形而上学性。

一、自我存在的整体论理解

自我是人的基本单元，每一个人都是首先作为自我出现的，同时每个自我又都是他者之自我中的他者，我与他又构成我们，因此每个人都是作为自我、他者和我们三种存在形态而存在着。我是什么，也就意味着他、我们是什么，这三个问题只能放在一起才能得以完全的解释，这也许就是海德格尔对人解蔽的理论独到之处。"我是"与"他、她、它是"的关系，体现着我的自身生存与我的共同环境中的存在的关系，"只要'我是'能够在'他、她、它是'中被表达为某物，那么，在形式上，生存就可以被称为一种存在方式。"[①] 我自身的存在，是一个整体性存在，是在多层面上的显现着的存在，"自身在其自身世界、共同世界、周围世界的诸种关联中成其所是，而这些经验方向的意义，说到底乃是一种植根于自身世界的历史意义"[②]。第一个人作为自我，都

---

① [德] 海德格尔：《路标》，孙周兴译，商务印书馆 2000 年版，第 36 页。
② 同上书，第 40 页。

是处于一种巨型的诸种关联着的关系网络之中的一个独立单元，又都是在他者关联中的"曾经是"或"将来是"的一种体验，是自我关心的体验。黑格尔的自由哲学体系也是从自我这一基本人格单元为理论始点来展开的，自我的揭示也就是对他者的人格解蔽，并进而推论出一切人的本质与人的一般概念。自我是不依赖于他人而独立存在的，但自我的需要又离不开他人，我也有把自己的意志放在他物之上，有权占有他物。自我只有在我与他人的关系中，只有在我的所有权里才会作为一个真正的人而存在。

"对一种以生存现象为意向的考察来说，恰恰是这一事实必须被视为某种需要'理解'的东西。"① 作为一种现象学的人，是理解人的一种根据，精神现象学就是探讨如何理解人的存在及其存在的依据。存在必然有一个存在的根据，这个根据问题就是值得反思的问题。亚里士多德认为任何事物都有存在的原因作为其存在的根据，这个存在根据就是所谓的"四因说"。单子论就是把单子预定为形而上学的个体存在的先天根据，这个单子的个体本身就是一个统一的完整的存在者，"每个自为存在者都构成单子"②"单子论意在说明存在者之存在"。③ 单子论并不能真正地揭示人的本质，人的本质只有在单子之间的相互关联中得以显示，人的存在只有放置于人的整体中去理解，才能认识到人的真相，把握人作为人的本质。海德格尔是从纯粹形而上学的角度，来探寻人的本质的，而不是用经验论来论证人的本质问题。人的存在只有在人存在的整个大化体系中才会得到全面的理解，"形而上学就是一种超出存在者之外的追问，以求得回过头来获得对存在者之为存在者以及存在者整体的理解"。④

二、存在者与存在

存在者的存在可能是敞开的存在，也可能被遮蔽的存在；可能是单独存在，可能在其对象中存在，也可能是在其整体中存在，在世界中存在。世界是存在者的存在整体，是由诸多现实存在者相互联结构成的，因而世界的特征，在于其整体性、综合性和绝对性。海德格尔把康德传统形而上学的世界概念总结为三个方面：第一，世界概念是先验的物的现象的总和；第二，世界概念中

---

① [德]海德格尔：《路标》，孙周兴译，商务印书馆2000年版，第45页。
② 同上书，第90页。
③ 同上书，第96页。
④ 同上书，第137页。

的各个实体是隶属关系，而非并列关系；第三，世界不是一个无序的表象，而是一个理性概念，是一种理性整体。① 作为理性，世界是对现象的一种超越，对经验的超越，同时又与现象相联结。存在者是绝对的，而存在是多样的、相对的，存在者可能作为单个存在，作为一种抽象的存在，这是一种人的非本质存在。而人的整体存在才是一种人作为人之本质而存在着，因此存在者与存在是有着严格区别的，正如主体的本质与主体的现象是不同的。海德格尔明确把存在者与存在进行区分，目的就是要揭示人的本质与人的表象的区别与关联，不能把存在者与存在混为一谈。黑格尔也对人的存在进行了相应的区分，认为自由作为人的本质并非是现实着的自由，自由有真假之别，只有在整体普遍性中的自由才是真正的自由，才是人作为人的本质的存在，而那种与普遍性相对立的纯粹自我还是真正自由的。人的现象只是人的非本质的存在，但这种存在也内在地蕴涵着人的真相，这就需要探讨如何让存在者与存在实现统一之规律：存在法则。

三、自由公式：让存在者存在

"一切行为皆根植于超越。"② "向世界的超越乃是自由本身。"③ 自由源始于自发性，这种自发是指发自存在者自身的一种筹划，筹划着把自我抛向世界，抛向存在整体中，这是一种对存在者自身的一种非存在的超越，是向世界敞开的自动行为，这种自发的自身超越就是自由，"自由就是筹划着和高抛着让世界起支配作用"。"自由乃是向着根据的自由。"④ 让存在者存在，就是让存在者在世界中存在，而自由就是在世界中的存在，且能够在世界中存在。自由也是一种自我揭示和证明的过程，是向着世界敞开的意向，是存在者把自身放置于存在整体中去并接受整体的支配的自身超越。显然，海德格尔把存在整体的世界视为存在者自由的根据，自由只有在存在者整体中才有可能。让存在者在存在整体的世界中存在，就成为一种存在公式，或自由公式，这个存在公式就是一种存在者的存在机制，也就是根据律或"根据律公式"。黑格尔认为，人的本质是自由，人最终是要走向自由的，人的自由是一个自我认识与自我改造的过程；法的使命就是让人成为人并尊重他人为人格，这就是让自己自

---

① [德]海德格尔：《路标》，孙周兴译，商务印书馆2000年版，第177页。
② 同上书，第190页。
③ 同上书，第191页。
④ 同上书，第192页。

由，也要让他人自由，因而黑格尔的自由法则就是让所有人作为自由者而存在。海德格尔把黑格尔的自由存在理论阐发得更加公式化，发展为一种当代存在论人格理论。

四、自由：无蔽与超越

超越单纯的自我，就是自由，自由也就是一种从狭隘的自我中走向人的整体，走向世界，向世界敞开自我，"唯存在之被揭示状态才使存在者之可敞开状态成为可能"。① 存在是存在者的一种展示，要理解存在者就必须首先理解存在。存在者的存在有两种情形，一种是遮蔽状态，是一种虚假的存在状态，存在者的真实状态被外在假象所掩盖，人在这种状态是不自由的；二是无蔽状态，存在者是作为其本来面目而存在着，是一种自我敞开的真我状态，人在无蔽状态是作为自由者而存在着，是自由与真理相统一的理想状态。人应该处在这种真相的存在状态，"存在之无蔽状态始终是存在者之存在的真理，无论存在者是现实的还是非现实的。反过来，在存在者之无蔽状态中，也一向已经包含着一种存在者之存在的无蔽状态"。② 人就是人而非物，我就是我而非他或它，这就是真相，就是一种存在的无蔽状态。人作为存在者的无蔽原理也就蕴涵着，自由就意味着真理，本质意味着存在。超越标志着实现主体的本质，是自由实现的基本环节。"主体之存在意味着，这个存在者在超越中并作为超越而存在。"③ 黑格尔也把自由理解为自我作为精神对于感性直观的超越，自由就是人从感性自私中解放出来，把自我放置于普遍物之伦理、法和国家中去实现自我之自由本质。超越是人的一种自由本性，人只有超越自己才能成为真正的人，而且人也拥有这种自我超越的理性能力，而人超越自我的过程是一个痛苦而漫长的自我认识与自我解放的历程，是探求真理和追求自由的斗争历程。

自由与真理的问题，是一个哲学上颇有争议的话题，有一种流行的观点认为自由是主观的主体自我决定，是"应"的价值判断，而真理是"是"的事实判断；再者是对立的，因而是不能统一的，即所谓从"是"中推导不出"应"来，然而黑格尔和海德格尔两人都反对这一观念，认为只有符合了真理的自由才是真正的自由，否则就是虚假意识，就是假的自由。"着眼于真理的

---

① [德]海德格尔：《路标》，孙周兴译，商务印书馆2000年版，第153页。
② 同上书，第155页。
③ 同上书，第160页。

本质,自由的本质显示自身为进入存在者之被解蔽状态的展开。"① 自由不是任意的偏向,不是为所欲为,而是让其应其所是。自由就是,让存在者存在,让存在者存在于一种无蔽状态,处于一种敞开域中;自由也是一种解蔽活动,是让人得以解放和获得自由。黑格尔也把真理与自由视为相互融合的,真理意味着自由,自由是人的真相,只有符合真理的自由才是真正的自由。

五、自由与解蔽

自由是自我的真相敞开的过程,也是自我解蔽的过程,是自我本质的自我显现,这种敞开、解蔽、显现或绽放都是通过我的自我意识而进行的。"自由乃是参与到存在者本身的解蔽过程中去。""绽出之生存植根于作为自由的,乃是那种进入存在者本身的被解蔽状态之中的展开。"② 自由是人存在的本质,让人作为自由者而存在就是自由的实现,而人的自由又是一个自我绽放的过程。黑格尔也把精神视为一种自我显现的过程,这种自我显现就是自我意识,就是自我揭示自我本质的演进过程,从自我特殊性到普遍自由,从主观精神到客观精神、再到绝对精神的精神展示过程。"如此这般来理解的作为让存在者存在的自由,是存在者之解蔽意义上的真理之本质的实现的实行。"③ 解蔽就是揭开真相,去除附着于主体上的虚假现象,显露出自我的自由真相,人的真相就是自由,因此解蔽就是探求真理、自我本质的活动,让自我本质处于敞开状态。"'真理'乃是存在者之解蔽,通过这种解蔽,一种敞开状态才成其本质。"④ "由于真理在本质上乃是真理,所以历史性的人在让存在者存在中也可能让存在者不成其所是和如何是的存在者。这样,存在者便被遮盖和伪装了。假象占了上风。于是,真理的非本质突出出来了。"⑤ 让存在者存在,让存在者作为自由存在者存在,实现人的自由本质,这就是人的理想存在方式,这既是一种解蔽活动,又是一种自由法则。自由就是一种自我真相的无遮蔽状态,是一种自我应然的存在状态的一种展示,是对于虚假自我状态的一种否定,而这种否定是通过主体的自我解蔽来实现的。解蔽就是一种自我解放,是让我作为存在者存在的一种普遍性认知与现实实现,这种普遍性就是"让存在者存

---

① [德]海德格尔:《路标》,孙周兴译,商务印书馆2000年版,第217页。
② 同上书,第218页。
③ 同上书,第219页。
④ 同上。
⑤ 同上书,第220页。

在"。"让存在者存在",是海德格尔哲学思想的精髓,是其自由理念的一种哲学意义上的全新表述,这种"让存在者存在"理念的实质是一种自由法则,其理论要旨是对康德的"人是目的"、费希特的"自由共存"法权规律和黑格尔的"使人成为人"的自由法则等理论的一种拓展。"真理的本质揭示自身为自由。自由乃是绽出的、解蔽着的让存在者存在。任何一种开放行为皆游弋于'让存在者存在'之中,而且每每对此一或彼一存在者有所作为。作为参与到存在者整体本身的解蔽中去这样一回事,自由乃已经使一切行为协调于存在者整体。"① 存在者的开放行为,就是存在的自由形态。真正的自由是存在者将其存在向整体开放,而开放着的或敞开着的行为,是通过人的体验来被理解的,这样,人的体验就参与到人的存在中,但这种体验并不能揭示存在的本质。

自由是人的存在法则,而这种自由是一种整体的自由主体的和谐统一,这种和谐统一不是物理性的存在,而是作为精神的自由体系,因此和谐是存在者存在的最高法则。"存在者整体的敞开状态并不就是我们恰好熟悉的存在者之总和。"② 人的自由整体存在,并非一种数量上的简单相加或相聚,而是一种和谐的整体系统,是自由人的理想王国。"人的行为乃是完全由存在者整体之开放状态来调谐的。但在日常计算和动作的视野里来看,这一'整体'似乎是不可计算、不可把捉的。"③ 存在者的存在,并非一下子就把自己的整体敞开出来,而当下的敞开总是个别的存在,而且还受到体验者的感受限制。我们能够捉到的存在往往是存在者的个别存在,而把捉不到存在者的整体存在,尽管存在者的整体存在已经被调谐到整体敞开状态。这就陷入康德式的物自体不可知论中,自由和存在尽管如此重要,但却因人的认识能力局限而变得意义大减。这样,存在的敞开意义,最终还是落在人的体验能力上,决定于人的解蔽与解蔽能力。自由有两种存在形态,个人自由和整体自由,个人自由只有在整体自由中才会是现实的真正的自由。

解蔽是为了达到自我存在的敞开,为了去除自我真相的遮蔽状态,让自我的存在向整个存在体系的敞开,但解蔽也会起身其反面,反而会产生新的遮蔽情形,"对存在者之为这样一个存在者的解蔽同时也就是对存在者的遮蔽。在

---

① [德]海德格尔:《路标》,孙周兴译,商务印书馆2000年版,第221页。
② 同上。
③ 同上书,第222页。

这种解蔽与遮蔽的同时中,就有迷误在运作"。① 人处在迷误当中,因为人总是固执地把存在者当作存在,把个别存在当作存在的整体,把非本质当作本质,因而迷误是一种错误。而这种错误并不仅仅指人的判断错误或认识上的错误,更是一种体验上的错误。迷误是对神秘的背离而朝向方便可达之东西,使人误入歧途。但这种使人迷失道路的体验本身并非一无是处,因为"人通过经验迷误本身,并且在此之在的神秘那里不出差错,人就可能不让自己误入歧途"。② 这种迷误就相当于黑格尔所谈的假自由和虚假意识,比如把为所欲为视为自由,就是一种最为常见的对自由的误读或曲解。解蔽与遮蔽之间存在着一种复杂的辩证关系,解蔽在应然上是与遮蔽相对立的,解蔽的目的是解开遮蔽,但客观现实上解蔽也会导致新的遮蔽。

六、"洞穴比喻":自由、真理与拯救

海德格尔从柏拉图的洞穴隐喻中得到了一种真理与自由的解释。洞穴是一种人的存在的遮蔽状态,人在洞穴境遇中并不知道其存在的真相,误认为洞穴就是整个世界,人的背景被误认为自己的真实存在。但当一个年轻人走出洞穴,发现了世界的真相,从而发现了人的真实存在,才开始认识到原来的洞穴生活是一种人的虚假存在,不是人的真实存在状态,洞穴之人原来一直生活在自我遮蔽状态,一种不自由的状态。而当人们走出洞穴后,人是否就已经达到真正的自由存在状态了呢?自由就是一种从表象中解脱出来,实现知与真的合一,"而且,长期以来,对于西方思想来说,'真理'意味着思想表象与事实的符合一致,即知与物的符合"。③ "束缚之解除带来了一种解放。但被释放出来也还不是真正的自由。"④ 存在者有两个存在场域,一个是黑暗的不自由状态,另一个是敞开的自由状态,从黑暗走向阳光就是自我解放的活动,就是自我拯救。"摆脱了束缚的被解放者同时被置入于洞穴之外,即被置入'自由域'中了。这里,都在光天化日之下昭然若揭。""自由域,即被解放者现在已经转置身于其中的那个自由域,并不是指一种单纯的广阔的无限者,而是指在共同被看见的太阳的光线中闪现出来的有所限制的联系。事物本身之所是的东西的景象,即理念,构成那种本质,在此本质的光芒中,任何存在者作为这

---

① [德]海德格尔:《路标》,孙周兴译,商务印书馆2000年版,第228页。
② 同上书,第227页。
③ 同上书,第252页。
④ 同上书,第254页。

个或那个存在者自行显示出来,而这种自行显示中,显现者才变成无蔽的和可通达的。"[1] 走出洞穴,意味着人从黑暗状态走向光明,从虚假世界走向真实世界,这个光明真实的世界就是"自由域"。这个自由域的本质,就是真实,是一个真正的人的世界,是真理与自由相统一的自由人存在的场域。所谓的自由域,就是一个无遮蔽的敞开状态,事物呈现出"事物本身之所是"的真相状态。"事物之所是"的状态就是真理、理念、本质,人本身之所是的状态就是人的自由,而自由只有在真理之无蔽状态下才会显现为人的本质,这种真正的自由只有在自由域中才能得以成为现实的存在。这种自由域就相当于黑格尔的伦理、法和国家,人的自由只有在国家中得以最终的实现,因而黑格尔认为国家才是地上行走着的自由保护之神,宪政法律制度是自由的客观化、现实化了的法权体系。洞穴隐喻的哲学含义还在于,人的解放与真理的解蔽都需要哲学家和勇敢者的牺牲与努力,这种勇敢的哲人就犹如黑格尔所谓的"伟人""英雄",是这些勇者且仁者之士带领人们走向自由域、走向光明。这种伟人就是解蔽者和解放者,带领人们走出洞穴这对于解蔽者与解放者而言不仅需要智慧、正义感,而且还需要有为真理和自由作出奉献的无私和勇气,甚至要冒着一种理念与信念上的生命风险。洞穴说的更为深层的隐喻,是如何让所有存在者理解与接受自由理念,如何理解与信仰真理,并形成共同意志来走出黑暗,实现所有人的解放且能够作出适应现实自由的理性制度设置。

第六节 黑格尔与罗尔斯的法权哲学比较

人们对于罗尔斯正义论解读,大多是基于罗尔斯两个正义原则的康德式视角,罗尔斯也声称自己是对康德自由思想的一种解释,然而却很少有人注意到罗尔斯正义论与黑格尔法哲学之间存在着整体性相通之处。其一,二人都把自由视为人的本质,把自由的实现视为社会的理想、国家的目的和法的使命。其二,二人的理论构建上也具有极其相似之处,都具有三段论的三一式特征:自由的人、自由的共识和自由的宪政;相应地,法也显现为三种互动的三一式形态:客观自由法、主观自由法和现实自由法。

黑格尔和罗尔斯都把自由视为人的本质和法的品质,二人都是从以下三个维度来揭示法的品性:公理性的自由法、主观的自由法和现实的自由法,这三

---

[1] [德]海德格尔:《路标》,孙周兴译,商务印书馆2000年版,第254页。

个方面存在着一种内在的统一,这个统一就是人的尊严与尊重,这是个思维过程,也是实践的运动过程。

一、人:自由存在者

黑格尔和罗尔斯都认为,人的本质是自由,这是道德、法和国家体系产生的前提和最终归宿。自由是大前提,自由理念是道德共识的基本内容,也是国家宪法制度的基本原则。

人是自由的,这是一个公理性东西,是人与动物的根本区别,也是人作为人的根本属性。如果人失去了自由,那么人也就沦为奴隶,沦为受他人支配的工具。人的自由概念是黑格尔与罗尔斯法哲学思想的共同之处,也是二人的法哲学理论的核心理念。自由,首先被视为先天的公理法则,相当于康德的先验律令。首先,二人都把自由视为人的本质,自由是先天法则。黑格尔把自由比喻为类似万物的重量一样是人的本质,人之所以为人,就是因为人有自由,人有意志自由,而动物只是受本能和外部力量的支配。罗尔斯也认为,自由且平等的人是一种客观理念,是不言自明的公理,人的尊严和权利是自由的基本内容。其次,自由的人的理念,是社会共同道德观念的核心价值,是一种最为核心的善,是社会正义共识的基本支点。再者,自由的人的理念,是国家的根本精神,是宪政的基本原则。黑格尔认为法是自由的定在,自由和平等应该作为宪法的基本原则,宪法是自由的实现体系,法的根本使命就是使人成为人,并尊重他人为人格,"法的基地一般说来是精神的东西,它的确定的地位和出发点是意志。意志是自由的,所以自由就构成法的实体和规定性。至于法的体系是实现了的自由的王国,是从精神自身产生出来的、作为第二天性的那精神的世界"。① 道德法则和宪政原则都必须以客观自由法为根基,违反客观自由法的道德就是一种恶的道德意识,是奴役人的专制思想;违反自由客观法的宪政制度就是恶法,就是不正义的法律,或者根本就不是法。客观自由法,包括人作为人而存在的基本权利和共存法则两个方面,一是人的尊严与所有权,这是自由的基本内容,人作为拥有自我独立人格及从人格中派生的权利。人作为人存在就必然拥有独立自由人格,我作为人拥有独立的人格尊严,我也必然拥有占有他物的权利,这就是所有权。黑格尔把所有权视为自由的最初定在,认为人只有所有权才是作为理性存在者而存在,因而他提出了人格权的本质是物

---

① [德] 黑格尔:《法哲学原理》,范扬、张企泰译,商务印书馆 1979 年版,第 10 页。

权,认为只有人才拥有占有物的自由权利,而把所有权当作人作为人存在的基本标志。他认为,奴隶并没有占有物的权利,就只好受他人的支配,作为他人占有的物。二是人作为拥有独立人格的人得到承认,自由共存法则就是我与他人的自由能够共存。我是作为自由存在者,同时也让他人作为自由存在者而存在,这就是黑格尔的相互承认法则。相互承认的意义,在于个人作为独立人格得到了他人的承认,是作为自由权利主权而出现于他人面前的,而契约就是这种相互承认法则的显现。罗尔斯把自由和平等作为一种先天的客观法则,这就是拥有一般正义感和公共善观念的道德人格所应当选择的两个基本正义法则,而这两个正义法则的实质,就是人作为自由和平等人而得到普遍的承认和尊重,把人视为自由且平等的人。自由的核心是人格尊严,而作为自由和平等的人又是作为良好秩序社会的终身合作者,"我们所使用的作为自由和平等的人的公民观念,是从社会领域的各种特征抽取出来的,并以某种方式将其理想化了"。① 罗尔斯把"作为自由平等的人"的公民理念置于其正义论体系大厦的中轴,把人的自由理念之道德化和现实化视为社会的目的和法的使命。

客观自由法,是抽象的正义法则,人的自由得以承认与尊重就是正义,侵犯作为人的自由就是不正义的;但这种自由法还只是抽象的,它只是为人的主观法和实在法提供了一个三段论的大前提,体现着"是"的自由,因而它必须体现为人的良知和民族精神,并显现为现实的宪政制度,这样这种抽象法就成为现实活着的自由法。

二、自由意识:正义共识与民族精神

黑格尔与罗尔斯都不仅把人视为客观自在的自由的人,而且也都把人视为拥有认识自我自由本质的理性能力之道德人格。第一,二人都认为,人是拥有道德能力的理性存在者,是拥有一般善恶观念和良心的道德人格。黑格尔把道德视为主观法,善恶问题是道德的基本问题,良心就是善在我心中,而道德的本质是自由的自我意识,是一种主观自由。人高于动物之处在于人拥有思的能力,这种思就是人对自身自由本质的理性理解与把握,而动物并不具有这种自我意识能力,"须知只有人有宗教、法律和道德。也只有因为人是能思维的存在,他才有宗教、法律和道德。所以在这些领域里,思维化身为情绪,信仰或表象"。② 黑格尔把自我意识视为真正自由的标志,认为只有认识到自己的自

---

① [美]罗尔斯:《作为公平的正义:正义新论》,姚大志译,上海三联书店 2002 年版,第 13 页。
② [德]黑格尔:《小逻辑》,贺麟译,商务印书馆 1980 年版,第 39 页。

由本质才是真正的自由，而那些没有认识到自己的自由本质的个人或民族，就仍然是处于奴役状态的。罗尔斯也特别强调正义观念对于社会结构的根基性作用，"一个良好社会被定义为一个公共观念有效地调节着的社会。这样一个社会成员是，并且也把他们自己看作，自由平等的道德人"。[①] 第二，二人都把理性道德人格视为社会合作的前提要件，只有每个人都是一般道德良知的人才会绘制成一个理性社会，每个人都能够理解、接受客观的善理念和自由法则。第三，二人也都把宪政制度视为一种道德共识的理性表达。因此，二人都把道德视为一种主观自由，都把拥有自由观念的道德人格视为联结客观自由法与现实伦理自由法的一个唯一桥梁，正如黑格尔据说，思维一头连着理念，一头连着现实。

在黑格尔看来，道德作为主观自由的法，是存在于人内心中的法，因而主观自由的法具有多样性、偶然性和有限性。主观自由法显现为自我道德意识，主要有两种，一是个人的道德良知，二是作为一个民族的或社会整体的共同道德意识。黑格尔认为个人良知固然重要，但个人良知具有情感性，有时会把恶误认为善，甚至有人故意把恶说成善，这就是伪善。因此，要用普遍性来克服纯粹自我道德观念的片面性，克服极端自私的道德观，把自己的特殊性与社会普遍性利益结合起来，这才是真正的普遍的善，才是真正的良知。普遍自由之善是个人应有的道德精神，也是一个民族精神之魂。罗尔斯反复强调正义感对于社会和谐的根基意义，认为公民正义感是一种巨大的社会财富，也同时强调社会正义共识对于宪政正义性的保障意义。因此，主观自由的法，不仅包括个人良心、正义感和善观念，而且也包括民族精神或社会共同正义观念，这是活在个人和民族精神中的法，是真正作用于现实主体和社会的活着的法。道德是个人优良生活的精神财富，也是社会和谐的精神保障，影响着个人的生活质量和社会的文明程度，但道德不是自动生成的，是需要自我修养与国家教育来塑造的。黑格尔认为道德教育就是一种自我超越与解放，"人应当成为自由的，亦即法和伦理之人；人应借助于教育成为这样的人"。[②] 而罗尔斯把公共教育视为公民改变其命运的先决因素，尤其是国家要重视低层人的教育问题。

总之，在黑格尔看来，道德法则是生长于人内心中的自我律令，是主体自我立法的理性能力，它对于塑造社会和谐具有根基意义，但这种道德主观法也具有其内在缺陷。主观自由法的缺陷主要表现为，一是主观任意性，二是不具

---

① [美] 罗尔斯：《正义论》，何怀宏等译，中国社会科学出版社2009年版，第428页。
② [德] 黑格尔：《宗教哲学》（上），魏庆征译，中国社会出版社2005年版，第146页。

有外在固定的形式，三是缺乏普遍的强制实践性。这就要求一种公器性的法，来确认、体现和强制执行这种主观法，这就是宪政制度与法律体系的实证法。罗尔斯也把作为自由平等的正义法则视为宪政的基本原则，而这种正义法则是拥有理性正义观念和善观念的人所共同选择的，因此他也强调了主观自由的正义共识必须要转换为现实的宪政制度。

三、宪政制度：正义谋划

黑格尔认为，客观法缺乏现实性，主观法又具有不确定性，二者都具有片面性，只有把外在的法与内在的法统一起来才能成为现实有效的普遍性法则，"自由精神，使客体性主观化和使主体客观化。知，以合理的东西为内蕴和目的，因而将这个目的转化为现实的活动"。[①] 因而黑格尔把现实的宪政制度视为自由的实现，把法律制度视为现实着的自由体系。现实的法、伦理，就是国家，就是自由的现实化，因而实证的法并非是与理念和道德无关的纯粹法律形式，也不是仅仅是某个人或某个权威的主观命令。罗尔斯正义理论的主旨，也是意图把现实的宪政制度建立在一种正义法则之上，把宪政制度视为自由的全面确认与有效保障之公器，这也正如黑格尔把国家视为地上的自由之神。因此，二人都把宪政制度视为整个自由体系的最终落脚点，认为自由不能仅仅停留在抽象理念和主观意识状态，而应该显现为制度化、普遍化、实效化的现实着的实证法，同时宪政制度也必须建立在自由平等的正义理念与共识之上，确保实证法的自由品性。

宪政制度与法律体系，必须体现自由、平等的正义理念，把实证法建立在自由理念之上。自由理念能够确保实证法的合理性与正义性，因而自由才是现实法的根本精神。真正的自由必然意味着平等理念，因为宪政制度把所有的人都作为拥有平等的人格尊严与基本自由权利的独立人格，并得到法律的平等保护，同时每个人也都必须平等地遵守法律；只有这样的自由且平等者的法律制度才是真正的自由法，才是一种所谓的良法。黑格尔认为，只有在成熟的国家里，法、伦理才会真正地成为现实的自由法则，自由和平等应该成为宪政制度的基本原则，"在国家里面，'自由'获得了客观性，而且生活在这种客观性的享受之中。因为'法律'是'精神'的客观性，乃是精神真正的意志。只有服从法律，意志才是自由的"。[②] 罗尔斯整个正义理论的目的，就是把自由

---

① [德] 黑格尔：《精神哲学》，杨祖陶译，人民出版社 2006 年版，第 242 页。
② [德] 黑格尔：《历史哲学》，王造时译，上海书店出版社 2006 年版，第 36 页。

且平等的人的理念转化为道德共识并转换为现实的宪政制度,确保个人终身合作与社会合作的世代持续,"这种组织化的理念便是作为一种自由而平等的个人——他们被看作是终身都能合作的社会成员——之间的公平社会合作系统的理念"。[1] 因此,两位大师用不同的话语来论证了法的自由品性,都把法视为人的自由之确认与实现之法器,把人作为人来对待视为现实法的灵魂。

只有自由的法,才是正义的法,才是人们自己意愿着的法,是每个人自己的法;因为这种法律制度是为了自己的人格与权利的确认与保护,同时也是人们在平等自由的境遇中自己共同选择这种宪政制度,也只有这样的宪政制度才会得到人们的普遍遵守与维护。因此,宪政法律之尊严来自人的尊严,来自法的自由品性,尊重法律就是尊重人的自由本身,法的至尊也就在人的自我设置中得以彰显。反过来,人们要拥有现实的尊严,那么这种神圣的法也必须有尊严,它必须得到人们的普遍守护,因而法就是这样在自己的精神运动中逐步实现着自己的本质,最终使人的尊严与法的尊严得以现实的合一。

二人的共同可贵之处在于,第一,他们都把个人自由与整体社会和谐的统一视为宪政制度的使命,克服了那种纯粹个人本位的宪政原则之狭隘性,这是对传统自然法学理论的一种突破;第二,二人都注重实质自由,而不仅仅把自由理解和设置为形式自由,更突出对于实质自由的宪政诉求。黑格尔认为,只有国家才能超越家族与市民社会的狭隘性,认为市民社会虽然使人成为一个独立的法律人格,但市民社会是冷冰冰的法律关系,不仅人与人之间缺乏爱的关怀,而且个人只顾及个人私利而不关注公共普遍利益,市民社会最终会导致为私人之间的私利争夺的战场。因此,黑格尔认为国家要把主观的爱与客观的法结合起来,要对于那些自然天赋不足的个人以更多的国家关注,让所有权人都拥有财产权;他反对天生自然权利平等理论,认为人天生自然禀性是不平等的,这与罗尔斯具有相通之处。罗尔斯也认为,要承认与正视现实的不平等现象,国家宪政的正义法则要体现出形式平等与实质平等相结合,在保障每个人拥有平等自由权利前提下,给予那些处于最为劣势的社会底层之人以最大限度的优惠与关注,这就是平等自由原则与差别原则相结合,罗尔斯认为他的正义原则相当于自由、平等、博爱三大启蒙原则。

总之,两人都把自由视为人的本质,又把自由视为法的品性,并把自由放置于整体法的系统中去解蔽与设置,以揭示法的自由品性的丰富内容及其推演

---

[1] [美] 罗尔斯:《政治自由主义》,万俊人译,译林出版社 2000 年版,第 9 页。

规律，探讨如何把人的自由理念转化为国家宪政制度与社会现实。"黑格尔与罗尔斯都把自由视为人的本质和法的品性，把人的自由的实现视为国家法律制度的使命。自由是法治的基本原则，也是公民合作、社会和谐、民族团结、国家强盛的伦理根基；现代法治的实质，就是每个人的尊严与自由人格都得到了法的普遍承认与有效保障，而国家的使命就是平等地关注和保护每个人的自由。"① 法的自由品性，是法的至尊性的根基，也是公民合作、社会和谐、民族团结、国家强盛的根基；法的自由品性之实质，就是每个人的尊严与自由人格都得到了法的普遍承认与有效保障，就是国家平等地关注每个人，把每个人都当作国家的一成员来平等关爱。

本章小结

黑格尔人学理论是古典启蒙人学的集大成者，又是现代人学理论的奠基者。现当代的诸多哲学或法哲学经典理论都从不同角度传承了黑格尔人学要旨，诸如：马克思的人的解放思想，别尔嘉耶夫的自由哲学，海德格尔的存在理论，霍耐特的承认理论，赫费的限制理论，罗尔斯的善理念、道德人格与正义宪政理论。对这些经典理论中的黑格尔人学要素进行系统梳理，势必会有助于我们对于自由、平等、正义等法治理念的深度把握，有助于促进以德治国与依法治国相结合执政理念的深度探索与践行。

---

① 张君平："黑格尔与罗尔斯法治思想的比较及其当代价值"，载《新疆社科论坛》2015年第2期。

第十章 黑格尔当代新解研究

第一节 黑格尔学者研究的新动向

一、当代黑格尔研究的两大主题：承认与共识

当今黑格尔学者们探讨的主题是：黑格尔的相互承认与法权共识。当代一些黑格尔研究学家，把法权相互承认和法权共识视为黑格尔的哲学体系的理论精髓。作为法的精神实质的自由权利是法权共识的核心，个体之间及个体与共同体之间的相互承认是法权共识的途径，共同正义信念是法权共识的体现，而现实的宪政制度是法权共识的公开表述，善法良序是法权共识和法权宪政之果。黑格尔通过法权共识来揭示现代法治的根本使命，现代法治的目的是如何构建和谐伦理共同体，法权共识是现代法治的根基，也是共同体和谐稳定的伦理根基。因而，法权共识是连接法权公理与现实法律公器之桥，又是代表着公理来作为现实法律善恶评判之标准，而法权共识的这种特殊作用是通过"预先设定"之逻辑推演来证明的。我们对于当代黑格尔思想最新研究成果的反思与整合，不仅有利于理解黑格尔思想本身，也有助于理解西方法哲学理论的最新研究去向，而且我们也可以从中得到一些有益的启示。

二、当代黑格尔研究的目的：黑格尔理论的时代转换问题

"当代黑格尔研究者们，把互惠、合作和相互承认视为黑格尔精神概念的实质，这是对黑格尔思想解读的一种修正；而这种修正性研究开辟了一条与当代其他哲学思潮广泛对话的新途径。"[①] 近几年我们看到了一些研究黑格尔法权思想的专著，这些著述对黑格尔法哲学思想进行了不同维度的发掘，提出了具有时代精神的新解读观点。这些最新研究，不仅能够加深对黑格尔法权思想

[①] Douglas Moggach (University of Ottawa). *New Hegelians, The: Politics and Philosophy in the Hegelian School*, Cambridge University Press, 2006. p. 3.

实质的理解，而且也能够使黑格尔法权思想"与时俱进"，这也有助于当代法权哲学的发展。"黑格尔的政治哲学有助于对当代政治哲学的讨论，即使我们常常不能完全理解和接受黑格尔的建议。"[①] 一些人发现了黑格尔哲学思想的当代价值，甚至有人认为应该回到黑格尔思想那里寻找当代时代问题的解决答案，尽管这些观点并不被所有人接受，但黑格尔哲学体系的人学经典理论仍然具有很强的生命力，黑格尔的人学思想整体上并不过时，针对当代人类所面临的诸多突出问题，如道德危机、法治失位等现象，我们仍然能够从中得到诸多启示，因而如何使黑格尔人学理论与当代所需要的时代精神连接起来，使黑格尔人学精神当代化，这是当代黑格尔人学研究的新使命。

第二节 法权共识

一、正义：黑格尔法学与自然法学之异同

黑格尔法哲学体系的核心概念是自由，其所有论证是围绕着自由展开的，而黑格尔有关法的正义标准的思想却时常被忽视。最新研究认为，黑格尔也把正义视为法的标准，而且这种正义标准则需要共同的理解与把握。人们对于法的正义标准认识越深刻，法的真实性就会越高，现代法治化程度就会越高。法的正义标准源于法的本质，法的本质是人的自由权利，法的本质与标准的理解与把握是基于相互承认之法权共识假定，法典和法制体系又是共同法权意识假定之果。

黑格尔认为并非所有的法都是真正的法，把法分为真法和假法，真法和假法区分的标准就是正义，这与传统自然法是相通的。自然法也把正义作为法的标准，符合正义的法才是真正的法，法愈接近于正义标准，这个法就愈有效力；相反，法愈接近非正义，这个法就是无效的或者说是假的法。正义就是法的真假、效力有无的标准，"接近并体现正义立场的程度越高，这个法的真实性程度就越高"。"背离正义立场的法而接近不正义的法，是假法、无效的法，而不是真正的法，或者说它就根本不是法。"[②] 黑格尔把法与正义、道德联系

[①] Thom Brooks, *Hegel's Political Philosophy: A Systematic Reading of the Philosophy of Right*, Edinburgh University Press, 2007. p. 131.

[②] Thom Brooks, *Hegel's Political Philosophy: A Systematic Reading of the Philosophy of Right*, Edinburgh University Press, 2007. p. 83.

起来，认为真正的法是符合正义和道德的，这种正义与道德的内核是权利；不符合权利这一正义和道德的法不是真正的法，如奴隶法就不是真正的法。

从法的自由、权利和正义标准上看，黑格尔法哲学属于自然法种类，但在证明方法上又突破了传统自然法思想。首先，黑格尔的法哲学与自然法本质是相一致的，这体现在以下方面：第一，黑格尔把法区分为真法和假法；第二，他把正义作为真法与假法的标准；第三，这种正义标准对于所有的共同体都具有普适性。① 其次，黑格尔又在法的正义标准的来源上突破了传统自然法学。自然法理论与黑格尔法学都把正义视为法的标准，但自然法学主要是从人的外部来寻找其合理性根据，而黑格尔却直接从人自身来论证法的正义标准，"所有的自然法学家都认为，把正义作为法的标准，而且绝大多数自然法学家应用的正义标准是外在性的，而黑格尔却给出了一个法的内在正义标准，即权利或法权"。② "在黑格尔之前，所有自然法学家都是从法的外部来寻求正义标准的，而黑格尔是从法的内部来寻求法的正义标准，并认为法的正义标准就是权利。"③ 而黑格尔的法原理也符合自然法的一般特征，但黑格尔的法的正义标准是来自法本身，而非来自于自然或自然理性，而自然法却不是从人自身，而是从自然、神、理性等人的外部因素，来探寻法的正义品性，如西塞罗，他认为法的正义性来自神的指示或启示、约定等，阿奎那认为法的正义性来自法本身。黑格尔认为，自由、正义和法是同等意义上的普遍性东西，法是自由的定在，自由在法上的体现就是权利，权利是法的正义内容，因而真正的法就是权利的体现，法的体系就是实现了的自由权利的现实。因此，法的内在本质、法的正义性和自由权利三者是同等意义的概念，即法的实质，需要人们去揭示，并使人们获得对法的实质正义性的共同理解和接受，这就是共同正义感。黑格尔视野中的法学是一个正义之网，法就是让人知道如何做正义的事，而法学研究的任务就是去把正义理念具体细化。法的理念是正义，而法的定在是法的理念的具体化、现实化和主体化，法学研究不仅要研究法的正义理念，知道法的自由本质及其政府品质，而且更要去担负起研究法的定在问题，法的定在研究越是丰富、具体，法的正义理念就会更好地展示出来，法的定在也就能够最大

---

① Thom Brooks, *Hegel's Political Philosophy: A Systematic Reading of the Philosophy of Right*, Edinburgh University Press, 2007. p. 87

② Thom Brooks, *Hegel's Political Philosophy: A Systematic Reading of the Philosophy of Right*, Edinburgh University Press, 2007. p. 91.

③ Thom Brooks, *Hegel's Political Philosophy: A Systematic Reading of the Philosophy of Right*, Edinburgh University Press, 2007. p. 85.

限度地接近法的正义理念。法的正义理念是恒定的,但法的定在却是不断地展示出来的,是不断变化和逐渐丰富,这是一个认识逐步深化的过程,而法学研究的主要任务也就在于逐步去发掘法的定在。"对黑格尔来说,法是一个无缝的网,而我们的任务就是要把潜在的、尚未认识到的法的定在发掘出来,而这种发掘只能在法的语境中进行。这种发掘和理解愈丰富,法就愈加接近正义。"[①] 法的任务与法学研究者的使命是一致的,都是如何认识和更好地实践法的正义理念,"法的更为重要的作用在于,法能够促使其社会成员获得一种认识,即什么是权利,或者更准确地说,什么是合法的。我们的任务是:努力去揭示并确定下来法的内在本质,努力在揭示法本身的正义性"[②]。同时,法的正义品性也需要某种共识性证明,而这种法的实质和相应的共同正义观证明是通过"承认"来达到的。

二、自由之"相互承认"理论

在一些当代黑格尔研究者眼中,黑格尔法权思想的最大贡献就是其"承认"理论。"康德的'共同感'是理性相关的一种交流手段,费希特又在其法权原理中首创'承认'概念,而黑格尔在主体间性规范关系的人格能力理论中发展了'承认'原理。当代诸多黑格尔法权原理注解者们,都把'承认'原理当作黑格尔法权哲学的核心性主题。"[③] 黑格尔法哲学的核心理念是自由,而自由的核心问题是承认,自由就是主体之间的相互承认,相互把对方承认为自由存在者。没有相互承认,就不会有真正的自由。承认似乎成了自由的代替词,自由的具体展现就是相互承认,当代人从黑格尔的自由中发掘出承认概念,又来充实抽象的自由内涵,把自由发展为"承认"。"相互承认是一种统一的反思,是精神意识活动的目的,在精神现象中起着核心作用。"[④]

第一,承认的两个主体层面:我与他、我与我们。一般把承认视为我与他者之间的主体间性的承认,而时常忽视了黑格尔的我与我们或我与共同体之间

---

① Thom Brooks, *Hegel's Political Philosophy: A Systematic Reading of the Philosophy of Right*, Edinburgh University Press, 2007. p. 89.

② Thom Brooks, *Hegel's Political Philosophy: A Systematic Reading of the Philosophy of Right*, Edinburgh University Press, 2007. p. 90.

③ Paul Redding, Analytical Philosophy and the Return of Hegelian Thought. Cambridge University Press, 2007. p. 144

④ Sybol S. C Anderson, *Hegel's Theory of Recognition: From Oppression to Ethical Liberal Modernity*, Continuum International Publishing Group, 2009. p. 108.

的相互承认；而后一层面的承认更是黑格尔"承认"思想的核心，前者包涵于后者之中，因为没有后者，前者只是偶然的和没有保障的。因此，承认至少有两个层面的显现，一是我与他的相互承认，一是我与我们或共同体的相互承认。首先，承认源于两个个体之间的偶然承认，而这种偶然承认又源于单方承认。人的初次承认，是纯粹自我的承认，自我意欲让对方承认我的人格，而并不是首先让自己承认对方，这种承认是一种自私的、片面的、单方的承认。"人们初次相见时，并不是相互承认，而往往是一方要求自己的自我意识被另一方承认，而不是自己去承认另一方；这就是纯粹自我意识"。① 片面的自私性承认，往往会导致承认的失败，结果会导致我与他的斗争，这种斗争原因就是对于承认的一种否定，斗争的性质就会显示出暴力征服，用暴力来驱使对方承认我的权威存在，这就是所谓的主奴关系的产生，"在黑格尔看来，主奴关系的承认，是一种失败的承认，是建立在暴力之上的不平等的承认，因而不是一种真正意义上的承认"。② 这似乎意味着，主奴关系是一种真正承认的一种试验或反证，证明只有平等的承认才是真正的承认。其次，个体与共同体之间的相互承认，这是承认内涵的第二层面。"每个人要把普遍善视为他自己的善。"同时，"共同体必须保障个人自由，个人才能够把主观自由和客观自由协调起来"。③ 这说明个体与共同体之间也是一种平等的间性主体，二者之间也需要相互承认、相互促进，"个体与共同体也必须相互承认，而且，个人自由的唯一前提是，共同体的原则和法律必须是真正理性的，必须真正促成个人之善"。④ 个体善、共同善，个人自由与共同自由，都必须统一起来，而不能相互对立起来，这种统一就是法和国家的使命和宗旨。个人与个人之间的相互承认，只是一种特殊主体之间的相互承认，还是具有普遍性，而我与我们的相互承认却只有在法和国家中才能够成为可能。我与我们的相互承认，也是一个内容十分丰富的理论与实践问题。首先，我作为自由法权人格必须得到法和国家的承认，法和国家是我们的共同存在之所，国家必须承认每个人都是拥有独

---

① Sybol S. C Anderson, *Hegel's Theory of Recognition: From Oppression to Ethical Liberal Modernity*, Continuum International Publishing Group, 2009. p. 113.

② Sybol S. C Anderson, *Hegel's Theory of Recognition: From Oppression to Ethical Liberal Modernity*, Continuum International Publishing Group, 2009. p. 116.

③ Sybol S. C Anderson, *Hegel's Theory of Recognition: From Oppression to Ethical Liberal Modernity*, Continuum International Publishing Group, 2009. p. 165.

④ Sybol S. C Anderson, *Hegel's Theory of Recognition: From Oppression to Ethical Liberal Modernity*, Continuum International Publishing Group, 2009. p. 165.

立的人格尊严和权利的主体，这是个人自由的前提保障，也是我承认国家普遍性的前提要件。如果我的自由权利没有得到国家的普遍承认，那么我也就不会承认国家是我的东西。我对于国家的承认，是我与我们相互承认的第二个方面，如果国家尊重我的独立人格，而我却并不承认国家的尊严与法则，那么我就是一个没有理性的个体，就可能作出违背我们共同利益之事，我也就不会得到国家的最终保护，反而会遭受国家的惩罚。而且这种承认也是相互的、平等的，而不是共同体善的承认要高于个人善的承认，"黑格尔从来没有贬低个人的权利、思想。从来没有说过诸如：普遍公共善优先于个人之善，或者个人必须停止为自己思考，或者个体根本不存在，只有超人的伦理实体才能存在"。[①]对于黑格尔最大的误解，就是黑格尔人学属于整体主义，误认为黑格尔是新专制主义思想，甚至被认为是纳粹暴行的思想根源。其实，黑格尔并不否认个人自由权利，而且认为个人自由权利的保障是法和国家的第一要义，但黑格尔反对的是那种纯粹的个人主义原则，这也是法和国家的唯一目的，而不是贬低或压制个人自由。黑格尔认为个人自由只有在尊重普遍性前提下才会实现，主张个人自由与国家公共利益的统一，这种统一就是我与我们的相互承认。这种承认是基于"我"与"我们"的统一，因为我的个别特殊善与共同体的普遍共同善之间是统一的，而这种统一的前提就是个人与共同体之间的相互且平等的承认。精神实体就是一种共享的政治共同体，是作为一个整体而成为个体成员聚合的根基。在这个整体中，个人既要归属于整体，又是追求个人目的的主体。"因此，精神是多样性的统一体，是我与我们的统一；我之中包含着我们，我们中也包含着我在里面。"[②] 黑格尔把集体实体概念引入精神概念中，把这种实体视为一种相互承认的个人集合体，这种相互承认理念在法权体系中得到以表达。

第二，承认是一种共有的自我意识，是一种法权共识。"自我意识的满足一定会在另一个主体的自我意识中才能得以实现，这正是承认的必然性根源。"[③] 显然，承认是两个或以上的个体的自我意识的相互作用的结果，是相互满足的结果，是两个及以上的自我意识的一种"共识"。"间性主体的相互

[①] Robert Pippin, *Hegel's Practical Philosophy: Rational Agency as Ethical Life*, Cambridge University Press, 2008. p. 26.

[②] Sybol S. C Anderson, *Hegel's Theory of Recognition: From Oppression to Ethical Liberal Modernity*, Continuum International Publishing Group, 2009. p. 127.

[③] Sybol S. C Anderson, *Hegel's Theory of Recognition: From Oppression to Ethical Liberal Modernity*, Continuum International Publishing Group, 2009. p. 109.

承认，是个体的自我意识同时也意识到了另一个主体的自我意识存在，因而两个主体都意识到自己是独立与非独立性。"① 承认是通过各方间性主体的自我意识相互作用来实现的，这种相互作用的结果是各个自我意识达成一种共同认识；这种共识就是，每个主体都必须把其他主体视为同等的自由权利主体。因此，普遍的自由只有在这种相互承认中得以实现，承认既是自由的内容显现，也是自由的实现条件和途径，"自由是在理性的我他关系体系中的一种自我意识和自我反思的状态"。②

三、承认共识与共同体稳定

意识就是认识，是对自我和他人本质的一种承认；自我意识是人所具有的自我认知能力，是人作为精神主体对于自我和他人本质的认识，而且更为重要的是，"个人作为意识主体能够达到一种对于共同体本质的共同理解，即共识"。③ 这也意味着，个人拥有一种共同善和共同正义观念的道德能力，而拥有这种共同道德意识和道德能力的道德人格是理性共同体形成的人格前提。"黑格尔的'承认'概念是指两个精神实体之间的相互把对方作为同样认知主体来对待，是两个主体对于各自的实质和相互构成的共同体实质拥有相同的理解。这种相互承认和共同体理解上的'共识'，是构成共同体的基础，是共同体团结和稳定的根基。"④ 相互承认，首先是一种共识，相对的双方主体对于人格承认拥有相同的观点，这种承认共识的前提是双方都具有同等的理性能力，双方对于人格本质和人格承认有同等的理解能力，任何一方都认识到对方拥有认识能力、道德能力和人格权利。因此，相互承认不仅是相互把对方承认为同等的人格尊严和权利，而且还是相互认识到对方的理性能力和道德能力。没有同样的道德理解力，就不可能有相同的价值共识，也就不会达到相互承认的人格共存境界。没有共同的理解和承认，就不可能形成人格共存的自由法权共同体，就不会有真正的社会和谐与稳定。

---

① Sybol S. C Anderson, *Hegel's Theory of Recognition*: *From Oppression to Ethical Liberal Modernity*, Continuum International Publishing Group, 2009. p. 110.
② Robert Pippin, *Hegel's Practical Philosophy*: *Rational Agency as Ethical Life*, Cambridge University Press, 2008. p. 39.
③ Sybol S. C Anderson, *Hegel's Theory of Recognition*: *From Oppression to Ethical Liberal Modernity*, Continuum International Publishing Group, 2009. p. 104.
④ Sybol S. C Anderson, *Hegel's Theory of Recognition*: *From Oppression to Ethical Liberal Modernity*, Continuum International Publishing Group, 2009. p. 105.

四、市场经济与虚假意识

必须克服市场经济中存在的"虚假意识"。市场经济会创造自由精神,也存在着破坏自由精神的因素。人们从纯粹自我感受的家中走向市民社会,每个人都是独立自由的,他可以自己决定自己的生活和命运,不再依赖于他人。同时,个人又在客观上依赖于他人,每个人的需要和满足都离不开他人,离不开社会整体,个人要使自己的需要和个人目的成功实现,他就必须考虑和满足他人的需要和目的。市场经济社会客观上要求个体特殊性欲求与整个社会普遍性统一起来。然而,市场经济体制决定,每个人都是以自己利益作为目的和善,都在追求各自的所有权和福利,因此个体特殊利益的追求和满足是市场经济的基本原则。这样,市场经济的市民社会客观上存在着两面性,存在着内在的矛盾,独立自由与相互依赖的对立,个人特殊性与共同体整体普遍性之间的对立。造成这种对立的原因之一是虚假意识,人们必须认识到这种虚假意识。"黑格尔意识到,如果个人纯粹受到自我利益的驱使,而不去关注他人之善,那么这会不同程度地引起社会和经济的不稳定,而这种不稳定又会破坏市民社会中人们追求的自由。我们必须克服这样一种虚假意识,即认为把个人理解为纯粹的原子:孤立自私的。"[1] 市场经济,相当于黑格尔的市民社会,黑格尔认为市民社会是人走向自由王国的必由之路,是人的初次解放,因为市民社会是对于家庭狭隘主观爱的一种克服,在市民社会人才作为一种独立人格出现,人在形式上是自由的,这种自由在抽象法上是自由的。市民社会的人,是所有权的主权,之所以人拥有了所有权,是因为市民社会的人是独立的法权人格主体。"动乱等都是由富人引起的,富人认为他们可以买到任何东西,甚至于人格,而且认为万能的财富可以使他们超然于法律之上。黑格尔看到了市民社会的弱点,认为市民社会的虚假意识是社会贫困现象之果。"[2] 社会动乱的根本原因,是贫困。一部分人过于贫困,自己的基本需要不能得到满足,自我生存难以维持,为了生存不得不去采取一切必要手段来达到生命的基本延续,黑格尔著名的快要饿死的人偷窃他人面包的隐喻就是如此,其基本含义就是,生命权高于占有权,生命高于一般法律,或者生命是最高的法。"根据黑格尔的观

---

[1] Sybol S. C Anderson, *Hegel's Theory of Recognition: From Oppression to Ethical Liberal Modernity*, Continuum International Publishing Group, 2009. p. 154.

[2] Sybol S. C Anderson, *Hegel's Theory of Recognition: From Oppression to Ethical Liberal Modernity*, Continuum International Publishing Group, 2009. p. 160.

点，市民社会的个人必须放弃他们把自私当作一种普遍性的错误观念。"① 因此，这种虚假意识是对相互承认的法权共识的一种背离。虚假意识，就是把错误观念当作真理来尊崇，同时又把真理当作谬误来批判，虚假意识的实质是纯粹自我意识，把个人私利当作最高利益，把普遍性和他人正当利益当作是自我利益的手段，甚至把他人或公共利益与自我私利对立起来，因此虚假意识就是过分自私本性的错误观念。

对于法的本质的共识和相互承认之共识，是现代法治构建和社会稳定和谐的根基。但是，这种法权共识只是一种主观认识，还需要用具体宪政制度来现实化。

第三节 自由理念、正义共识和善法良治三元互动关系

现实宪政制度是对"真法"的不同程度的确定化，而这种公理式的潜在的法与人定的法之间的对接之桥是"法权共识"。

一、法权是现代宪政之灵魂

自由权利的确认和维护，是现代宪政制度的根本宗旨。"黑格尔的中心主题就是自由，绝对就是自由；无论是历史演变还是制度构成问题，也不论是普遍与特殊的关系理论，黑格尔的所有话题都最终归结为一个主题，即自由。因此，黑格尔的法权哲学就是自由哲学或者权利哲学。具体的法律规范和法律制度只不过是这种自由理念的不同程度的实现。"② 黑格尔法哲学的根基和最终归宿都是人学，人是黑格尔所有哲学的唯一主题，而人的本质是自由，法只不过是自由的基本表现方式。自由是现代法的根本精神，是现实的人定法必须遵守的根本精神和最高原则，法权是自由的现实存在形式，国家也是自由的现实化。自由，在法治体系和国家治理方略中居于核心地位，是现实法治体系的公理性前提，是法和国家的总精神或宗旨。"与霍布斯不同，黑格尔把法视为自由的现实化，是通过宪政体系来实现个人的自由，而非如霍布斯所认为的，法

---

① Sybol S. C Anderson, *Hegel's Theory of Recognition: From Oppression to Ethical Liberal Modernity*, Continuum International Publishing Group, 2009. p. 155.

② Robert Pippin, *Hegel's Practical Philosophy: Rational Agency as Ethical Life*, Cambridge University Press, 2008. p. 44.

是对个人自由的限制。"① 法律的目的是实现真正的自由,而不是为限制自由而限制自由。现代法治精神的精髓,在于自由权利,在于每个人的自由权利得以普遍承认和维护,而这种自由权利就是"真法"的实质。

二、"共识"是连接"公理"与"公器"之桥

宪政与法典是通过"法权共识"来表述"真法"的,而这种法权共识则显现为法的正义意识,"黑格尔把法典与正义内在地统一进来了,认为法典的宗旨就是要具体地确定正义。法典本身就是我们对于法的正义内涵理解和揭示的一种具体体现。法典需要法的正义意识,法的正义意识也需要法典。因而,黑格尔不同意英国的所谓不成文的自然法概念。法典化的宗旨在于,努力最大限度地使正义确定化"。② 现实的宪政制度是人们的共同正义观的一种反映,这种共同正义观是对于法的本质的理解和承认。由此看,公众的共同正义观,反映着一个国家的整体法权意识能力,反映着这个国家的法律文化的文明程度,反映着这个国家的共同核心价值观和民族精神风貌。正义共识必须要体现为现实的法的东西,而不应该是一种不成文的案例法,因而黑格尔主张法律的法典化,法律越是具体丰富,法律就越体现法权共识。法来自人的共识,又要为人所知晓,这似乎是一个物质循环逻辑,因为既然是人们的共识,那么为什么还要让人们知晓呢?"对黑格尔来说,法为人们知晓是至关重要的,因为法律在一定程度上是对公众共同正义理念的一种表达。"③ 共同法权理念是通过正常的政治宪法制度来展开的,这种宪政制度是人们对于法的正义实质理解的公平表述。"法不只是对人的行为的规范,而更是这个共同体的正义感的体现。共同体在发展这种法的内在规范时,共同体也在发展着共同体本身的正义自我意识。"④ 当代以罗尔斯为代表的正义理论,都把共同正义感或正义观念视为宪法制度的根基,认为当代宪政制度必须建立在正义共识这一道德根基之上,这样才能保证宪法制度的正义品性,才能保证实证的法是良法而非恶法,

---

① Douglas Moggach (University of Ottawa), *New Hegelians, The*: *Politics and Philosophy in the Hegelian School*, Cambridge University Press, 2006. p. 222.

② Thom Brooks, *Hegel's Political Philosophy*: *A Systematic Reading of the Philosophy of Right*, Edinburgh University Press, 2007. p. 91.

③ Thom Brooks, *Hegel's Political Philosophy*: *A Systematic Reading of the Philosophy of Right*, Edinburgh University Press, 2007. p. 94.

④ Thom Brooks, *Hegel's Political Philosophy*: *A Systematic Reading of the Philosophy of Right*, Edinburgh University Press, 2007. p. 95.

而黑格尔也把作为正义共识的民族精神视为一个国家宪政制度的根基。黑格尔的"我是我们,我们是我"命题表明,我与我们在法的普遍意义是合一的,"普遍的、法的和共同的实体是所有人分有或分享着的伦理实体,习惯和法律是法权共识基础上的共同语言的表达"。[①] 法权共识对于法治现代化起着基础性的支撑作用,是现代法治的根基,因为法权共识是一个国家普遍核心价值观的集中体现和系统表述,宪政制度又是这种法权共识的表述。黑格尔既强调宪政法典对于法的正义理念实现的作用,又突出了共同正义观的法权共识在正义之法向现实之法的转化中的框架性作用;这似乎意味着,共同正义观成了"真法"正义的化身,能够对现实法的制定和执行"发号施令",成了一种"绝对律令",这样法律成了一种共同正义观的命令,类似于卢梭"公意";而实际上法权共识只起着一种桥梁性作用,连接着潜在的法和现实的法,因为法权意识的背后是一种潜在的永恒法,法权共识只是对这种潜在法的主观反映,而这种反映也可能背离潜在法的正义本质。因此,黑格尔也提到克服"虚假意识"问题,强调共同正义观对于正义公理的反映程度,法权共识的宪政制度的转化程度,这两种转化共同决定着宪政制度的正义程度,因而只有那种最大程度反映正义公理的共识才是真正意义上的法权共识,也只有这种法权共识才能作为现实法律制度的"善法标准"。

三、宪政制度是法权共识的现实化

违反法权共识之法律,就是违反正义的、无效的、不合法的,或根本就不是法,"如果我们制定的法制(包括司法实践)与公众共享的正义信念相违背,那么这种法制就失去了其合法性"。[②] 法权正义精神成了人们的共同价值观念,是人们对于法之自由权利理念的理解与接受的结果,因而法权共识与法的价值精神形成了最大程度的统一。对于法权共识的违背也就成了对于法的自由实质精神的背离,背离法的自由精神理念就一定背离法权共识;背离了公众法权共识的现实法律制度和司法实践就一定是不法的、无效的。其实,黑格尔的法哲学的整体逻辑系统,是由客观法、主观法和伦理法三个环节组成,人是自由的,人应该拥有人格尊严和人格权利,这是客观法;主观法是对于客观法

---

① Douglas Moggach (University of Ottawa), *New Hegelians, The: Politics and Philosophy in the Hegelian School*, Cambridge University Press, 2006. p. 224.

② Thom Brooks, *Hegel's Political Philosophy: A Systematic Reading of the Philosophy of Right*, Edinburgh University Press, 2007. p. 94.

的一种主体反映,是客观法被主体所理解和认识,并自愿将客观法纳入到自己的内心中,成为一种善观念和正义感,成为自我主观立法,成为个体的良心,而这种主观法必须成为一种普遍性东西,即正义共识;现实法,是一种伦理法,是客观法的现实化,这种现实化是通过主观法,主要是正义共识而得以表述为法律制度体系。因此,现实的实证法,是客观法与主观法共同作用的精神作品。

法权共识是连接真法公理与现实法律公器之桥,又是代表着公理作为现实法律善恶评判之标准,而法权共识的这种特殊作用是通过"预先设定"之逻辑推演来证明的。

第四节 "预设"与"相互承认"之逻辑推演

黑格尔的权利、伦理生活、良心、普遍意志、相互承认等概念之间是相互设定和推演的,通过这些概念体系来揭示现代社会的权利理念和法律体系是如何构建的。

一、权利预设着相互承认

黑格尔的法权理论体系是一个逻辑演绎系统,人是法权体系的起点。人的本质是自由,自由和外化就是权利和法律,人在法的意义的存在就是法权人格。所有权是人在法律上的普遍承认,对所有权的承认就是对于人格尊严的承认,同时对于人格尊严的承认也就必然要求对于法律尊严的承认。相互承认的基本法则就是每个人都把自己和其他人当作权利主体来对待,每个人在法的意义上承认为权利主体;因此,人的概念预设了自由,自由预设了权利,权利预设着相互承认,相互承认预设着法和国家的存在,"黑格尔强调,权利预先假定主体间的相互承认"。"所有权也预先确定了普遍人格的承认。""普遍人格不是特殊的东西而是作为权利承认的根基。在法的普遍意义上,我们应该把个人视为平等的人。"[①] 这里的权利是自由的代名词,权利和自由同等价值是同等意义的概念,权利是自由的显现,因而权利和自由一样是黑格尔法权哲学体系的核心,是一切法权概念的原点和核心。权利蕴涵着对于普遍人格的承认,意味着每个人与其他人之间相互承认对方为权利存在者,也意味着人格、权

---

① Sybol S. C Anderson, *Hegel's Theory of Recognition: From Oppression to Ethical Liberal Modernity*, Continuum International Publishing Group, 2009. p. 141.

利、法三者的不可分离性或同一性。在相互承认的语境下，人格、权利和法三者就会融为一体为"法权人格"，人、自由、权利在法的意义上得到了普遍的承认，由双方当事人之间的相互承认最终推导出法上的普遍承认，由特殊意义上的权利人格承认到普遍意义上的法权人格承认，这就是由市民社会的抽象法权人格到国家宪政意义上的现实法权人格，是人的完善过程。

二、伦理预设着良心，良心预设着承认

"假如伦理生活预先设定了真实的良心，那么伦理生活也就预先设定了实际良知对于承认的理解。"① 因此说，黑格尔在证明个人意志与普遍意志的统一性可能性时，突出和强调了良心的核心作用，而这种自我意识之良心就是道德人格的道德能力，这也类似于罗尔斯的共同善观念的道德能力。"只要拥有真正良心，人们就一定都会承认真实善的有效性，并愿意表明他们对于承认的理解。因此，真正的良心预先确定了主体间性的相互承认。"② 这里蕴含着一种预设性逻辑推演证明方法，从良心推演出善的理解和相互承认，只要有良心就一定会拥有共同善观念，且只要拥有共同善观念就一定会理解承认并接受相互承认理念。显然，共同真实的良心是相互承认的前提，只有所有间性主体都具有这种真实的良心，人们才会相互承认，才会形成法权共识。如果所有主体中有一些人不具有这种共同良心，那么这种相互承认的共识也就不可能形成，那种美好的共同体就不会形成。"伦理生活以真正良心为先决条件，也以承认的理解为先决条件。因为伦理生活就是人们真正良心的人们的生活，所以个人权利既是现实的又是合法的。"③ "拥有伦理生活中的真正良心的公民，不仅把个体视为普遍的法权人格，而且他们也承认着相互之间真正良性主体的合法地位。"④ 黑格尔的现代法权理念，是从人格本身和法本身来论证的，把人的内在良心和法的自由本质作为论证的逻辑起点，相互承认、普遍意志、法权人格、良好法治、和谐的伦理生活都是从良心和权利的假定中推理出来的。这种

---

① Sybol S. C Anderson, *Hegel's Theory of Recognition: From Oppression to Ethical Liberal Modernity*, Continuum International Publishing Group, 2009. pp. 141 – 142.

② Sybol S. C Anderson, *Hegel's Theory of Recognition: From Oppression to Ethical Liberal Modernity*, Continuum International Publishing Group, 2009. p. 147.

③ Sybol S. C Anderson, *Hegel's Theory of Recognition: From Oppression to Ethical Liberal Modernity*, Continuum International Publishing Group, 2009. p. 148.

④ Sybol S. C Anderson, *Hegel's Theory of Recognition: From Oppression to Ethical Liberal Modernity*, Continuum International Publishing Group, 2009. p. 149.

"预先设定"方法与契约自然法和神学自然法理论的证明方法有根本不同,它不是从自然状态的假定和普遍社会契约来论证现代法治国家的合理性的,也不是从神启示那里来证明现代性法治国家正义理念的。

总之,自由权利是人的本质,也是法的本质,这是法权"公理";现代法治是法的本质的现实化,是实现公理的"公器",公理必须公器化、公器也必须公理化;而相互承认的法权共识,就是实现这种公理公器相互转化的"代言人"。相互承认是个体与个体之间和个体与共同体之间的一种法权共识,是间性主体相互把对方视为平等的自由权利主体,相互把对方视为拥有同样良心和同样善观念的主体,相互把对方视为拥有同等理解和接受法精神的主体,相互把对方视为同样愿意过良好伦理生活的主体。由此看出,法权共识对于现代法治体系和良好伦理秩序的构建是何等重要,这对于我们公民法权意识理论的研究有一定的启示意义。

本章小结

当代黑格尔学者们,意图把黑格尔哲学与法哲学理论当代化,实现与传统自然法理论的一种当代对接,同时又保留了黑格尔哲学与法哲学的思想特质。第一,黑格尔与自然法学派的异同之处的理论新观点。黑格尔法哲学与自然法理论之间存在着本质上的相同之处,都把人的自由视为法的正义性,把自由视为法的正义标准,凡是符合自由的就是正义的法,是良法,否则就是恶法。因此,二者的法哲学思想的核心是人的自由,都是以人学为基础的。黑格尔法哲学与传统自然法理论不相同的地方主要是,黑格尔是从人自身来寻求法的正义本性的,而自然法理论是从人之外来证明法的正义品性的。这样,就实现了黑格尔法哲学与传统自然法理论的一种对接。第二,当代黑格尔学者们总结了黑格尔法哲学的理论精髓,认为承认理论与共识理论是黑格尔法哲学的理论核心。一是,黑格尔的承认理论,不仅是一种个人之间的主体承认,而且是我与我们之间的相互承认。个体与国家之间的相互承认,是国家对于个人法权自由与人格尊严的关怀与个人对于国家的热爱之间的相互性,这揭示了现代国家的本质属性。二是,正义共识理论。宪法制度是一个民族对于正义理论的一种共同理解与意愿的理性表达,没有正义共识就不可能有真正的宪法,对于正义理论的理解与揭示程度决定着这个国家的宪法成熟程度。

结语　黑格尔人学思想的精髓与启示

一、人的本质：自由

人的本质，是自由；自由，是人之为人的根本属性，是人区别并高于自然物的根本特质。黑格尔的自由，是一个内容丰富的理念与活生生的现实相结合的全体，既是一个基本概念，又是一个动态的体系，既是人的本质展示，又是人的生成与运动的现实过程。人的本质，是人作为人存在的基本规定，是人区别于自然万物的普遍性东西。人的本质，不是自然的东西，而是精神，这种精神性主要显现为人的思想和意志，而人的自由主要是思想自由和意志自由。自由是一种人所特有的精神，是通过思维才能显现的精神属性。黑格尔实际上首先秉承了西方的理念至上理论传统，人与自然的区别就是人的意志自由，自我决定自我的自由法则是人所具有的根本法则，而自然界是由自然法则支配的，自然物是受外在的力所控制的。这个思想是康德典型的二律背反的自然律与自由律思想，只不过黑格尔把这种二律背反变成了二律合一，认为人不仅具有自由本质，同时人也仍然具有自然性，人的自然性不是人的本质东西，但它并不与自由本质必然地相冲突，二者是可以并存的。人的自由，主要体现为人对于人的自然性的控制和超越，摆脱纯粹自然感受的束缚，由理性来支配自我的自然情感和自我欲望，使其符合我的本质和目的，符合普遍性的法、伦理和国家，依据普遍性来规定自我意识，依据普遍性法则来限定自己。

人是基于自然，始于自然，又超越自然，并把自然纳入自由。黑格尔的自由，是对于自然性的超越，是人本身所具有的理性意志自由。这与传统自然法，尤其是英国自然法的自由概念是有着根本不同的。黑格尔特别强调，真正的自由不是个人为所欲为的自由，不是不受任何限制的形式自由，有的人称之为消极自由，而这种自由实际上就是英国式的自由概念。自然性不是人的本性，自然性是一种野蛮的自然状态，是未开化的状态，是人与人之间相互战争的混乱状态。在传统自然法理论看来，人在自然状态，个人是自私的，每个人都是自私、自爱的自然存在物，每个人都把自我保存视为最高法则。对于这种自然状态，在自然法传统看来，这是一个自然权利与自然法则起作用的状态，而文明状态只是自然权利的理性共识法定化，法律的制定与国家的组成的唯一目的是维护个人的自然权利，因而个人私权神圣原则就成了法律和国家的最高原则。黑格尔反对这种自然法理论体系，认为人的自由和权利不能从自然状态中推导出来，自然状态是一种自然法思想，认为是人天生是不平等的，人与人之间只是依据自然力量而处于支配与被支配地位，人与人之间是野蛮的战争状态。因此，自然状态不存在自然权利与自然法，也不是人人天生平等的，自然状态正是法治所需要克服的野蛮状态，自由正是对于这种自然性的超越。

二、自由的外现：法权

人是自由的，但这种本质，也必须外化为现实的东西，展现为权利与法。人的自由，在法的意义上得以确认和保障，这就是法权。因此，法权是人的自由的外在体现。自由不是个人独立的纯粹自我特殊性，而是人与人之间相互承认的人格尊严与人格权利。自由是社会性的东西，自由只有在主体之间才会发生，单独孤立的个人谈不上自由问题，自由是一种共存的自由。

人的伦理实体，包括家庭、市民社会和国家三个环节和形态。人在家庭里并不是自由主体，爱是家庭的核心价值理念，家长对于子女负有无私的奉献义务，子女没有独立的所有权资格。家庭的主要使命就是为社会和国家培养独立的法权人格和合格的公民，子女最终要走向社会成为法律人格，成立自己的家庭并有权拥有自己的所有权。人的自由只有在整体中才会产生，这个整体就是市民社会和国家。个人拥有其财产权和人格权，但个人的权利不是法律和国家生成的唯一目的，个人之间也绝不是仅仅存在着法律关系。市民社会里，个人作为独立人格已经拥有了法权人格，但这种法权人格仍然是一种抽象的、没有普遍性的自由人格，因为在市民社会里还没有普遍性东西作为保障，人与人之间还只是私人利益的战场，个人作为自我保存者为唯一目的的自由存在者，都不把公共利益和共同秩序作为自己的目的。因此，市民社会并不是一个理想的自由社会，只有在国家理念下自由才会真正实现。

三、国家：自由的保护神

国家是自由的真正实现与保障，国家的实质就是个体特殊性与社会普遍性的平衡器，是人的自由权利的保护神。在现代国家里，个人正当利益得到了国家的应有尊重，个人需要与满足是个人自由的基础与体现。普遍性的伦理、道德、法则和宗教，并不是与个人特殊利益相冲突的，而是要通过这些特殊性来体现普遍性东西。特殊性个人利益与普遍性利益的对立统一，是最高的伦理法则，是国家的神圣使命和最高原则。那种认为黑格尔人学是一种国家主义或整体主义的看法是不全面的，黑格尔的财产权理论、契约理论表明黑格尔充分地肯定了个人自由权利，黑格尔只是强调个人自由的实现只有在国家法治状态下才会得以真正实现。黑格尔在批判柏拉图的国家理念论时，反复强调国家不是对于个人特殊性的拒斥，而是要把个人特殊性纳入到国家整体中，国家应当尊重个人正当自由权利。个人自由是国家的首要原则，但不是国家的唯一目的。个人自由权利应当得到承认，这种自我利益是正当的法权，不是极端自私的虚假自由。"黑格尔反复强调个人特殊利益与国家普遍利益的统一，既反对柏拉图的泯灭个性自由的国家理念论，也反对自然法的私权保障功用的国家契约论；黑格尔强调道德自律与客观他律的合一，试图弥补康德主观法和费希特客观法的不足。"[①] 国家是个人特殊权利与国家普遍性利益的统一与调和，国家不仅要保护个人权利自由，而且还要维护公共利益。黑格尔反对个人权利唯一性和绝对神圣性，认为个人权利并不是国家的唯一的目的，国家更为重要的使命是个人权利与国家整体利益的统一。那种个人权利至上，而不顾及整体普遍性的国家观念最终会导致国家的低级化，会导致国家的混乱或无生机，最终伤害到个人的自由发展。

四、自由，自我认识与自我解放的历程

自由，是经过长期认识与发展才逐步形成和完善的。自然属性是自由的前提与基础，人处于自然状态时是不自由的，但人的自由必然是以不自由为始基的。自由是对于奴役的超越，是人的自我解放。自由，是以思维为中介和过程的，是自我意识着的自我本质解蔽过程。没有思维，人就不会成为真正的自由存在者，奴隶之所以是奴隶是因为他并没有认识到自我自由本质，因而奴隶处于他人的支配下，成为他人的物。自由是一种自我意识，又是一种民族精神，一种自由共识。自由是自我认识与自我解放、自我人格生长的过程。个人是由自在的人格到成熟的自为人格的转变过程，由少年、青年到老年的过程就是自我自由的形成过程，教育是自由人格形成的关键。一个民族也是自我认识与自我解放的自由认识与实践的过程，人类发展进程就是由专制到民主的过程，而

[①] 张君平："西方法哲学视野下法的品性研究"，载《山西师大学报》（社会科学版）2015年第1期。

每个民族又显现出各自的民族解放的民族特征。在绝对专制国家里，只是一个人的自由，而其他人都是国王的奴隶，其实国王本人也是不自由的，因为真正的自由是不受到他人意志的支配，同时也不支配他人的自由。在贵族式国家里，自由只是少数人的，多数人并不拥有那种自由，而且这种自由也是片面的、形式上的。只有在现代民主自由国家里，人们才认识到自己的自由本质，至少在制度形式上确认了所有人的自由和权利。自由是相互承认为独立法权人格，是相互尊重的自由；承认是偶然承认到普遍承认，承认的实质是人格自由的尊重。相互承认是经过死亡体验而获取的，不是自觉或自然发展，是人通过斗争得来的，因此自由来自于暴力，但暴力不是国家的合法基础，而国家的产生却是建立于暴力之上的。法和国家的永恒根基，应该是人，因而真正的法治国家应该是所有人的自由王国，是自由、平等、正义的和谐共同体，是繁荣昌盛的民族大家庭。

五、黑格尔人学的"三一"式整合与启示

黑格尔的正、反、合题的逻辑思维方法，在法哲学上的应用就是客观法、主观法、伦理法"三一"式哲学思维范式。黑格尔也谈到柏拉图的"三一"思想，"一切都是三一体""一即是多""它具有美、真理、对称的三一性在自身内"，"普罗克洛也依照柏拉图那样称呼这三个三一体"。[①] 一切事物都是由三个主要元素组成的三一体，而每一个元素都能够反映出其他两个元素，也就是说，每一个元素都是三一体，都是一与多的统一体的混合物。每一事物都是由顶层、中间和混合体组成，这三元素又可称作为理智的存在、生命和思想，这三个元素就是理智的三个层面，三个层面共同构成一个全体，即整体的三一式。黑格尔认为，这种三一式思维还没有达到自由、法权和国家普遍性的认识程度。黑格尔也谈到过中国古代老子的三一思想，认为老子的三与道是一种类似古希腊和西方近代的哲学思想，一生二、二生三、三生万物，万物抱阴而守阳，万物是阴与阳的结合者，"这段话很有意思，曾经有基督教传教士从这段话中找到一个与基督教中'三位一体'的思想相契合的地方"。[②] 黑格尔认为，"有"生于"无"的老子思想，也是从否定意义来理解事物的本质与现象的关系。这里黑格尔也提到基督教的三位一体概念，因此，三一式哲学思维范式不仅是西方文化的，也是中国的哲学思维范式。而人们所较为熟知的三一式哲学

[①] ［德］黑格尔：《哲学史讲演录》（第3卷），贺麟、王太庆译，商务印书馆1997年版，第221页。
[②] ［德］黑格尔：《黑格尔历史哲学》，潘高峰译，九州出版社2011年版，第250页。

思维范式，主要是亚里士多德的三段论，由公理作为大前提，经过小前提中介而推断出一个新的命题。这种三段论也是典型的三一式哲学思维模式，这与黑格尔和马克思的普遍性与特殊性辩证统一思维方法也具有相通之处。我们通常把黑格尔的正反合题思维方式称作"三一式"，"黑格尔的辩证法以'三一式'为其形式，亦即'正题'、'反题'与'合题'"。"有时人们把黑格尔的这种'三一式'就称为辩证法，实际上并不十分恰当，因为它毕竟只是某种形式。"① 在黑格尔看来，三一式既是对规律的一种揭示，也是哲学思维的一种范式，但关键的问题是，三一式的具体内容如何成为一种理性的现实，如何在伦理实体中得以展示，而这种展示就是人、法和国家等。

国家在形式上也是具有三个推论组成的完整体系：第一，个人的特殊性通过市民社会与普遍性（社会、法律、权利、政府）相结合；第二，意志或个人的行动使得社会和法律等等得到满足和实现；第三，普遍性（国家、政府、法律）乃是一个实体性的中项，是个人和他的需要的满足获得充分的实现。"三一式中的每一规定，由于中介作用而和别的两极端结合在一起，同时又和自己结合起来，并产生自己，而这种自我产生即是自我保存。只有明了这种结合本性，明了同样的三项的三一式的推论，一个全体在它的有机结构中才可得到真正的理解。"② 我们可以把这种思维模式称之为"'三一'式法哲学理论范式研究"，它就是探讨法权公理、道德共识与法治公器三元互动合一的法治思维方法，研究的目的就是全面深化法治建设进行学理论证。假如缺乏理念，法律就会失去其神圣性，如果缺乏道德的支持，法律就会失去其权威性；如果理念、道德同时缺乏，那么法律就完全失去了本身的意义；而如果理念、道德失去了法治的现实保障，那么理念就会沦为空谈，道德就会沦丧，整个社会就会失去和谐。基于此，我们才需要探寻法治的合理性、合德性与合法性三位一体的法哲学思维范式，以求法治理念研究、道德塑造与法治建设同步进行，从而避免片面理解法治建设内涵，避免将法治构建与道德培育、理念研究相割裂的法治思维倾向，因为单一实证形式的法律思维习惯是在现实中常见的一种法治思维定式。

"三一"式基本特征主要有，第一，公理、共识与公器三元的相对独立性、合一性、互动性；第二，"三一"式的多样性和复杂性；第三，"三一"式的复合性；第四，"三一"式展示与解蔽的历史渐进性。当代法哲学理论经

---

① 张志伟主编：《西方哲学史》，中国人民大学出版社2002年版，第673页。
② ［德］黑格尔：《小逻辑》，贺麟译，商务印书馆1980年版，第383~384页。

典，都从某个程度上受到"三一"式法哲学思维范式的影响，有的在应用或揭示它，有的在发展它，也有的是在违背它。罗尔斯、伯尔曼、哈贝马斯、昂格尔等，都在试图探求何种正义理念与正义共识作为成熟法治的合理性依据，即正义理念＋正义共识＋正义宪政（合理法治）。自20世纪60年代以来，西方传统自然法学受到功利主义等法学的强烈冲击，西方当代法学理论呈现出多元共存的局面，这使得一些当代西方法哲学重新审视当代法治的合理性根基问题。罗尔斯、诺齐克、德沃金等把正义理念作为法治的核心理念，尽管他们各自的观点有所不同，但他们都把自由、平等的正义原则作为当代宪法政治的道德根基。别尔嘉耶夫、伯尔曼等宗教法哲学把法律与道德的合一命题作为其理论宗旨。别尔嘉耶夫也发现纯粹的法律伦理学与单独的救赎伦理学都不能改造人的恶，只有超越并统合二者的创造伦理学才能实现善理念。伯尔曼认为当代法哲学理论需要超越当下的历史法学与实证法学，重新恢复道德理性为特征的西方传统法学。昂格尔、巴利等，把共识或公道作为调和个人利益理论与共同体理论冲突为其理论宗旨。总之，当代西方法哲学都在寻求法治的合理性根基，探索法治理念及其现实化这一法哲学的根本使命问题。

"三一"式法哲学理论的范式转化规律之揭示。第一，共同体本位范式。古代的一种法哲学范式，个人只有在共同体里才有价值意义。第二，个体本位范式。近现代的法哲学理论范式，个体权利是法的核心价值理念。第三，混合型范式。个体与社会、国家利益的共存，是当代法哲学理论范式的价值取向。先后经历三种哲学思维范式：理念神学范式、自由人学范式到人神范式阶段。

"三一"式人学思维范式之进一步分析与整合：

（1）"三一"式的哲学依据与证成。第一，普遍性、特殊性、普遍性与特殊性的统一。第二，本体论、认识论、实践论三位一体。第三，公理、公识、公器三位一体。第四，客观法、主观法、主客观统一法。

（2）法治理念：法权公理。法治理念是作为公理性的普遍法则，体现为道德价值共识，承载着法治实践最高原则之重。第一，特征。法治理念，具有至上性、普遍性、独立性、抽象性、演进性、可识性等特征。第二，实质。体现着法之宗旨、精神或使命，是法上之法。第三，内容各论。善与至善理念，自由、平等、正义的法治理念，人格至上、和谐共存理念。第四，理念公理的主观化与现实化问题。法治理念的揭示与展示程度，受制于道德共识程度和现实法治状况。

（3）道德共识。道德共识是有关善恶问题和改恶为善的普遍法则之认知、情感和实践活动的公众共同观念。第一，主要特征。道德意识具有民族性、历史性和互通性等。第二，功能。连接法治理念与法治实践之"中坚"。第三，内容各论。善观念，良心，正义感，法情感，伪善与虚假意识。第四，道德共识的历史难题与当代困境之反思与启示。

(4) 法治公器。法治实践包括立法、守法、执法的三元互动合一体系。第一，理性立法。立法是民族精神的体现，是道德共识的公开表述，彰显着某种法治理念。第二，平等守法。守法是对善法的道德认同与自觉服从，这种善法是合乎着公认的法治理念。第三，公正执法。执法是法治理念与道德共识联姻之果，又是推进公理和塑造共识之"公器"。第四，当代法治的理论与现实困境问题反思与设想。

(5) "三一"式的总与分图式。第一，总范式：法治理念—道德意识—法治实践。含义一，三元内容上的合一性。如正义（正义理念、正义感、正义制度）。含义二，每一元素都会对另外二元素有正面或负面作用。如正义法制（正义共识和正义公理，以此类推。第二，分范式之一（道德作用范式）：道德意识—法治实践—道德意识之范式。道德意识是联结法治理念与法治实践的中坚，还承载着抽象法治理念的合理化和客观化使命。第三，分范式之二（法治作用范式）：法治实践—道德意识—法治理念之范式。这是法治实践对于道德意识的塑造和对于法治理念的深化引领范式。

黑格尔人学"三一"范式的中国化问题。法治国家构建的总图式：以人为本、以德树人、依法治国"三一"范式。法治国家构建三环节之"三一"范式：

(1) 人本理念及其研究：自由、平等、正义。持续深化研究和揭示法权理念的丰富内容，为道德塑造和法治实践提供精神源泉和动力支持，为社会主义文明法治建设指明方向。这不仅仅是法学家的使命，而是所有科学人文学家的共同事业。公理理念是依靠人来揭示的，它不会自动显现。

(2) 民族精神及其铸造：明理、有德、守法。以德树人之道德，应该作广义理解。公民教育不只停留在道德浅层面的教条空洞说教上，而要从自由平等正义理念、良知正义道德自觉、自觉守法护法三个方面来培育全体公民，提高民族文化素养，铸造当代民族精神。

(3) 法治系统及其构筑：法权至上、执法为民、司法公正。执法体系与道德等体系之间具有相对独立性，要进行职业化构建，但更要从深层面来塑造职业信念，更要从责任制度上保障权力始终在人民的意志中运作，约束权力在法律内运行，而法律必须是善法，是体现着自由平等正义理念的法。如何拓展"三一"式法治思维范式的现实有效性研究，有利于促进当代中国法治改革实践。

总之，法治理念及其现实化问题，既是一个理论性与现实性都很强的问题，又是一个历史性与现实性的重大课题。"三一"式法哲学思维范式课题，是从一个全息视角来透析各种经典法哲学理论，这不仅是一种价值重估、更要从中提炼并构建出一个较完整的法哲学思维体系。一切哲学都是为探求真理，都是那个时代的反映，而本课题研究的目的就是要探求法治的理念公理、道德共识与法治公器三元互动规律，以期能够促进法治理念研究、全民道德法治教育和法治改革实践。第一，我国全面的法治建设，必须建立在人本理念之上，始终把人的自由与幸福放在国家治理的首要地位，自由是每个公民成员平等拥有的相互承认与尊重的人格尊严与权利，法律与国家要背负起保护其成员的生命与财产安全。国家还要承担起维护共同的整体自由所需要的公共利益，这种公共利益是个人自由所不可或缺的，而单独个人的力量并不能担负得起的，诸如环境污染、有毒有害食品、交通安全、国家安全。第二，必须加强社会科学研究的深度广度，既要研究实证问题，也要研究理念问题，不能就事论事，要从根本上去寻求问题解决的路径。第三，要加强理论研究的现实转化，解决现在存在着理论研究与现实需要相脱节的问题，现代理论研究成果的社会化、大众化和现实化转换需要加强。第四，以德治国与依法治国相结合的治国原则，不能只是停留于偶尔的口头宣示，而要切实重视起来。首先，从教育制度上来体现出来，公民道德教育不切合实际，大话、空洞、教条的教材导致不良的道德教育。其次，法律基础教育并没有单独进行设置，而是附于思政课之下，政治老师又往往由于专业问题而无法应对法律教育，要么干脆不讲，要么随意应付一下。这一危害是极大且深远的，它直接导致我国的法治建设失去了精神根基，大学毕业也就生产出了法盲的公民。最后，社会公共治理是国家的神圣职责，社会的文明程度与形象是最终完全由国家来承担的，是一个国家成熟的总标尺，其不仅是这个国家的民族精神风貌的彰显，而且也是这个国家的法治程度的整体体现。总之，人是道德、法与伦理的始点、基点和终点。人的自由就是把人当作人来看待，人应该作为平等的自由存在者、道德存在者和法权存在者而得到承认，自由的含义是我与他、我与我们之间相互承认对方为自由存在者和理性存在者，这种相互承认是法和道德的基本原则，其核心就是人的尊严与权利的尊重。人作为人的尊重，最终只有在法和国家的意义上才会普遍的得到承认与保障，人为了自由创造了法和国家，又要受到法和国家的保护，这就是人的真相。人的自由及其实现是法哲学理论研究的基本问题，也是现实的道德与法治建设的根本使命，自由、平等、公平正义必须作为一个国家宪法制度的基本原则，个人特殊性利益与社会普遍性利益的有机统一问题是国家的基本原则，国家是个人自由的最终担负者，个人自由只有在爱与法律相结合的现代国家里才会全面的实现。人的历史就是自由理念的运动史，是人自我认识、自我创造和自我解放的过程，人拥有自我思想和理念信仰的道德主体与理性主体，道德、法、伦理与宗教都是人思想的精神创造作品，人只有在自我创造的普遍性中才会享有真正的自由。人的自由运动，也是与虚假意识相斗争的过程，是人脱离自然奴役、自我奴役的自我救赎过程，凡是没有认识到自我本质与使命而是以虚假意识为真理的个人与民族，就仍然处于奴隶状态。人的自由也是一种自我解放的过程，包括制度解放，也包括思想解放。因此，人为了自由，而创造思想、道德、法、伦理、宗教和国家等精神作品，人也只有在自己的精神作品中才会是自由的存在者与享有者。人的这种自我创造与自我解放的过程是永无止境的，是一个没有终点的自由运动史。

主要参考文献

第一部分：

[1] 高兆明. 存在与自由：伦理学引论［M］. 南京：南京师范大学出版社，2004.
[2] 高兆明. 黑格尔《法哲学原理》导读［M］. 北京：商务印书馆，2010.
[3] 高兆明. 心灵秩序与生活秩序：黑格尔《法哲学原理》释义［M］. 北京：商务印书馆，2014.
[4] 邓晓芒. 邓晓芒讲黑格尔［M］. 北京：北京大学出版社，2006.
[5] 高全喜. 论相互承认的法权［M］. 北京：北京大学出版社，2004.
[6] 郭大为. 费希特伦理学思想研究［M］. 北京：中国社会科学出版社，2003.
[7] 贺麟. 黑格尔哲学讲演集［M］. 上海：上海人民出版社，2011.
[8] 林喆. 权利的法哲学［M］. 济南：山东人民出版社，1999.
[9] 任丑. 黑格尔的伦理有机体思想［M］. 重庆：重庆出版社，2007.
[10] 宋希仁. 当代外国伦理思想［M］. 北京：中国人民大学出版社，2000.
[11] 童之伟. 法权与宪政［M］. 济南：山东人民出版社，2001.
[12] 杨祖陶. 康德黑格尔哲学研究［M］. 武汉：武汉大学出版社，2001.
[13] 张世英. 自我实现的历程：解读黑格尔《精神现象学》［M］. 济南：山东人民出版社，2001.
[14] 赵林. 黑格尔的宗教哲学［M］. 武汉：武汉大学出版社，2005.
[15] 章忠民. 黑格尔的当代意义［M］. 上海：上海财经大学出版社，2004.
[16] 赵敦华. 西方人学观念史［M］. 北京：北京出版社，2005.

第二部分：

[1] ［古希腊］柏拉图. 法律篇［M］. 张智广，何勤华，译. 上海：上海人民出版社，2001.
[2] ［古希腊］柏拉图. 理想国：基本英语译本［M］. ［英］理查兹，英译. 段至诚，汉译. 北京：中国对外翻译出版社，2006.
[3] ［古希腊］亚里士多德. 尼各马科伦理学［M］. 苗力田，译. 北京：中国社会科学出版社，1999.
[4] ［古希腊］亚里士多德. 政治学［M］. 高书文，译. 北京：九州出版社，2007.
[5] ［古罗马］查士丁尼. 法学总论——法学阶梯［M］. 张企泰，译. 北京：商务印书

馆，1997.

[6] [古罗马] 盖尤斯. 法学阶梯 [M]. 黄风, 译. 北京：中国政法大学出版社, 1996.

[7] [古罗马] 西塞罗. 国家篇 法律篇 [M]. 沈叔平, 苏力, 译. 北京：商务印书馆, 2002.

[8] [英] 霍布斯. 利维坦 [M]. 黎思复, 等译. 北京：北京大学出版社, 2006.

[9] [英] 洛克. 政府论（下篇）[M]. 叶启芳, 瞿菊农, 译. 北京：商务印书馆, 1996.

[10] [荷兰] 斯宾诺莎. 政治论 [M]. 冯炳昆, 译. 北京：商务印书馆, 1999.

[11] [荷兰] 斯宾诺沙. 伦理学 [M]. 贺麟, 译. 北京：商务印书馆, 1983.

[12] [英] 约翰·密尔. 论自由 [M]. 程崇华, 译. 北京：商务印书馆, 1982.

[13] [英] 穆尔. 功利主义 [M]. 叶建新, 译. 北京：九州出版社, 2007.

[14] [英] 梅因. 古代法 [M]. 高敏, 瞿慧虹, 译. 北京：九州出版社, 2007.

[15] [法] 笛卡儿. 第一哲学深思集 [M]. 徐陶, 译. 北京：中国社会科学出版社, 2009.

[16] [法] 卢梭. 论人类不平等的起源和基础 [M]. 李常山, 译. 北京：商务印书馆, 1962.

[17] [法] 卢梭. 社会契约论 [M]. 徐强, 译. 北京：九州出版社, 2007.

[18] [法] 孟德斯鸠. 论法的精神 [M]. 孙立坚, 等译. 西安：陕西人民出版社, 2001.

[19] [德] 康德. 法的形而上学原理 [M]. 沈叔平, 译. 北京：商务印书馆, 2005.

[20] [德] 康德. 纯粹理性批判 [M]. 蓝公武, 译. 北京：商务印书馆, 2013.

[21] [德] 康德. 实践理性批判 [M]. 邓晓芒, 译. 北京：人民出版社, 2004.

[22] [德] 康德. 道德形而上学原理 [M]. 苗田立, 译. 上海：上海人民出版社, 2005.

[23] [德] 费希特. 自然法权基础 [M]. 谢地坤, 程志民, 译. 北京：商务印书馆, 2006.

[24] [德] 费希特. 论法国革命 [M]. 李理, 译. 贵阳：贵州人民出版社, 2001.

[25] [德] 费希特. 伦理学体系 [M]. 梁志学, 李理, 译. 北京：中国社会科学出版社, 1995.

[26] [德] 黑格尔. 精神哲学 [M]. 杨祖陶, 译. 北京：人民出版社, 2006.

[27] [德] 黑格尔. 法哲学原理 [M]. 范扬, 张企泰, 译. 北京：商务印书馆, 1979.

[28] [德] 黑格尔. 哲学史讲演录（1~4卷）[M]. 贺麟, 等译. 北京：商务印书馆, 1997.

[29] [德] 黑格尔. 小逻辑 [M]. 贺麟, 译. 北京：商务印书馆, 1980.

[30] [德] 黑格尔. 历史哲学 [M]. 王造时, 译. 上海：上海书店出版社, 2006.

[31] [德] 黑格尔. 宗教哲学讲座·导论 [M]. 长河, 译. 济南：山东大学出版社, 1988.

[32] [德] 黑格尔. 宗教哲学（上）[M]. 魏庆征, 译. 中国社会出版社, 2005.

［33］［法］马克思. 黑格尔法哲学批判［M］. 中共中央马克思等著作编译局. 北京：人民出版社，1962.

［34］马克思恩格斯全集（第20卷）［M］. 北京：人民出版社，1971.

［35］马克思恩格斯选集（第1卷）［M］. 北京：人民出版社，1972.

［36］［德］冯·耶林. 为权利而斗争［M］. 郑永流，译. 北京：法律出版社，2012.

［37］［俄］别尔嘉耶夫. 论人的使命：神与人的生存辩证法［M］. 张百春，译. 上海：上海人民出版社，2007.

［38］［俄］别尔嘉耶夫. 自由的哲学［M］. 董友，译. 桂林：广西师范大学出版社，2001.

［39］［俄］别尔嘉耶夫. 美是自由的呼吸［M］. 方珊等选编. 济南：山东友谊出版社，2005.

［40］［俄］别尔嘉耶夫. 自我认识［M］. 汪剑钊，译. 上海：上海人民出版社，2007.

［41］［俄］别尔嘉耶夫. 文化的哲学［M］. 于培才，译. 上海：上海人民出版社，2007.

［42］［俄］别尔嘉耶夫. 自我认识——思想自传［M］. 雷永生，译. 南宁：广西师范大学出版社，2002.

［43］［德］霍耐特. 为承认而斗争［M］. 胡建华，译. 上海：上海人民出版社，2005.

［44］［德］拉德布鲁赫. 法哲学［M］. 王朴，译. 北京：法律出版社，2005.

［45］［德］考夫曼. 后现代法哲学：告别演讲［M］. 米健，译. 北京：法律出版社，2008.

［46］［德］赫费. 政治的正义性——法和国家的批判哲学之基础［M］. 庞学铨，等译. 上海：上海世纪出版社，2005.

［47］［德］马克斯·韦伯. 论经济与社会中的法律［M］. 张乃根，译. 北京：中国大百科全书出版社，1998.

［48］［德］海德格尔. 路标［M］. 孙周兴，译. 北京：商务印书馆，2000.

［49］［美］阿拉斯代尔·麦金太尔. 伦理学简史［M］. 龚群，译. 北京：商务印书馆，2004.

［50］［美］哈罗德·J.伯尔曼. 法律与革命［M］. 贺卫方，等译. 北京：中国大百科全书出版社，1993.

［51］［美］E.博登海默. 法理学——法哲学及其方法［M］. 邓正来，等译. 北京：华夏出版社，1987.

［52］［美］罗尔斯. 政治自由主义［M］. 万俊人，译. 南京：南京译林出版社，2000.

［53］［美］罗尔斯. 作为公平的正义：正义新论［M］. 姚大志，译. 上海：上海三联书店，2002.

［54］［美］罗尔斯. 正义论（修订版）［M］. 何怀宏，等译. 北京：中国社会科学出版社，2009.

[55] [美] 诺齐克. 无政府、国家与乌托邦 [M]. 何怀宏，等译. 北京：中国社会科学出版社，1991.

[56] [美] 德沃金. 认真对待权利 [M]. 信春鹰，吴玉章，译. 上海：上海三联书店，2008.

[57] [美] 德沃金. 至上的美德：平等的理想与实践 [M]. 冯克利，译. 南京：江苏人民出版社，2003.

[58] [美] R. M. 昂格尔. 现代社会中的法律 [M]. 吴玉章，周汉华，译. 北京：译林出版社，2008.

[59] [意] 洛苏尔多. 黑格尔与现代人的自由 [M]. 丁三多，等译. 长春：吉林出版集团有限责任公司，2008.

第三部分：

[1] Locke, John. *Two Treatises of Government* [M]. Cambridge University Press, 1960.

[2] Hegel, *Elements of the Philosophy of Righ* [M]. 法哲学原理（英文版），北京：中国政法大学出版社，2003.

[3] Andrew Gamble. *An Introduction to Modern Social and Plitical Thought* [M]. The Macmillan Press LTD, 1981.

[4] Shaun P Young. *Reflections on Rawls* [M]. Ashgate publishing Company, 2009.

[5] Clifford Williams. *Personal Virtues* [M]. Palgrave Macmillan, 2005.

[6] Gary K. Browing. *Hegel and the History of Political Philosophy* [M]. The Macmillan Press LTD, 1999.

[7] Allen W. Wood. *Kantian Ethics* [M]. NewYork：Columbia University Press, 2008.

[8] Arthur Melnick. *Kant's Theory of the Self* [M]. Routledge, 2009.

[9] Karl Americs. *German Idealism* [M]. Cambridge University Press, 2000.

第四部分：

[1] 张君平. 黑格尔法权人格之维 [J]. 学术界，2010（5）.

[2] 张君平. 康德的"法权人格"要旨透析 [J]. 前沿，2010（9）.

[3] 张君平. 良知仍为社会和谐之魂 [J]. 前沿，2010（11）.

[4] 张君平. 黑格尔法权理论探析 [J]. 前沿，2010（13）.

[5] 张君平. 费希特法权人格理念探析 [J]. 阿坝师范专科学校学报，2011（1）.

[6] 张君平. 罗尔斯正义论体系的三元结构 [J]. 阿坝师范专科学校学报，2011（3）.

[7] 张君平. 法治化进程中的法权人格理念 [J]. 改革与开放，2011（7）.

[8] 张君平. 西方近代以来"法权人格"理论述论 [J]. 理论导刊，2012（10）.

[9] 张君平. 西方法哲学视野下法的品性研究 [J]. 山西师大学报（社会科学版），2015（1）.

［10］张君平. 国家的伦理品性：基于黑格尔对柏拉图的批判［J］. 连云港职业技术学院学报，2015（1）.
［11］张君平. 黑格尔与罗尔斯法治思想的比较及其当代价值［J］. 新疆社科论坛，2015（2）.
［12］张君平. 人、神与法：基于黑格尔宗教哲学解读［J］. 理论与现代化，2015（4）.

后 记

　　这本黑格尔人学思想的专著，是基于我的博士研究生导师高兆明先生给我们上的黑格尔法哲学专题课，老师当时讲课的情境深深印入我的脑海，诸如法是自由的定在，所有权是自由的最初定在，宪法是民族精神的体现，国家是地上行走的神，等等。那时对于黑格尔法哲学思想还是感到极为抽象，似懂非懂，但那时已经开始点燃我的思维之火，逐步促使我深入探究黑格尔这一神秘的哲学迷宫。尤其是高老师的《黑格尔〈法哲学原理〉导读》为我进一步打开黑格尔思想之门提供了宽阔的视野，从中得到诸多启示和思想营养，也学到了一些黑格尔式的思维方法。因此，首先，应该感谢我的恩师高兆明老师，没有他的教诲与引导，不可能有这本黑格尔人学理论研究专著的问世。其次，要感谢江西省社会科学规划办，正是这一规划课题的审批促使我下决心系统整理与完善黑格尔人学的专题研究。再者，要感谢我的师妹李金鑫、孙海霞、师弟陈兴发对于写作的指导与鼓励，另外，要感谢我们政法学院的院长詹建志、副院长曹中安、宛锦春和同事刘华平、张晓明、叶新发、李德恩、夏仕、曹欢荣、陈杰以及好友张东臣、寇鸿铭、刘永法、马新州、孙天彪、焦福德、任其盛等对我研究工作的长期关注、支持与鼓励。感谢我的母亲，她虽然是个文盲，但对我的研究却给予了极大的理解与支持，也感谢我的妻子和儿子对我写作的支持和由衷期盼。特别需要感谢的是知识产权出版社编辑雷春丽老师，感谢她认真负责的敬业精神。

　　黑格尔人学思想研究的过程，也是自我反思、自我改造和提升自己的过程，并希望那些热心关注当代道德问题与法治建设事业的有识之士能够共同探讨黑格尔人学思想精髓，若能如此也算一大幸事。

　　这本专著是对黑格尔整个哲学思想的一种人学视角的梳理，主要采用了所谓的"沙里淘金式"的文本研究方法，在黑格尔经典的整理与反思基础上进行了人学理论的阐释与引申，研究的目的是全面理解与把握黑格尔人学的理论精华，以求能够帮助我们理解人的本质及其实现，理解法、道德、伦理、市民社会和国家的本质及其实现问题。笔者对黑格尔人学研究的一些探讨，作为研究成果先后发表在《学术界》《前沿》《阿坝师范专科学校学报》《连云港职业技术学院学报》《新疆社科论坛》《理论与现代化》《理论研究》《山西师大学报》（社会科学版）等杂志上，在此一并表示感谢！由于资料有限，加上时间仓促，研究深度和广度还相当有限，因而肯定还有很多不足之处，还请诸位专家同仁多多指教，以期以后能够进一步修正与完善！